PORTOGHESE
VOCABOLARIO

PER STUDIO AUTODIDATTICO

ITALIANO
PORTOGHESE

Le parole più utili
Per ampliare il proprio lessico e affinare
le proprie abilità linguistiche

9000 parole

Vocabolario Italiano-Portoghese Brasiliano per studio autodidattico - 9000 parole

Di Andrey Taranov

I vocabolari T&P Books si propongono come strumento di aiuto per apprendere, memorizzare e revisionare l'uso di termini stranieri. Il dizionario si divide in vari argomenti che includono la maggior parte delle attività quotidiane, tra cui affari, scienza, cultura, ecc.

Il processo di apprendimento delle parole attraverso i dizionari divisi in liste tematiche della collana T&P Books offre i seguenti vantaggi:

- Le fonti d'informazione correttamente raggruppate garantiscono un buon risultato nella memorizzazione delle parole
- La possibilità di memorizzare gruppi di parole con la stessa radice (piuttosto che memorizzarle separatamente)
- Piccoli gruppi di parole facilitano il processo di apprendimento per associazione, utile al potenziamento lessicale
- Il livello di conoscenza della lingua può essere valutato attraverso il numero di parole apprese

T&P Books Publishing
www.tpbooks.com

ISBN: 978-1-78767-460-8

Questo libro è disponibile anche in formato e-book.
Visitate il sito www.tpbooks.com o le principali librerie online.

VOCABOLARIO PORTOGHESE BRASILIANO
per studio autodidattico

I vocabolari T&P Books si propongono come strumento di aiuto per apprendere, memorizzare e revisionare l'uso di termini stranieri. Il vocabolario contiene oltre 9000 parole di uso comune ordinate per argomenti.

- Il vocabolario contiene le parole più comunemente usate
- È consigliato in aggiunta ad un corso di lingua
- Risponde alle esigenze degli studenti di lingue straniere sia essi principianti o di livello avanzato
- Pratico per un uso quotidiano, per gli esercizi di revisione e di autovalutazione
- Consente di valutare la conoscenza del proprio lessico

Caratteristiche specifiche del vocabolario:

- Le parole sono ordinate secondo il proprio significato e non alfabeticamente
- Le parole sono riportate in tre colonne diverse per facilitare il metodo di revisione e autovalutazione
- I gruppi di parole sono divisi in sottogruppi per facilitare il processo di apprendimento
- Il vocabolario offre una pratica e semplice trascrizione fonetica per ogni termine straniero

Il vocabolario contiene 256 argomenti tra cui:

Concetti di Base, Numeri, Colori, Mesi, Stagioni, Unità di Misura, Abbigliamento e Accessori, Cibo e Alimentazione, Ristorante, Membri della Famiglia, Parenti, Personalità, Sentimenti, Emozioni, Malattie, Città, Visita Turistica, Acquisti, Denaro, Casa, Ufficio, Lavoro d'Ufficio, Import-export, Marketing, Ricerca di un Lavoro, Sport, Istruzione, Computer, Internet, Utensili, Natura, Paesi, Nazionalità e altro ancora ...

INDICE

GUIDA ALLA PRONUNCIA

Alfabeto fonetico T&P	Esempio portoghese	Esempio italiano

Vocali

[a]	baixo ['baɪʃu]	macchia
[e]	erro ['eʀu]	meno, leggere
[ɛ]	leve ['lɛvə]	centro
[i]	lancil [lã'sil]	vittoria
[o], [ɔ]	boca, orar ['bokɐ], [ɔ'rar]	notte
[u]	urgente [ur'ʒẽtə]	prugno

[ã]	toranja [tu'rãʒɐ]	[a] nasale
[ẽ]	gente ['ʒẽtə]	[e] nasale
[ĩ]	seringa [sɐ'rĩgɐ]	[i] nasale
[õ]	ponto ['põtu]	[o] nasale
[ũ]	umbigo [ũ'bigu]	[u] nasale

Consonanti

[b]	banco ['bãku]	bianco
[d]	duche ['duʃə]	doccia
[ʤ]	abade [a'baʤi]	piangere
[f]	facto ['faktu]	ferrovia
[g]	gorila [gu'rilɐ]	guerriero
[j]	feira ['fejrɐ]	New York
[k]	claro ['klaru]	cometa
[l]	Londres ['lõdrəʃ]	saluto
[ʎ]	molho ['moʎu]	milione
[m]	montanha [mõ'tɐɲɐ]	mostra
[n]	novela [nu'vɛlɐ]	notte
[ɲ]	senhora [sɐ'ɲorɐ]	stagno
[ŋ]	marketing ['marketiŋ]	anche
[p]	prata ['pratɐ]	pieno
[s]	safira [sɐ'firɐ]	sapere
[ʃ]	texto ['tɛʃtu]	ruscello
[t]	teto ['tɛtu]	tattica
[ʧ]	doente [do'ẽtʃi]	cinque
[v]	alvo ['alvu]	volare
[z]	vizinha [vi'ziɲɐ]	rosa
[ʒ]	juntos ['ʒũtuʃ]	beige
[w]	sequoia [sɐ'kwɔjɐ]	week-end

ABBREVIAZIONI
usate nel vocabolario

Italiano. Abbreviazioni

agg	-	aggettivo
anim.	-	animato
avv	-	avverbio
cong	-	congiunzione
ecc.	-	eccetera
f	-	sostantivo femminile
f pl	-	femminile plurale
fem.	-	femminile
form.	-	formale
inanim.	-	inanimato
inform.	-	familiare
m	-	sostantivo maschile
m pl	-	maschile plurale
m, f	-	maschile, femminile
masc.	-	maschile
mil.	-	militare
pl	-	plurale
pron	-	pronome
qc	-	qualcosa
qn	-	qualcuno
sing.	-	singolare
v aus	-	verbo ausiliare
vi	-	verbo intransitivo
vi, vt	-	verbo intransitivo, transitivo
vr	-	verbo riflessivo
vt	-	verbo transitivo

Portoghese. Abbreviazioni

f	-	sostantivo femminile
f pl	-	femminile plurale
m	-	sostantivo maschile
m pl	-	maschile plurale
m, f	-	maschile, femminile
pl	-	plurale
v aux	-	verbo ausiliare
vi	-	verbo intransitivo
vi, vt	-	verbo intransitivo, transitivo

vr	-	verbo riflessivo
vt	-	verbo transitivo

CONCETTI DI BASE

Concetti di base. Parte 1

1. Pronomi

io	eu	['ew]
tu	você	[vɔ'se]
lui	ele	['ɛli]
lei	ela	['ɛla]
noi	nós	[nɔs]
voi	vocês	[vɔ'ses]
loro (masc.)	eles	['ɛlis]
loro (fem.)	elas	['ɛlas]

2. Saluti. Convenevoli. Saluti di congedo

Salve!	Oi!	[ɔj]
Buongiorno!	Olá!	[o'la]
Buongiorno! (la mattina)	Bom dia!	[bõ 'dʒia]
Buon pomeriggio!	Boa tarde!	['boa 'tardʒi]
Buonasera!	Boa noite!	['boa 'nojtʃi]
salutare (vt)	cumprimentar (vt)	[kũprimẽ'tar]
Ciao! Salve!	Oi!	[ɔj]
saluto (m)	saudação (f)	[sawda'sãw]
salutare (vt)	saudar (vt)	[saw'dar]
Come sta?	Como você está?	['kɔmu vo'se is'ta]
Come stai?	Como vai?	['kɔmu 'vaj]
Che c'è di nuovo?	E aí, novidades?	[a a'i novi'dadʒis]
Arrivederci!	Tchau!	['tʃaw]
A presto!	Até breve!	[a'tɛ 'brɛvi]
Addio!	Adeus!	[a'dews]
congedarsi (vr)	despedir-se (vr)	[dʒispe'dʒirsi]
Ciao! (A presto!)	Até mais!	[a'tɛ majs]
Grazie!	Obrigado! -a!	[obri'gadu, -a]
Grazie mille!	Muito obrigado! -a!	['mwĩtu obri'gadu, -a]
Prego	De nada	[de 'nada]
Non c'è di che!	Não tem de quê	['nãw tẽj de ke]
Di niente	Não foi nada!	['nãw foj 'nada]
Scusa!	Desculpa!	[dʒis'kuwpa]
Scusi!	Desculpe!	[dʒis'kuwpe]

scusare (vt)	desculpar (vt)	[dʒiskuw'par]
scusarsi (vr)	desculpar-se (vr)	[dʒiskuw'parsi]
Chiedo scusa	Me desculpe	[mi dʒis'kuwpe]
Mi perdoni!	Desculpe!	[dʒis'kuwpe]
perdonare (vt)	perdoar (vt)	[per'dwar]
Non fa niente	Não faz mal	['nãw fajʒ maw]
per favore	por favor	[por fa'vor]
Non dimentichi!	Não se esqueça!	['nãw si is'kesa]
Certamente!	Com certeza!	[kõ ser'teza]
Certamente no!	Claro que não!	['klaru ki 'nãw]
D'accordo!	Está bem! De acordo!	[is'ta bẽj], [de a'kordu]
Basta!	Chega!	['ʃega]

3. Come rivolgersi

Mi scusi!	Desculpe ...	[dʒis'kuwpe]
signore	senhor	[se'ɲor]
signora	senhora	[se'ɲora]
signorina	senhorita	[seɲo'rita]
signore	jovem	['ʒovẽ]
ragazzo	menino	[me'ninu]
ragazza	menina	[me'nina]

4. Numeri cardinali. Parte 1

zero (m)	zero	['zɛru]
uno	um	[ũ]
due	dois	['dojs]
tre	três	[tres]
quattro	quatro	['kwatru]
cinque	cinco	['sĩku]
sei	seis	[sejs]
sette	sete	['sɛtʃi]
otto	oito	['ojtu]
nove	nove	['nɔvi]
dieci	dez	[dɛz]
undici	onze	['õzi]
dodici	doze	['dozi]
tredici	treze	['trezi]
quattordici	catorze	[ka'torzi]
quindici	quinze	['kĩzi]
sedici	dezesseis	[deze'sejs]
diciassette	dezessete	[dezi'setʃi]
diciotto	dezoito	[dʒi'zojtu]
diciannove	dezenove	[deze'nɔvi]
venti	vinte	['vĩtʃi]
ventuno	vinte e um	['vĩtʃi i ũ]

| ventidue | vinte e dois | ['vĩtʃi i 'dojs] |
| ventitre | vinte e três | ['vĩtʃi i 'tres] |

trenta	trinta	['trĩta]
trentuno	trinta e um	['trĩta i ũ]
trentadue	trinta e dois	['trĩta i 'dojs]
trentatre	trinta e três	['trĩta i 'tres]

quaranta	quarenta	[kwa'rẽta]
quarantuno	quarenta e um	[kwa'rẽta i 'ũ]
quarantadue	quarenta e dois	[kwa'rẽta i 'dojs]
quarantatre	quarenta e três	[kwa'rẽta i 'tres]

cinquanta	cinquenta	[sĩˈkwẽta]
cinquantuno	cinquenta e um	[sĩˈkwẽta i ũ]
cinquantadue	cinquenta e dois	[sĩˈkwẽta i 'dojs]
cinquantatre	cinquenta e três	[sĩˈkwẽta i 'tres]

sessanta	sessenta	[se'sẽta]
sessantuno	sessenta e um	[se'sẽta i ũ]
sessantadue	sessenta e dois	[se'sẽta i 'dojs]
sessantatre	sessenta e três	[se'sẽta i 'tres]

settanta	setenta	[se'tẽta]
settantuno	setenta e um	[se'tẽta i ũ]
settantadue	setenta e dois	[se'tẽta i 'dojs]
settantatre	setenta e três	[se'tẽta i 'tres]

ottanta	oitenta	[oj'tẽta]
ottantuno	oitenta e um	[oj'tẽta i 'ũ]
ottantadue	oitenta e dois	[oj'tẽta i 'dojs]
ottantatre	oitenta e três	[oj'tẽta i 'tres]

novanta	noventa	[no'vẽta]
novantuno	noventa e um	[no'vẽta i 'ũ]
novantadue	noventa e dois	[no'vẽta i 'dojs]
novantatre	noventa e três	[no'vẽta i 'tres]

5. Numeri cardinali. Parte 2

cento	cem	[sẽ]
duecento	duzentos	[du'zẽtus]
trecento	trezentos	[tre'zẽtus]
quattrocento	quatrocentos	[kwatro'sẽtus]
cinquecento	quinhentos	[ki'ɲẽtus]

seicento	seiscentos	[sej'sẽtus]
settecento	setecentos	[sete'sẽtus]
ottocento	oitocentos	[ojtu'sẽtus]
novecento	novecentos	[nove'sẽtus]

mille	mil	[miw]
duemila	dois mil	['dojs miw]
tremila	três mil	['tres miw]

diecimila	dez mil	['dɛz miw]
centomila	cem mil	[sẽ miw]
milione (m)	um milhão	[ũ mi'ʎãw]
miliardo (m)	um bilhão	[ũ bi'ʎãw]

6. Numeri ordinali

primo	primeiro	[pri'mejru]
secondo	segundo	[se'gũdu]
terzo	terceiro	[ter'sejru]
quarto	quarto	['kwartu]
quinto	quinto	['kĩtu]

sesto	sexto	['sestu]
settimo	sétimo	['sɛtʃimu]
ottavo	oitavo	[oj'tavu]
nono	nono	['nonu]
decimo	décimo	['dɛsimu]

7. Numeri. Frazioni

frazione (f)	fração (f)	[fra'sãw]
un mezzo	um meio	[ũ 'meju]
un terzo	um terço	[ũ 'tersu]
un quarto	um quarto	[ũ 'kwartu]

un ottavo	um oitavo	[ũ oj'tavu]
un decimo	um décimo	[ũ 'dɛsimu]
due terzi	dois terços	['dojs 'tersus]
tre quarti	três quartos	[tres 'kwartus]

8. Numeri. Operazioni aritmetiche di base

sottrazione (f)	subtração (f)	[subtra'sãw]
sottrarre (vt)	subtrair (vi, vt)	[subtra'ir]
divisione (f)	divisão (f)	[dʒivi'zãw]
dividere (vt)	dividir (vt)	[dʒivi'dʒir]

addizione (f)	adição (f)	[adʒi'sãw]
addizionare (vt)	somar (vt)	[so'mar]
aggiungere (vt)	adicionar (vt)	[adʒisjo'nar]
moltiplicazione (f)	multiplicação (f)	[muwtʃiplika'sãw]
moltiplicare (vt)	multiplicar (vt)	[muwtʃipli'kar]

9. Numeri. Varie

cifra (f)	algarismo, dígito (m)	[awga'rizmu], ['dʒiʒitu]
numero (m)	número (m)	['numeru]

numerale (m)	numeral (m)	[nume'raw]
meno (m)	sinal (m) de menos	[si'naw de 'menus]
più (m)	mais (m)	[majs]
formula (f)	fórmula (f)	['fɔrmula]
calcolo (m)	cálculo (m)	['kawkulu]
contare (vt)	contar (vt)	[kõ'tar]
calcolare (vt)	calcular (vt)	[kawku'lar]
comparare (vt)	comparar (vt)	[kõpa'rar]
Quanto?	Quanto?	['kwãtu]
Quanti?	Quantos? -as?	['kwãtus, -as]
somma (f)	soma (f)	['sɔma]
risultato (m)	resultado (m)	[hezuw'tadu]
resto (m)	resto (m)	['hɛstu]
qualche ...	alguns, algumas ...	[aw'gũs], [aw'gumas]
alcuni, pochi (non molti)	poucos, poucas	['pokus], ['pokas]
poco (non molto)	um pouco ...	[ũ 'poku]
resto (m)	resto (m)	['hɛstu]
uno e mezzo	um e meio	[ũ i 'meju]
dozzina (f)	dúzia (f)	['duzja]
in due	ao meio	[aw 'meju]
in parti uguali	em partes iguais	[ẽ 'partʃis i'gwais]
metà (f), mezzo (m)	metade (f)	[me'tadʒi]
volta (f)	vez (f)	[vez]

10. I verbi più importanti. Parte 1

accorgersi (vr)	perceber (vt)	[perse'ber]
afferrare (vt)	pegar (vt)	[pe'gar]
affittare (dare in affitto)	alugar (vt)	[alu'gar]
aiutare (vt)	ajudar (vt)	[aʒu'dar]
amare (qn)	amar (vt)	[a'mar]
andare (camminare)	ir (vi)	[ir]
annotare (vt)	anotar (vt)	[ano'tar]
appartenere (vi)	pertencer (vt)	[pertẽ'ser]
aprire (vt)	abrir (vt)	[a'brir]
arrivare (vi)	chegar (vi)	[ʃe'gar]
aspettare (vt)	esperar (vt)	[ispe'rar]
avere (vt)	ter (vt)	[ter]
avere fame	ter fome	[ter 'fɔmi]
avere fretta	apressar-se (vr)	[apre'sarsi]
avere paura	ter medo	[ter 'medu]
avere sete	ter sede	[ter 'sedʒi]
avvertire (vt)	advertir (vt)	[adʒiver'tʃir]
cacciare (vt)	caçar (vi)	[ka'sar]
cadere (vi)	cair (vi)	[ka'ir]
cambiare (vt)	mudar (vt)	[mu'dar]

capire (vt)	entender (vt)	[ẽtẽ'der]
cenare (vi)	jantar (vi)	[ʒã'tar]
cercare (vt)	buscar (vt)	[bus'kar]
cessare (vt)	cessar (vt)	[se'sar]
chiedere (~ aiuto)	chamar (vt)	[ʃa'mar]
chiedere (domandare)	perguntar (vt)	[pergũ'tar]
cominciare (vt)	começar (vt)	[kome'sar]
comparare (vt)	comparar (vt)	[kõpa'rar]
confondere (vt)	confundir (vt)	[kõfũ'dʒir]
conoscere (qn)	conhecer (vt)	[koɲe'ser]
conservare (vt)	guardar (vt)	[gwar'dar]
consigliare (vt)	aconselhar (vt)	[akõse'ʎar]
contare (calcolare)	contar (vt)	[kõ'tar]
contare su ...	contar com ...	[kõ'tar kõ]
continuare (vt)	continuar (vt)	[kõtʃi'nwar]
controllare (vt)	controlar (vt)	[kõtro'lar]
correre (vi)	correr (vi)	[ko'her]
costare (vt)	custar (vt)	[kus'tar]
creare (vt)	criar (vt)	[krjar]
cucinare (vi)	preparar (vt)	[prepa'rar]

11. I verbi più importanti. Parte 2

dare (vt)	dar (vt)	[dar]
dare un suggerimento	dar uma dica	[dar 'uma 'dʒika]
decorare (adornare)	decorar (vt)	[deko'rar]
difendere (~ un paese)	defender (vt)	[defẽ'der]
dimenticare (vt)	esquecer (vt)	[iske'ser]
dire (~ la verità)	dizer (vt)	[dʒi'zer]
dirigere (compagnia, ecc.)	dirigir (vt)	[dʒiri'ʒir]
discutere (vt)	discutir (vt)	[dʒisku'tʃir]
domandare (vt)	pedir (vt)	[pe'dʒir]
dubitare (vi)	duvidar (vt)	[duvi'dar]
entrare (vi)	entrar (vi)	[ẽ'trar]
esigere (vt)	exigir (vt)	[ezi'ʒir]
esistere (vi)	existir (vi)	[ezis'tʃir]
essere (~ a dieta)	estar (vi)	[is'tar]
essere (~ un insegnante)	ser (vi)	[ser]
essere d'accordo	concordar (vi)	[kõkor'dar]
fare (vt)	fazer (vt)	[fa'zer]
fare colazione	tomar café da manhã	[to'mar ka'fɛ da ma'ɲã]
fare il bagno	ir nadar	[ir na'dar]
fermarsi (vr)	parar (vi)	[pa'rar]
fidarsi (vr)	confiar (vt)	[kõ'fjar]
finire (vt)	acabar, terminar (vt)	[aka'bar], [termi'nar]
firmare (~ un documento)	assinar (vt)	[asi'nar]
giocare (vi)	brincar, jogar (vi, vt)	[brĩ'kar], [ʒo'gar]

girare (~ a destra)	virar (vi)	[vi'rar]
gridare (vi)	gritar (vi)	[gri'tar]
indovinare (vt)	adivinhar (vt)	[adʒivi'ɲar]
informare (vt)	informar (vt)	[ĩfor'mar]
ingannare (vt)	enganar (vt)	[ẽga'nar]
insistere (vi)	insistir (vi)	[ĩsis'tʃir]
insultare (vt)	insultar (vt)	[ĩsuw'tar]
interessarsi di ...	interessar-se (vr)	[ĩtere'sarsi]
invitare (vt)	convidar (vt)	[kõvi'dar]
lamentarsi (vr)	queixar-se (vr)	[kej'ʃarsi]
lasciar cadere	deixar cair (vt)	[dej'ʃar ka'ir]
lavorare (vi)	trabalhar (vi)	[traba'ʎar]
leggere (vi, vt)	ler (vt)	[ler]
liberare (vt)	libertar, liberar (vt)	[liber'tar], [libe'rar]

12. I verbi più importanti. Parte 3

mancare le lezioni	faltar a ...	[faw'tar a]
mandare (vt)	enviar (vt)	[ẽ'vjar]
menzionare (vt)	mencionar (vt)	[mẽsjo'nar]
minacciare (vt)	ameaçar (vt)	[amea'sar]
mostrare (vt)	mostrar (vt)	[mos'trar]
nascondere (vt)	esconder (vt)	[iskõ'der]
nuotare (vi)	nadar (vi)	[na'dar]
obiettare (vt)	objetar (vt)	[obʒe'tar]
occorrere (vimp)	ser necessário	[ser nese'sarju]
ordinare (~ il pranzo)	pedir (vt)	[pe'dʒir]
ordinare (mil.)	ordenar (vt)	[orde'nar]
osservare (vt)	observar (vt)	[obser'var]
pagare (vi, vt)	pagar (vt)	[pa'gar]
parlare (vi, vt)	falar (vi)	[fa'lar]
partecipare (vi)	participar (vi)	[partʃisi'par]
pensare (vi, vt)	pensar (vi, vt)	[pẽ'sar]
perdonare (vt)	perdoar (vt)	[per'dwar]
permettere (vt)	permitir (vt)	[permi'tʃir]
piacere (vi)	gostar (vt)	[gos'tar]
piangere (vi)	chorar (vi)	[ʃo'rar]
pianificare (vt)	planejar (vt)	[plane'ʒar]
possedere (vt)	possuir (vt)	[po'swir]
potere (v aus)	poder (vi)	[po'der]
pranzare (vi)	almoçar (vi)	[awmo'sar]
preferire (vt)	preferir (vt)	[prefe'rir]
pregare (vi, vt)	rezar, orar (vi)	[he'zar], [o'rar]
prendere (vt)	pegar (vt)	[pe'gar]
prevedere (vt)	prever (vt)	[pre'ver]
promettere (vt)	prometer (vt)	[prome'ter]
pronunciare (vt)	pronunciar (vt)	[pronũ'sjar]

proporre (vt)	**propor** (vt)	[pro'por]
punire (vt)	**punir** (vt)	[pu'nir]
raccomandare (vt)	**recomendar** (vt)	[hekomẽ'dar]
ridere (vi)	**rir** (vi)	[hir]
rifiutarsi (vr)	**negar-se** (vt)	[ne'garsi]

rincrescere (vi)	**arrepender-se** (vr)	[ahepẽ'dersi]
ripetere (ridire)	**repetir** (vt)	[hepe'tʃir]
riservare (vt)	**reservar** (vt)	[hezer'var]
rispondere (vi, vt)	**responder** (vt)	[hespõ'der]
rompere (spaccare)	**quebrar** (vt)	[ke'brar]
rubare (~ i soldi)	**roubar** (vt)	[ho'bar]

13. I verbi più importanti. Parte 4

salvare (~ la vita a qn)	**salvar** (vt)	[saw'var]
sapere (vt)	**saber** (vt)	[sa'ber]
sbagliare (vi)	**errar** (vi)	[e'har]
scavare (vt)	**cavar** (vt)	[ka'var]
scegliere (vt)	**escolher** (vt)	[isko'ʎer]

scendere (vi)	**descer** (vi)	[de'ser]
scherzare (vi)	**brincar** (vi)	[brĩ'kar]
scrivere (vt)	**escrever** (vt)	[iskre'ver]
scusare (vt)	**desculpar** (vt)	[dʒiskuw'par]
scusarsi (vr)	**desculpar-se** (vr)	[dʒiskuw'parsi]

sedersi (vr)	**sentar-se** (vr)	[sẽ'tarsi]
seguire (vt)	**seguir ...**	[se'gir]
sgridare (vt)	**ralhar, repreender** (vt)	[ha'ʎar], [heprjẽ'der]
significare (vt)	**significar** (vt)	[signifi'kar]
sorridere (vi)	**sorrir** (vi)	[so'hir]

sottovalutare (vt)	**subestimar** (vt)	[subestʃi'mar]
sparare (vi)	**disparar, atirar** (vi)	[dʒispa'rar], [atʃi'rar]
sperare (vi, vt)	**esperar** (vi, vt)	[ispe'rar]
spiegare (vt)	**explicar** (vt)	[ispli'kar]
studiare (vt)	**estudar** (vt)	[istu'dar]

stupirsi (vr)	**surpreender-se** (vr)	[surprjẽ'dersi]
tacere (vi)	**ficar em silêncio**	[fi'kar ẽ si'lẽsju]
tentare (vt)	**tentar** (vt)	[tẽ'tar]
toccare (~ con le mani)	**tocar** (vt)	[to'kar]
tradurre (vt)	**traduzir** (vt)	[tradu'zir]

trovare (vt)	**encontrar** (vt)	[ẽkõ'trar]
uccidere (vt)	**matar** (vt)	[ma'tar]
udire (percepire suoni)	**ouvir** (vt)	[o'vir]
unire (vt)	**unir** (vt)	[u'nir]
uscire (vi)	**sair** (vi)	[sa'ir]

vantarsi (vr)	**gabar-se** (vr)	[ga'barsi]
vedere (vt)	**ver** (vt)	[ver]
vendere (vt)	**vender** (vt)	[vẽ'der]

| volare (vi) | voar (vi) | [vo'ar] |
| volere (desiderare) | querer (vt) | [ke'rer] |

14. Colori

colore (m)	cor (f)	[kɔr]
sfumatura (f)	tom (m)	[tõ]
tono (m)	tonalidade (m)	[tonali'daʤi]
arcobaleno (m)	arco-íris (m)	['arku 'iris]

bianco (agg)	branco	['brãku]
nero (agg)	preto	['pretu]
grigio (agg)	cinza	['sĩza]

verde (agg)	verde	['verʤi]
giallo (agg)	amarelo	[ama'rɛlu]
rosso (agg)	vermelho	[ver'meʎu]

blu (agg)	azul	[a'zuw]
azzurro (agg)	azul claro	[a'zuw 'klaru]
rosa (agg)	rosa	['hɔza]
arancione (agg)	laranja	[la'rãʒa]
violetto (agg)	violeta	[vjo'leta]
marrone (agg)	marrom	[ma'hõ]

| d'oro (agg) | dourado | [do'radu] |
| argenteo (agg) | prateado | [pra'tʃjadu] |

beige (agg)	bege	['bɛʒi]
color crema (agg)	creme	['krɛmi]
turchese (agg)	turquesa	[tur'keza]
rosso ciliegia (agg)	vermelho cereja	[ver'meʎu se'reʒa]
lilla (agg)	lilás	[li'las]
rosso lampone (agg)	carmim	[kah'mĩ]

chiaro (agg)	claro	['klaru]
scuro (agg)	escuro	[is'kuru]
vivo, vivido (agg)	vivo	['vivu]

colorato (agg)	de cor	[de kɔr]
a colori	a cores	[a 'kores]
bianco e nero (agg)	preto e branco	['pretu i 'brãku]
in tinta unita	de uma só cor	[de 'uma sɔ kɔr]
multicolore (agg)	multicolor	[muwtʃiko'lor]

15. Domande

Chi?	Quem?	[kẽj]
Che cosa?	O que?	[u ki]
Dove? (in che luogo?)	Onde?	['õʤi]
Dove? (~ vai?)	Para onde?	['para 'õʤi]
Di dove?, Da dove?	De onde?	[de 'õʤi]

Quando?	Quando?	['kwãdu]
Perché? (per quale scopo?)	Para quê?	['para ke]
Perché? (per quale ragione?)	Por quê?	[por 'ke]

Per che cosa?	Para quê?	['para ke]
Come?	Como?	['kɔmu]
Che? (~ colore è?)	Qual?	[kwaw]
Quale?	Qual?	[kwaw]

A chi?	A quem?	[a kẽj]
Di chi?	De quem?	[de kẽj]
Di che cosa?	Do quê?	[du ke]
Con chi?	Com quem?	[kõ kẽj]

Quanti?	Quantos? -as?	['kwãtus, -as]
Quanto?	Quanto?	['kwãtu]
Di chi?	De quem?	[de kẽj]

16. Preposizioni

con (tè ~ il latte)	com	[kõ]
senza	sem	[sẽ]
a (andare ~ ...)	a ..., para ...	[a], ['para]
di (parlare ~ ...)	sobre ...	['sobri]
prima di ...	antes de ...	['ãtʃis de]
di fronte a ...	em frente de ...	[ẽ 'frẽtʃi de]

sotto (avv)	debaixo de ...	[de'baɾʃu de]
sopra (al di ~)	sobre ..., em cima de ...	['sobri], [ẽ 'sima de]
su (sul tavolo, ecc.)	em ..., sobre ...	[ẽ], ['sobri]
da, di (via da ..., fuori di ...)	de ...	[de]
di (fatto ~ cartone)	de ...	[de]

fra (~ dieci minuti)	em ...	[ẽ]
attraverso (dall'altra parte)	por cima de ...	[por 'sima de]

17. Parole grammaticali. Avverbi. Parte 1

Dove?	Onde?	['õdʒi]
qui (in questo luogo)	aqui	[a'ki]
lì (in quel luogo)	lá, ali	[la], [a'li]

da qualche parte (essere ~)	em algum lugar	[ẽ aw'gũ lu'gar]
da nessuna parte	em lugar nenhum	[ẽ lu'gar ne'ɲũ]

vicino a ...	perto de ...	['pɛrtu de]
vicino alla finestra	perto da janela	['pɛrtu da ʒa'nɛla]

Dove?	Para onde?	['para 'õdʒi]
qui (vieni ~)	aqui	[a'ki]
ci (~ vado stasera)	para lá	['para la]
da qui	daqui	[da'ki]

da lì	de lá, dali	[de la], [da'li]
vicino, accanto (avv)	perto	['pɛrtu]
lontano (avv)	longe	['lõʒi]

vicino (~ a Parigi)	perto de ...	['pɛrtu de]
vicino (qui ~)	à mão, perto	[a mãw], ['pɛrtu]
non lontano	não fica longe	['nãw 'fika 'lõʒi]

sinistro (agg)	esquerdo	[is'kerdu]
a sinistra (rimanere ~)	à esquerda	[a is'kerda]
a sinistra (girare ~)	para a esquerda	['para a is'kerda]

destro (agg)	direito	[dʒi'rejtu]
a destra (rimanere ~)	à direita	[a dʒi'rejta]
a destra (girare ~)	para a direita	['para a dʒi'rejta]

davanti	em frente	[ẽ 'frẽtʃi]
anteriore (agg)	da frente	[da 'frẽtʃi]
avanti	adiante	[a'dʒjãtʃi]

dietro (avv)	atrás de ...	[a'trajs de]
da dietro	de trás	[de trajs]
indietro	para trás	['para trajs]

mezzo (m), centro (m)	meio (m), metade (f)	['meju], [me'tadʒi]
in mezzo, al centro	no meio	[nu 'meju]

di fianco	do lado	[du 'ladu]
dappertutto	em todo lugar	[ẽ 'todu lu'gar]
attorno	por todos os lados	[por 'todus os 'ladus]

da dentro	de dentro	[de 'dẽtru]
da qualche parte (andare ~)	para algum lugar	['para aw'gũ lu'gar]
dritto (direttamente)	diretamente	[dʒireta'mẽtʃi]
indietro	de volta	[de 'vɔwta]

da qualsiasi parte	de algum lugar	[de aw'gũ lu'gar]
da qualche posto	de algum lugar	[de aw'gũ lu'gar]
(veniamo ~)		

in primo luogo	em primeiro lugar	[ẽ pri'mejru lu'gar]
in secondo luogo	em segundo lugar	[ẽ se'gũdu lu'gar]
in terzo luogo	em terceiro lugar	[ẽ ter'sejru lu'gar]

all'improvviso	de repente	[de he'pẽtʃi]
all'inizio	no início	[nu i'nisju]
per la prima volta	pela primeira vez	['pɛla pri'mejra 'vez]
molto tempo prima di...	muito antes de ...	['mwĩtu 'ãtʃis de]
di nuovo	de novo	[de 'novu]
per sempre	para sempre	['para 'sẽpri]

mai	nunca	['nũka]
ancora	de novo	[de 'novu]
adesso	agora	[a'gɔra]
spesso (avv)	frequentemente	[frekwẽtʃi'mẽtʃi]
allora	então	[ẽ'tãw]

urgentemente	**urgentemente**	[urʒẽte'mẽtʃi]
di solito	**normalmente**	[nɔrmaw'mẽtʃi]
a proposito, ...	**a propósito, ...**	[a pro'pozitu]
è possibile	**é possível**	[ɛ po'sivew]
probabilmente	**provavelmente**	[provavɛw'mẽtʃi]
forse	**talvez**	[taw'vez]
inoltre ...	**além disso, ...**	[a'lẽj 'dʒisu]
ecco perché ...	**por isso ...**	[por 'isu]
nonostante (~ tutto)	**apesar de ...**	[ape'zar de]
grazie a ...	**graças a ...**	['grasas a]
che cosa (pron)	**que**	[ki]
che (cong)	**que**	[ki]
qualcosa (qualsiasi cosa)	**algo**	[awgu]
qualcosa (le serve ~?)	**alguma coisa**	[aw'guma 'kojza]
niente	**nada**	['nada]
chi (pron)	**quem**	[kẽj]
qualcuno (annuire a ~)	**alguém**	[aw'gẽj]
qualcuno (dipendere da ~)	**alguém**	[aw'gẽj]
nessuno	**ninguém**	[nĩ'gẽj]
da nessuna parte	**para lugar nenhum**	['para lu'gar ne'ɲũ]
di nessuno	**de ninguém**	[de nĩ'gẽj]
di qualcuno	**de alguém**	[de aw'gẽj]
così (era ~ arrabbiato)	**tão**	[tãw]
anche (penso ~ a ...)	**também**	[tã'bẽj]
anche, pure	**também**	[tã'bẽj]

18. Parole grammaticali. Avverbi. Parte 2

Perché?	**Por quê?**	[por 'ke]
per qualche ragione	**por alguma razão**	[por aw'guma ha'zãw]
perché ...	**porque ...**	[por'ke]
per qualche motivo	**por qualquer razão**	[por kwaw'ker ha'zãw]
e (cong)	**e**	[i]
o (sì ~ no?)	**ou**	['o]
ma (però)	**mas**	[mas]
per (~ me)	**para**	['para]
troppo	**muito, demais**	['mwĩtu], [dʒi'majs]
solo (avv)	**só, somente**	[sɔ], [sɔ'mẽtʃi]
esattamente	**exatamente**	[ɛzata'mẽtʃi]
circa (~ 10 dollari)	**cerca de ...**	['serka de]
approssimativamente	**aproximadamente**	[aprosimada'mẽti]
approssimativo (agg)	**aproximado**	[aprosi'madu]
quasi	**quase**	['kwazi]
resto	**resto (m)**	['hɛstu]
l'altro (~ libro)	**o outro**	[u 'otru]
altro (differente)	**outro**	['otru]

ogni (agg)	cada	['kada]
qualsiasi (agg)	qualquer	[kwaw'ker]
molti	muitos, muitas	['mwĩtos], ['mwĩtas]
molto (avv)	muito	['mwĩtu]
molta gente	muitas pessoas	['mwĩtas pe'soas]
tutto, tutti	todos	['todus]

in cambio di ...	em troca de ...	[ẽ 'trɔka de]
in cambio	em troca	[ẽ 'trɔka]
a mano (fatto ~)	à mão	[a mãw]
poco probabile	pouco provável	['poku pro'vavew]

probabilmente	provavelmente	[provavɛw'mẽtʃi]
apposta	de propósito	[de pro'pozitu]
per caso	por acidente	[por asi'dẽtʃi]

molto (avv)	muito	['mwĩtu]
per esempio	por exemplo	[por e'zẽplu]
fra (~ due)	entre	['ẽtri]
fra (~ più di due)	entre, no meio de ...	['ẽtri], [nu 'meju de]
tanto (quantità)	tanto	['tãtu]
soprattutto	especialmente	[ispesjal'mẽte]

Concetti di base. Parte 2

19. Contrari

| ricco (agg) | rico | ['hiku] |
| povero (agg) | pobre | ['pɔbri] |

| malato (agg) | doente | [do'ẽtʃi] |
| sano (agg) | bem | [bẽj] |

| grande (agg) | grande | ['grãdʒi] |
| piccolo (agg) | pequeno | [pe'kenu] |

| rapidamente | rapidamente | [hapida'mẽtʃi] |
| lentamente | lentamente | [lẽta'mẽtʃi] |

| veloce (agg) | rápido | ['hapidu] |
| lento (agg) | lento | ['lẽtu] |

| allegro (agg) | alegre, feliz | [a'lɛgri], [fe'liz] |
| triste (agg) | triste | ['tristʃi] |

| insieme | juntos | ['ʒũtus] |
| separatamente | separadamente | [separada'mẽtʃi] |

| ad alta voce (leggere ~) | em voz alta | [ẽ vɔz 'awta] |
| in silenzio | para si | ['para si] |

| alto (agg) | alto | ['awtu] |
| basso (agg) | baixo | ['baɪʃu] |

| profondo (agg) | profundo | [pro'fũdu] |
| basso (agg) | raso | ['hazu] |

| sì | sim | [sĩ] |
| no | não | [nãw] |

| lontano (agg) | distante | [dʒis'tãtʃi] |
| vicino (agg) | próximo | ['prɔsimu] |

| lontano (avv) | longe | ['lõʒi] |
| vicino (avv) | perto | ['pɛrtu] |

| lungo (agg) | longo | ['lõgu] |
| corto (agg) | curto | ['kurtu] |

| buono (agg) | bom, bondoso | [bõ], [bõ'dozu] |
| cattivo (agg) | mal | [maw] |

sposato (agg)	**casado**	[ka'zadu]
celibe (agg)	**solteiro**	[sow'tejru]
vietare (vt)	**proibir** (vt)	[proi'bir]
permettere (vt)	**permitir** (vt)	[permi'tʃir]
fine (f)	**fim** (m)	[fĩ]
inizio (m)	**início** (m)	[i'nisju]
sinistro (agg)	**esquerdo**	[is'kerdu]
destro (agg)	**direito**	[dʒi'rejtu]
primo (agg)	**primeiro**	[pri'mejru]
ultimo (agg)	**último**	['uwtʃimu]
delitto (m)	**crime** (m)	['krimi]
punizione (f)	**castigo** (m)	[kas'tʃigu]
ordinare (vt)	**ordenar** (vt)	[orde'nar]
obbedire (vi)	**obedecer** (vt)	[obede'ser]
dritto (agg)	**reto**	['hɛtu]
curvo (agg)	**curvo**	['kurvu]
paradiso (m)	**paraíso** (m)	[para'izu]
inferno (m)	**inferno** (m)	[ĩ'fɛrnu]
nascere (vi)	**nascer** (vi)	[na'ser]
morire (vi)	**morrer** (vi)	[mo'her]
forte (agg)	**forte**	['fɔrtʃi]
debole (agg)	**fraco, débil**	['fraku], ['debiw]
vecchio (agg)	**velho, idoso**	['vɛʎu], [i'dozu]
giovane (agg)	**jovem**	['ʒɔvẽ]
vecchio (agg)	**velho**	['vɛʎu]
nuovo (agg)	**novo**	['novu]
duro (agg)	**duro**	['duru]
morbido (agg)	**macio**	[ma'siu]
caldo (agg)	**quente**	['kẽtʃi]
freddo (agg)	**frio**	['friu]
grasso (agg)	**gordo**	['gordu]
magro (agg)	**magro**	['magru]
stretto (agg)	**estreito**	[is'trejtu]
largo (agg)	**largo**	['largu]
buono (agg)	**bom**	[bõ]
cattivo (agg)	**mau**	[maw]
valoroso (agg)	**valente, corajoso**	[va'lẽtʃi], [kora'ʒozu]
codardo (agg)	**covarde**	[ko'vardʒi]

20. Giorni della settimana

lunedì (m)	segunda-feira (f)	[se'gũda-'fejra]
martedì (m)	terça-feira (f)	['tersa 'fejra]
mercoledì (m)	quarta-feira (f)	['kwarta-'fejra]
giovedì (m)	quinta-feira (f)	['kĩta-'fejra]
venerdì (m)	sexta-feira (f)	['sesta-'fejra]
sabato (m)	sábado (m)	['sabadu]
domenica (f)	domingo (m)	[do'mĩgu]

oggi (avv)	hoje	['oʒi]
domani	amanhã	[ama'ɲã]
dopodomani	depois de amanhã	[de'pojs de ama'ɲã]
ieri (avv)	ontem	['õtẽ]
l'altro ieri	anteontem	[ãtʃi'õtẽ]

giorno (m)	dia (m)	['dʒia]
giorno (m) lavorativo	dia (m) de trabalho	['dʒia de tra'baʎu]
giorno (m) festivo	feriado (m)	[fe'rjadu]
giorno (m) di riposo	dia (m) de folga	['dʒia de 'fɔwga]
fine (m) settimana	fim (m) de semana	[fĩ de se'mana]

tutto il giorno	o dia todo	[u 'dʒia 'todu]
l'indomani	no dia seguinte	[nu 'dʒia se'gĩtʃi]
due giorni fa	há dois dias	[a 'dojs 'dʒias]
il giorno prima	na véspera	[na 'vɛspera]
quotidiano (agg)	diário	['dʒjarju]
ogni giorno	todos os dias	['todus us 'dʒias]

settimana (f)	semana (f)	[se'mana]
la settimana scorsa	na semana passada	[na se'mana pa'sada]
la settimana prossima	semana que vem	[se'mana ke vẽj]
settimanale (agg)	semanal	[sema'naw]
ogni settimana	toda semana	['tɔda se'mana]
due volte alla settimana	duas vezes por semana	['duas 'vezis por se'mana]
ogni martedì	toda terça-feira	['tɔda tersa 'fejra]

21. Ore. Giorno e notte

mattina (f)	manhã (f)	[ma'ɲã]
di mattina	de manhã	[de ma'ɲã]
mezzogiorno (m)	meio-dia (m)	['meju 'dʒia]
nel pomeriggio	à tarde	[a 'tardʒi]

sera (f)	tardinha (f)	[tar'dʒiɲa]
di sera	à tardinha	[a tar'dʒiɲa]
notte (f)	noite (f)	['nojtʃi]
di notte	à noite	[a 'nojtʃi]
mezzanotte (f)	meia-noite (f)	['meja 'nojtʃi]

secondo (m)	segundo (m)	[se'gũdu]
minuto (m)	minuto (m)	[mi'nutu]
ora (f)	hora (f)	['ɔra]

mezzora (f)	meia hora (f)	['meja 'ɔra]
un quarto d'ora	quarto (m) de hora	['kwartu de 'ɔra]
quindici minuti	quinze minutos	['kĩzi mi'nutus]
ventiquattro ore	vinte e quatro horas	['vĩtʃi i 'kwatru 'ɔras]
levata (f) del sole	nascer (m) do sol	[na'ser du sɔw]
alba (f)	amanhecer (m)	[amaɲe'ser]
mattutino (m)	madrugada (f)	[madru'gada]
tramonto (m)	pôr-do-sol (m)	[por du 'sɔw]
di buon mattino	de madrugada	[de madru'gada]
stamattina	esta manhã	['ɛsta ma'ɲã]
domattina	amanhã de manhã	[ama'ɲã de ma'ɲã]
oggi pomeriggio	esta tarde	['ɛsta 'tardʒi]
nel pomeriggio	à tarde	[a 'tardʒi]
domani pomeriggio	amanhã à tarde	[ama'ɲã a 'tardʒi]
stasera	esta noite, hoje à noite	['ɛsta 'nojtʃi], ['oʒi a 'nojtʃi]
domani sera	amanhã à noite	[ama'ɲã a 'nojtʃi]
alle tre precise	às três horas em ponto	[as tres 'ɔras ẽ 'põtu]
verso le quattro	por volta das quatro	[por 'vɔwta das 'kwatru]
per le dodici	às doze	[as 'dozi]
fra venti minuti	em vinte minutos	[ẽ 'vĩtʃi mi'nutus]
fra un'ora	em uma hora	[ẽ 'uma 'ɔra]
puntualmente	a tempo	[a 'tẽpu]
un quarto di ...	... um quarto para	[... ũ 'kwartu 'para]
entro un'ora	dentro de uma hora	['dẽtru de 'uma 'ɔra]
ogni quindici minuti	a cada quinze minutos	[a 'kada 'kĩzi mi'nutus]
giorno e notte	as vinte e quatro horas	[as 'vĩtʃi i 'kwatru 'ɔras]

22. Mesi. Stagioni

gennaio (m)	janeiro (m)	[ʒa'nejru]
febbraio (m)	fevereiro (m)	[feve'rejru]
marzo (m)	março (m)	['marsu]
aprile (m)	abril (m)	[a'briw]
maggio (m)	maio (m)	['maju]
giugno (m)	junho (m)	['ʒuɲu]
luglio (m)	julho (m)	['ʒuʎu]
agosto (m)	agosto (m)	[a'gostu]
settembre (m)	setembro (m)	[se'tẽbru]
ottobre (m)	outubro (m)	[o'tubru]
novembre (m)	novembro (m)	[no'vẽbru]
dicembre (m)	dezembro (m)	[de'zẽbru]
primavera (f)	primavera (f)	[prima'vɛra]
in primavera	na primavera	[na prima'vɛra]
primaverile (agg)	primaveril	[primave'riw]
estate (f)	verão (m)	[ve'rãw]

in estate	no verão	[nu ve'rãw]
estivo (agg)	de verão	[de ve'rãw]
autunno (m)	outono (m)	[o'tɔnu]
in autunno	no outono	[nu o'tɔnu]
autunnale (agg)	outonal	[oto'naw]
inverno (m)	inverno (m)	[ĩ'vɛrnu]
in inverno	no inverno	[nu ĩ'vɛrnu]
invernale (agg)	de inverno	[de ĩ'vɛrnu]
mese (m)	mês (m)	[mes]
questo mese	este mês	['estʃi mes]
il mese prossimo	mês que vem	['mes ki vẽj]
il mese scorso	no mês passado	[no mes pa'sadu]
un mese fa	um mês atrás	[ũ 'mes a'trajs]
fra un mese	em um mês	[ẽ ũ mes]
fra due mesi	em dois meses	[ẽ dojs 'mezis]
un mese intero	todo o mês	['todu u mes]
per tutto il mese	um mês inteiro	[ũ mes ĩ'tejru]
mensile (rivista ~)	mensal	[mẽ'saw]
mensilmente	mensalmente	[mẽsaw'mẽtʃi]
ogni mese	todo mês	['todu 'mes]
due volte al mese	duas vezes por mês	['duas 'vezis por mes]
anno (m)	ano (m)	['anu]
quest'anno	este ano	['estʃi 'anu]
l'anno prossimo	ano que vem	['anu ki vẽj]
l'anno scorso	no ano passado	[nu 'anu pa'sadu]
un anno fa	há um ano	[a ũ 'anu]
fra un anno	em um ano	[ẽ ũ 'anu]
fra due anni	dentro de dois anos	['dẽtru de 'dojs 'anus]
un anno intero	todo o ano	['todu u 'anu]
per tutto l'anno	um ano inteiro	[ũ 'anu ĩ'tejru]
ogni anno	cada ano	['kada 'anu]
annuale (agg)	anual	[a'nwaw]
annualmente	anualmente	[anwaw'mẽte]
quattro volte all'anno	quatro vezes por ano	['kwatru 'vezis por 'anu]
data (f) (~ di oggi)	data (f)	['data]
data (f) (~ di nascita)	data (f)	['data]
calendario (m)	calendário (m)	[kalẽ'darju]
mezz'anno (m)	meio ano	['meju 'anu]
semestre (m)	seis meses	[sejs 'mezis]
stagione (f) (estate, ecc.)	estação (f)	[ista'sãw]
secolo (m)	século (m)	['sɛkulu]

23. Orario. Varie

tempo (m)	tempo (m)	['tẽpu]
istante (m)	momento (m)	[mo'mẽtu]

momento (m)	instante (m)	[ĩs'tãtʃi]
istantaneo (agg)	instantâneo	[ĩstã'tanju]
periodo (m)	lapso (m) de tempo	['lapsu de 'tẽpu]
vita (f)	vida (f)	['vida]
eternità (f)	eternidade (f)	[eterni'dadʒi]

epoca (f)	época (f)	['ɛpoka]
era (f)	era (f)	['ɛra]
ciclo (m)	ciclo (m)	['siklu]
periodo (m)	período (m)	[pe'riodu]
scadenza (f)	prazo (m)	['prazu]

futuro (m)	futuro (m)	[fu'turu]
futuro (agg)	futuro	[fu'turu]
la prossima volta	da próxima vez	[da 'prɔsima vez]
passato (m)	passado (m)	[pa'sadu]
scorso (agg)	passado	[pa'sadu]
la volta scorsa	na última vez	[na 'uwtʃima 'vez]
più tardi	mais tarde	[majs 'tardʒi]
dopo	depois	[de'pojs]
oggigiorno	atualmente	[atwaw'mẽtʃi]
adesso, ora	agora	[a'gora]
immediatamente	imediatamente	[imedʒata'mẽtʃi]
fra poco, presto	em breve	[ẽ 'brɛvi]
in anticipo	de antemão	[de ante'mãw]

tanto tempo fa	há muito tempo	[a 'mwĩtu 'tẽpu]
di recente	recentemente	[hesẽtʃi'mẽtʃi]
destino (m)	destino (m)	[des'tʃinu]
ricordi (m pl)	recordações (f pl)	[hekorda'sõjs]
archivio (m)	arquivo (m)	[ar'kivu]
durante ...	durante ...	[du'rãtʃi]
a lungo	durante muito tempo	[du'rãtʃi 'mwĩtu 'tẽpu]
per poco tempo	pouco tempo	['poku 'tẽpu]
presto (al mattino ~)	cedo	['sedu]
tardi (non presto)	tarde	['tardʒi]

per sempre	para sempre	['para 'sẽpri]
cominciare (vt)	começar (vt)	[kome'sar]
posticipare (vt)	adiar (vt)	[a'dʒjar]

simultaneamente	ao mesmo tempo	['aw 'mezmu 'tẽpu]
tutto il tempo	permanentemente	[permanẽtʃi'mẽtʃi]
costante (agg)	constante	[kõs'tãtʃi]
temporaneo (agg)	temporário	[tẽpo'rarju]

a volte	às vezes	[as 'vezis]
raramente	raras vezes, raramente	['harus 'vezis]' [hara'mẽtʃi]
spesso (avv)	frequentemente	[frekwẽtʃi'mẽtʃi]

24. Linee e forme

quadrato (m)	quadrado (m)	[kwa'dradu]
quadrato (agg)	quadrado	[kwa'dradu]

cerchio (m)	círculo (m)	['sirkulu]
rotondo (agg)	redondo	[he'dõdu]
triangolo (m)	triângulo (m)	['trjãgulu]
triangolare (agg)	triangular	[trjãgu'lar]

ovale (m)	oval (f)	[o'vaw]
ovale (agg)	oval	[o'vaw]
rettangolo (m)	retângulo (m)	[he'tãgulu]
rettangolare (agg)	retangular	[hetãgu'lar]

piramide (f)	pirâmide (f)	[pi'ramidʒi]
rombo (m)	losango (m)	[lo'zãgu]
trapezio (m)	trapézio (m)	[tra'pɛzju]
cubo (m)	cubo (m)	['kubu]
prisma (m)	prisma (m)	['prizma]

circonferenza (f)	circunferência (f)	[sirkũfe'rẽsja]
sfera (f)	esfera (f)	[is'fɛra]
palla (f)	globo (m)	['globu]
diametro (m)	diâmetro (m)	['dʒjametru]
raggio (m)	raio (m)	['haju]
perimetro (m)	perímetro (m)	[pe'rimetru]
centro (m)	centro (m)	['sẽtru]

orizzontale (agg)	horizontal	[orizõ'taw]
verticale (agg)	vertical	[vertʃi'kaw]
parallela (f)	paralela (f)	[para'lɛla]
parallelo (agg)	paralelo	[para'lɛlu]

linea (f)	linha (f)	['liɲa]
tratto (m)	traço (m)	['trasu]
linea (f) retta	reta (f)	['hɛta]
linea (f) curva	curva (f)	['kurva]
sottile (uno strato ~)	fino	['finu]
contorno (m)	contorno (m)	[kõ'tornu]

intersezione (f)	interseção (f)	[ĩterse'sãw]
angolo (m) retto	ângulo (m) reto	[ãgulo 'hɛtu]
segmento	segmento (m)	[sɛ'gmẽtu]
settore (m)	setor (m)	[sɛ'tor]
lato (m)	lado (m)	['ladu]
angolo (m)	ângulo (m)	[ãgulu]

25. Unità di misura

peso (m)	peso (m)	['pezu]
lunghezza (f)	comprimento (m)	[kõpri'mẽtu]
larghezza (f)	largura (f)	[lar'gura]
altezza (f)	altura (f)	[aw'tura]
profondità (f)	profundidade (f)	[profũdʒi'dadʒi]
volume (m)	volume (m)	[vo'lumi]
area (f)	área (f)	['arja]
grammo (m)	grama (m)	['grama]
milligrammo (m)	miligrama (m)	[mili'grama]

chilogrammo (m)	quilograma (m)	[kilo'grama]
tonnellata (f)	tonelada (f)	[tune'lada]
libbra (f)	libra (f)	['libra]
oncia (f)	onça (f)	['õsa]

metro (m)	metro (m)	['mɛtru]
millimetro (m)	milímetro (m)	[mi'limetru]
centimetro (m)	centímetro (m)	[sẽ'tʃimetru]
chilometro (m)	quilômetro (m)	[ki'lometru]
miglio (m)	milha (f)	['miʎa]

pollice (m)	polegada (f)	[pole'gada]
piede (f)	pé (m)	[pɛ]
iarda (f)	jarda (f)	['ʒarda]

| metro (m) quadro | metro (m) quadrado | ['mɛtru kwa'dradu] |
| ettaro (m) | hectare (m) | [ek'tari] |

litro (m)	litro (m)	['litru]
grado (m)	grau (m)	[graw]
volt (m)	volt (m)	['vɔwtʃi]
ampere (m)	ampère (m)	[ã'pɛri]
cavallo vapore (m)	cavalo (m) de potência	[ka'valu de po'tẽsja]

quantità (f)	quantidade (f)	[kwãtʃi'dadʒi]
un po' di ...	um pouco de ...	[ũ 'poku de]
metà (f)	metade (f)	[me'tadʒi]
dozzina (f)	dúzia (f)	['duzja]
pezzo (m)	peça (f)	['pɛsa]

| dimensione (f) | tamanho (m), dimensão (f) | [ta'maɲu], [dʒimẽ'sãw] |
| scala (f) (modello in ~) | escala (f) | [is'kala] |

minimo (agg)	mínimo	['minimu]
minore (agg)	menor, mais pequeno	[me'nɔr], [majs pe'kenu]
medio (agg)	médio	['mɛdʒju]
massimo (agg)	máximo	['masimu]
maggiore (agg)	maior, mais grande	[ma'jɔr], [majs 'grãdʒi]

26. Contenitori

barattolo (m) di vetro	pote (m) de vidro	['pɔtʃi de 'vidru]
latta, lattina (f)	lata (f)	['lata]
secchio (m)	balde (m)	['bawdʒi]
barile (m), botte (f)	barril (m)	[ba'hiw]

catino (m)	bacia (f)	[ba'sia]
serbatoio (m) (per liquidi)	tanque (m)	['tãki]
fiaschetta (f)	cantil (m) de bolso	[kã'tʃiw dʒi 'bowsu]
tanica (f)	galão (m) de gasolina	[ga'lãw de gazo'lina]
cisterna (f)	cisterna (f)	[sis'tɛrna]

| tazza (f) | caneca (f) | [ka'nɛka] |
| tazzina (f) (~ di caffé) | xícara (f) | ['ʃikara] |

piattino (m)	pires (m)	['piris]
bicchiere (m) (senza stelo)	copo (m)	['kɔpu]
calice (m)	taça (f) de vinho	['tasa de 'viɲu]
casseruola (f)	panela (f)	[pa'nɛla]

| bottiglia (f) | garrafa (f) | [ga'hafa] |
| collo (m) (~ della bottiglia) | gargalo (m) | [gar'galu] |

caraffa (f)	jarra (f)	['ʒaha]
brocca (f)	jarro (m)	['ʒahu]
recipiente (m)	recipiente (m)	[hesi'pjẽtʃi]
vaso (m) di coccio	pote (m)	['pɔtʃi]
vaso (m) di fiori	vaso (m)	['vazu]

boccetta (f) (~ di profumo)	frasco (m)	['frasku]
fiala (f)	frasquinho (m)	[fras'kiɲu]
tubetto (m)	tubo (m)	['tubu]

sacco (m) (~ di patate)	saco (m)	['saku]
sacchetto (m) (~ di plastica)	sacola (f)	[sa'kɔla]
pacchetto (m) (~ di sigarette, ecc.)	maço (m)	['masu]

scatola (f) (~ per scarpe)	caixa (f)	['kaɪʃa]
cassa (f) (~ di vino, ecc.)	caixote (m)	[kaj'ʃɔtʃi]
cesta (f)	cesto (m)	['sestu]

27. Materiali

materiale (m)	material (m)	[mate'rjaw]
legno (m)	madeira (f)	[ma'dejra]
di legno	de madeira	[de ma'dejra]

| vetro (m) | vidro (m) | ['vidru] |
| di vetro | de vidro | [de 'vidru] |

| pietra (f) | pedra (f) | ['pɛdra] |
| di pietra | de pedra | [de 'pɛdra] |

| plastica (f) | plástico (m) | ['plastʃiku] |
| di plastica | plástico | ['plastʃiku] |

| gomma (f) | borracha (f) | [bo'haʃa] |
| di gomma | de borracha | [de bo'haʃa] |

| stoffa (f) | tecido, pano (m) | [te'sidu], ['panu] |
| di stoffa | de tecido | [de te'sidu] |

| carta (f) | papel (m) | [pa'pɛw] |
| di carta | de papel | [de pa'pɛw] |

cartone (m)	papelão (m)	[pape'lãw]
di cartone	de papelão	[de pape'lãw]
polietilene (m)	polietileno (m)	[poljetʃi'lɛnu]

cellofan (m)	celofane (m)	[selo'fani]
linoleum (m)	linóleo (m)	[li'nɔlju]
legno (m) compensato	madeira (f) compensada	[ma'dejra kõpẽ'sada]

porcellana (f)	porcelana (f)	[porse'lana]
di porcellana	de porcelana	[de porse'lana]
argilla (f)	argila (f), barro (m)	[ar'ʒila], ['bahu]
d'argilla	de barro	[de 'bahu]
ceramica (f)	cerâmica (f)	[se'ramika]
ceramico	de cerâmica	[de se'ramika]

28. Metalli

metallo (m)	metal (m)	[me'taw]
metallico	metálico	[me'taliku]
lega (f)	liga (f)	['liga]

oro (m)	ouro (m)	['oru]
d'oro	de ouro	[de 'oru]
argento (m)	prata (f)	['prata]
d'argento	de prata	[de 'prata]

ferro (m)	ferro (m)	['fɛhu]
di ferro	de ferro	[de 'fɛhu]
acciaio (m)	aço (m)	['asu]
d'acciaio	de aço	[de 'asu]
rame (m)	cobre (m)	['kɔbri]
di rame	de cobre	[de 'kɔbri]

alluminio (m)	alumínio (m)	[alu'minju]
di alluminio, alluminico	de alumínio	[de alu'minju]
bronzo (m)	bronze (m)	['brõzi]
di bronzo	de bronze	[de 'brõzi]

ottone (m)	latão (m)	[la'tãw]
nichel (m)	níquel (m)	['nikew]
platino (m)	platina (f)	[pla'tʃina]
mercurio (m)	mercúrio (m)	[mer'kurju]
stagno (m)	estanho (m)	[is'taɲu]
piombo (m)	chumbo (m)	['ʃũbu]
zinco (m)	zinco (m)	['zĩku]

ESSERE UMANO

Essere umano. Il corpo umano

29. L'uomo. Concetti di base

uomo (m) (essere umano)	ser (m) humano	[ser u'manu]
uomo (m) (adulto maschio)	homem (m)	['ɔmẽ]
donna (f)	mulher (f)	[mu'ʎer]
bambino (m) (figlio)	criança (f)	['krjãsa]
bambina (f)	menina (f)	[me'nina]
bambino (m)	menino (m)	[me'ninu]
adolescente (m, f)	adolescente (m)	[adole'sẽtʃi]
vecchio (m)	velho (m)	['vɛʎu]
vecchia (f)	velha (f)	['vɛʎa]

30. Anatomia umana

organismo (m)	organismo (m)	[orga'nizmu]
cuore (m)	coração (m)	[kora'sãw]
sangue (m)	sangue (m)	['sãgi]
arteria (f)	artéria (f)	[ar'tɛrja]
vena (f)	veia (f)	['veja]
cervello (m)	cérebro (m)	['sɛrebru]
nervo (m)	nervo (m)	['nervu]
nervi (m pl)	nervos (m pl)	['nervus]
vertebra (f)	vértebra (f)	['vɛrtebra]
colonna (f) vertebrale	coluna (f) vertebral	[ko'luna verte'braw]
stomaco (m)	estômago (m)	[is'tomagu]
intestini (m pl)	intestinos (m pl)	[ĩtes'tʃinus]
intestino (m)	intestino (m)	[ĩtes'tʃinu]
fegato (m)	fígado (m)	['figadu]
rene (m)	rim (m)	[hĩ]
osso (m)	osso (m)	['osu]
scheletro (m)	esqueleto (m)	[iske'letu]
costola (f)	costela (f)	[kos'tɛla]
cranio (m)	crânio (m)	['kranju]
muscolo (m)	músculo (m)	['muskulu]
bicipite (m)	bíceps (m)	['biseps]
tricipite (m)	tríceps (m)	['triseps]
tendine (m)	tendão (m)	[tẽ'dãw]
articolazione (f)	articulação (f)	[artʃikula'sãw]

polmoni (m pl)	pulmões (m pl)	[puw'mãws]
genitali (m pl)	órgãos (m pl) genitais	['ɔrgãws ʒeni'tajs]
pelle (f)	pele (f)	['pɛli]

31. Testa

testa (f)	cabeça (f)	[ka'besa]
viso (m)	rosto, cara (f)	['hostu], ['kara]
naso (m)	nariz (m)	[na'riz]
bocca (f)	boca (f)	['boka]

occhio (m)	olho (m)	['oʎu]
occhi (m pl)	olhos (m pl)	['oʎus]
pupilla (f)	pupila (f)	[pu'pila]
sopracciglio (m)	sobrancelha (f)	[sobrã'seʎa]
ciglio (m)	cílio (f)	['silju]
palpebra (f)	pálpebra (f)	['pawpebra]

lingua (f)	língua (f)	['lĩgwa]
dente (m)	dente (m)	['dẽtʃi]
labbra (f pl)	lábios (m pl)	['labjus]
zigomi (m pl)	maçãs (f pl) do rosto	[ma'sãs du 'hostu]
gengiva (f)	gengiva (f)	[ʒẽ'ʒiva]
palato (m)	palato (m)	[pa'latu]

narici (f pl)	narinas (f pl)	[na'rinas]
mento (m)	queixo (m)	['kejʃu]
mascella (f)	mandíbula (f)	[mã'dʒibula]
guancia (f)	bochecha (f)	[bo'ʃeʃa]

fronte (f)	testa (f)	['tɛsta]
tempia (f)	têmpora (f)	['tẽpora]
orecchio (m)	orelha (f)	[o'reʎa]
nuca (f)	costas (f pl) da cabeça	['kɔstas da ka'besa]
collo (m)	pescoço (m)	[pes'kosu]
gola (f)	garganta (f)	[gar'gãta]

capelli (m pl)	cabelo (m)	[ka'belu]
pettinatura (f)	penteado (m)	[pẽ'tʃjadu]
taglio (m)	corte (m) de cabelo	['kɔrtʃi de ka'belu]
parrucca (f)	peruca (f)	[pe'ruka]

baffi (m pl)	bigode (m)	[bi'gɔdʒi]
barba (f)	barba (f)	['barba]
portare (~ la barba, ecc.)	ter (vt)	[ter]
treccia (f)	trança (f)	['trãsa]
basette (f pl)	suíças (f pl)	['swisas]

rosso (agg)	ruivo	['hwivu]
brizzolato (agg)	grisalho	[gri'zaʎu]
calvo (agg)	careca	[ka'rɛka]
calvizie (f)	calva (f)	['kawvu]
coda (f) di cavallo	rabo-de-cavalo (m)	['habu-de-ka'valu]
frangetta (f)	franja (f)	['frãʒa]

32. Corpo umano

| mano (f) | mão (f) | [mãw] |
| braccio (m) | braço (m) | ['brasu] |

dito (m)	dedo (m)	['dedu]
dito (m) del piede	dedo (m) do pé	['dedu du pɛ]
pollice (m)	polegar (m)	[pole'gar]
mignolo (m)	dedo (m) mindinho	['dedu mĩ'dʒiɲu]
unghia (f)	unha (f)	['uɲa]

pugno (m)	punho (m)	['puɲu]
palmo (m)	palma (f)	['pawma]
polso (m)	pulso (m)	['puwsu]
avambraccio (m)	antebraço (m)	[ãtʃi'brasu]
gomito (m)	cotovelo (m)	[koto'velu]
spalla (f)	ombro (m)	['õbru]

gamba (f)	perna (f)	['pɛrna]
pianta (f) del piede	pé (m)	[pɛ]
ginocchio (m)	joelho (m)	[ʒo'eʎu]
polpaccio (m)	panturrilha (f)	[pãtu'hiʎa]
anca (f)	quadril (m)	[kwa'driw]
tallone (m)	calcanhar (m)	[kawka'ɲar]

corpo (m)	corpo (m)	['korpu]
pancia (f)	barriga (f), ventre (m)	[ba'higa], ['vẽtri]
petto (m)	peito (m)	['pejtu]
seno (m)	seio (m)	['seju]
fianco (m)	lado (m)	['ladu]
schiena (f)	costas (f pl)	['kɔstas]
zona (f) lombare	região (f) lombar	[he'ʒjãw lõ'bar]
vita (f)	cintura (f)	[sĩ'tura]

ombelico (m)	umbigo (m)	[ũ'bigu]
natiche (f pl)	nádegas (f pl)	['nadegas]
sedere (m)	traseiro (m)	[tra'zejru]

neo (m)	sinal (m), pinta (f)	[si'naw], ['pĩta]
voglia (f) (~ di fragola)	sinal (m) de nascença	[si'naw de na'sẽsa]
tatuaggio (m)	tatuagem (f)	[ta'twaʒẽ]
cicatrice (f)	cicatriz (f)	[sika'triz]

Abbigliamento e Accessori

33. Indumenti. Soprabiti

vestiti (m pl)	roupa (f)	['hopa]
soprabito (m)	roupa (f) exterior	['hopa iste'rjor]
abiti (m pl) invernali	roupa (f) de inverno	['hopa de ĩ'vɛrnu]
cappotto (m)	sobretudo (m)	[sobri'tudu]
pelliccia (f)	casaco (m) de pele	[kaz'aku de 'pɛli]
pellicciotto (m)	jaqueta (f) de pele	[ʒa'keta de 'pɛli]
piumino (m)	casaco (m) acolchoado	[ka'zaku akow'ʃwadu]
giubbotto (m), giaccha (f)	casaco (m), jaqueta (f)	[kaz'aku], [ʒa'keta]
impermeabile (m)	impermeável (m)	[ĩper'mjavew]
impermeabile (agg)	a prova d'água	[a 'prɔva 'dagwa]

34. Abbigliamento uomo e donna

camicia (f)	camisa (f)	[ka'miza]
pantaloni (m pl)	calça (f)	['kawsa]
jeans (m pl)	jeans (m)	['dʒins]
giacca (f) (~ di tweed)	paletó, terno (m)	[pale'tɔ], ['tɛrnu]
abito (m) da uomo	terno (m)	['tɛrnu]
abito (m)	vestido (m)	[ves'tʃidu]
gonna (f)	saia (f)	['saja]
camicetta (f)	blusa (f)	['bluza]
giacca (f) a maglia	casaco (m) de malha	[ka'zaku de 'maʎa]
giacca (f) tailleur	casaco, blazer (m)	[ka'zaku], ['blejzer]
maglietta (f)	camiseta (f)	[kami'zɛta]
pantaloni (m pl) corti	short (m)	['ʃortʃi]
tuta (f) sportiva	training (m)	['trejnĩŋ]
accappatoio (m)	roupão (m) de banho	[ho'pãw de 'baɲu]
pigiama (m)	pijama (m)	[pi'ʒama]
maglione (m)	suéter (m)	['swɛter]
pullover (m)	pulôver (m)	[pu'lover]
gilè (m)	colete (m)	[ko'letʃi]
frac (m)	fraque (m)	['fraki]
smoking (m)	smoking (m)	[iz'mokĩs]
uniforme (f)	uniforme (m)	[uni'fɔrmi]
tuta (f) da lavoro	roupa (f) de trabalho	['hopa de tra'baʎu]
salopette (f)	macacão (m)	[maka'kãws]
camice (m) (~ del dottore)	jaleco (m), bata (f)	[ʒa'lɛku], ['bata]

35. Abbigliamento. Biancheria intima

biancheria (f) intima	roupa (f) íntima	['hopa 'ĩtʃima]
boxer (m pl)	cueca boxer (f)	['kwɛka 'bɔkser]
mutandina (f)	calcinha (f)	[kaw'siɲa]
maglietta (f) intima	camiseta (f)	[kami'zɛta]
calzini (m pl)	meias (f pl)	['mejas]
camicia (f) da notte	camisola (f)	[kami'zɔla]
reggiseno (m)	sutiã (m)	[su'tʃiã]
calzini (m pl) alti	meias longas (f pl)	['mejas 'lõgas]
collant (m)	meias-calças (f pl)	['mejas 'kalsas]
calze (f pl)	meias (f pl)	['mejas]
costume (m) da bagno	maiô (m)	[ma'jo]

36. Copricapo

cappello (m)	chapéu (m), touca (f)	[ʃa'pɛw], ['toka]
cappello (m) di feltro	chapéu (m) de feltro	[ʃa'pɛw de 'fewtru]
cappello (m) da baseball	boné (m) de beisebol	[bo'nɛ de bejsi'bɔw]
coppola (f)	boina (f)	['bojna]
basco (m)	boina (f) francesa	['bojna frã'seza]
cappuccio (m)	capuz (m)	[ka'puz]
panama (m)	chapéu panamá (m)	[ʃa'pɛw pana'ma]
berretto (m) a maglia	touca (f)	['toka]
fazzoletto (m) da capo	lenço (m)	['lẽsu]
cappellino (m) donna	chapéu (m) feminino	[ʃa'pɛw femi'ninu]
casco (m) (~ di sicurezza)	capacete (m)	[kapa'setʃi]
bustina (f)	bibico (m)	[bi'biko]
casco (m) (~ moto)	capacete (m)	[kapa'setʃi]
bombetta (f)	chapéu-coco (m)	[ʃa'pɛw 'koku]
cilindro (m)	cartola (f)	[kar'tɔla]

37. Calzature

calzature (f pl)	calçado (m)	[kaw'sadu]
stivaletti (m pl)	botinas (f pl), sapatos (m pl)	[bo'tʃinas], [sapa'tõjs]
scarpe (f pl)	sapatos (m pl)	[sa'patus]
stivali (m pl)	botas (f pl)	['bɔtas]
pantofole (f pl)	pantufas (f pl)	[pã'tufas]
scarpe (f pl) da tennis	tênis (m pl)	['tenis]
scarpe (f pl) da ginnastica	tênis (m pl)	['tenis]
sandali (m pl)	sandálias (f pl)	[sã'dalias]
calzolaio (m)	sapateiro (m)	[sapa'tejru]
tacco (m)	salto (m)	['sawtu]

paio (m)	par (m)	[par]
laccio (m)	cadarço (m)	[ka'darsu]
allacciare (vt)	amarrar os cadarços	[ama'har us ka'darsus]
calzascarpe (m)	calçadeira (f)	[kawsa'dejra]
lucido (m) per le scarpe	graxa (f) para calçado	['graʃa 'para kaw'sadu]

38. Tessuti. Stoffe

cotone (m)	algodão (m)	[awgo'dãw]
di cotone	de algodão	[de awgo'dãw]
lino (m)	linho (m)	['liɲu]
di lino	de linho	[de 'liɲu]

seta (f)	seda (f)	['seda]
di seta	de seda	[de 'seda]
lana (f)	lã (f)	[lã]
di lana	de lã	[de lã]

velluto (m)	veludo (m)	[ve'ludu]
camoscio (m)	camurça (f)	[ka'mursa]
velluto (m) a coste	veludo (m) cotelê	[ve'ludu kote'le]

nylon (m)	nylon (m)	['najlɔn]
di nylon	de nylon	[de 'najlɔn]
poliestere (m)	poliéster (m)	[po'ljɛster]
di poliestere	de poliéster	[de po'ljɛster]

pelle (f)	couro (m)	['koru]
di pelle	de couro	[de 'koru]
pelliccia (f)	pele (f)	['pɛli]
di pelliccia	de pele	[de 'pɛli]

39. Accessori personali

guanti (m pl)	luva (f)	['luva]
manopole (f pl)	mitenes (f pl)	[mi'tɛnes]
sciarpa (f)	cachecol (m)	[kaʃe'kɔw]

occhiali (m pl)	óculos (m pl)	['ɔkulus]
montatura (f)	armação (f)	[arma'sãw]
ombrello (m)	guarda-chuva (m)	['gwarda 'ʃuva]
bastone (m)	bengala (f)	[bẽ'gala]
spazzola (f) per capelli	escova (f) para o cabelo	[is'kova 'para u ka'belu]
ventaglio (m)	leque (m)	['lɛki]

cravatta (f)	gravata (f)	[gra'vata]
cravatta (f) a farfalla	gravata-borboleta (f)	[gra'vata borbo'leta]
bretelle (f pl)	suspensórios (m pl)	[suspẽ'sɔrjus]
fazzoletto (m)	lenço (m)	['lẽsu]

| pettine (m) | pente (m) | ['pẽtʃi] |
| fermaglio (m) | fivela (f) para cabelo | [fi'vɛla 'para ka'belu] |

| forcina (f) | grampo (m) | ['grãpu] |
| fibbia (f) | fivela (f) | [fi'vɛla] |

| cintura (f) | cinto (m) | ['sĩtu] |
| spallina (f) | alça (f) de ombro | ['awsa de 'õbru] |

borsa (f)	bolsa (f)	['bowsa]
borsetta (f)	bolsa, carteira (f)	['bowsa], [kar'tejra]
zaino (m)	mochila (f)	[mo'ʃila]

40. Abbigliamento. Varie

moda (f)	moda (f)	['mɔda]
di moda	na moda	[na 'mɔda]
stilista (m)	estilista (m)	[istʃi'lista]

collo (m)	colarinho (m)	[kola'riɲu]
tasca (f)	bolso (m)	['bowsu]
tascabile (agg)	de bolso	[de 'bowsu]
manica (f)	manga (f)	['mãga]
asola (f) per appendere	ganchinho (m)	[gã'ʃiɲu]
patta (f) (~ dei pantaloni)	bragueta (f)	[bra'gwetʃi]

cerniera (f) lampo	zíper (m)	['ziper]
chiusura (f)	colchete (m)	[kow'ʃetʃi]
bottone (m)	botão (m)	[bo'tãw]
occhiello (m)	botoeira (f)	[bo'twejra]
staccarsi (un bottone)	soltar-se (vr)	[sow'tarsi]

cucire (vi, vt)	costurar (vi)	[kostu'rar]
ricamare (vi, vt)	bordar (vt)	[bor'dar]
ricamo (m)	bordado (m)	[bor'dadu]
ago (m)	agulha (f)	[a'guʎa]
filo (m)	fio, linha (f)	['fiu], ['liɲa]
cucitura (f)	costura (f)	[kos'tura]

sporcarsi (vr)	sujar-se (vr)	[su'ʒarsi]
macchia (f)	mancha (f)	['mãʃa]
sgualcirsi (vr)	amarrotar-se (vr)	[amaho'tarse]
strappare (vt)	rasgar (vt)	[haz'gar]
tarma (f)	traça (f)	['trasa]

41. Cura della persona. Cosmetici

dentifricio (m)	pasta (f) de dente	['pasta de 'dẽtʃi]
spazzolino (m) da denti	escova (f) de dente	[is'kova de 'dẽtʃi]
lavarsi i denti	escovar os dentes	[isko'var us 'dẽtʃis]

rasoio (m)	gilete (f)	[ʒi'lɛtʃi]
crema (f) da barba	creme (m) de barbear	['krɛmi de bar'bjar]
rasarsi (vr)	barbear-se (vr)	[bar'bjarsi]
sapone (m)	sabonete (m)	[sabo'netʃi]

shampoo (m)	xampu (m)	[ʃãˈpu]
forbici (f pl)	tesoura (f)	[teˈzora]
limetta (f)	lixa (f) de unhas	[ˈliʃa de ˈuɲas]
tagliaunghie (m)	corta-unhas (m)	[ˈkɔrta ˈuɲas]
pinzette (f pl)	pinça (f)	[ˈpĩsa]

cosmetica (f)	cosméticos (m pl)	[kozˈmɛtʃikus]
maschera (f) di bellezza	máscara (f)	[ˈmaskara]
manicure (m)	manicure (f)	[maniˈkuri]
fare la manicure	fazer as unhas	[faˈzer as ˈuɲas]
pedicure (m)	pedicure (f)	[pediˈkure]

borsa (f) del trucco	bolsa (f) de maquiagem	[ˈbowsa de maˈkjaʒẽ]
cipria (f)	pó (m)	[pɔ]
portacipria (m)	pó (m) compacto	[pɔ kõˈpaktu]
fard (m)	blush (m)	[blaʃ]

profumo (m)	perfume (m)	[perˈfumi]
acqua (f) da toeletta	água-de-colônia (f)	[ˈagwa de koˈlonja]
lozione (f)	loção (f)	[loˈsãw]
acqua (f) di Colonia	colônia (f)	[koˈlonja]

ombretto (m)	sombra (f) de olhos	[ˈsõbra de ˈoʎus]
eyeliner (m)	delineador (m)	[delinjaˈdor]
mascara (m)	máscara (f), rímel (m)	[ˈmaskara], [ˈhimew]

rossetto (m)	batom (m)	[ˈbatõ]
smalto (m)	esmalte (m)	[izˈmawtʃi]
lacca (f) per capelli	laquê (m), spray fixador (m)	[laˈke], [isˈprej fiksaˈdor]
deodorante (m)	desodorante (m)	[dʒizodoˈrãtʃi]

crema (f)	creme (m)	[ˈkrɛmi]
crema (f) per il viso	creme (m) de rosto	[ˈkrɛmi de ˈhostu]
crema (f) per le mani	creme (m) de mãos	[ˈkrɛmi de ˈmãws]
crema (f) antirughe	creme (m) antirrugas	[ˈkrɛmi ãtʃiˈhugas]
crema (f) da giorno	creme (m) de dia	[ˈkrɛmi de ˈdʒia]
crema (f) da notte	creme (m) de noite	[ˈkrɛmi de ˈnojtʃi]
da giorno	de dia	[de ˈdʒia]
da notte	da noite	[da ˈnojtʃi]

tampone (m)	absorvente (m) interno	[absorˈvẽtʃi ĩˈtɛrnu]
carta (f) igienica	papel (m) higiênico	[paˈpɛw iˈʒjeniku]
fon (m)	secador (m) de cabelo	[sekaˈdor de kaˈbelu]

42. Gioielli

gioielli (m pl)	joias (f pl)	[ˈʒɔjas]
prezioso (agg)	precioso	[preˈsjozu]
marchio (m)	marca (f) de contraste	[ˈmarka de kõˈtrastʃi]

anello (m)	anel (m)	[aˈnɛw]
anello (m) nuziale	aliança (f)	[aˈljãsa]
braccialetto (m)	pulseira (f)	[puwˈsejra]
orecchini (m pl)	brincos (m pl)	[ˈbrĩkus]

collana (f)	colar (m)	[ko'lar]
corona (f)	coroa (f)	[ko'roa]
perline (f pl)	colar (m) de contas	[ko'lar de 'kõtas]

diamante (m)	diamante (m)	[dʒja'mãtʃi]
smeraldo (m)	esmeralda (f)	[izme'rawda]
rubino (m)	rubi (m)	[hu'bi]
zaffiro (m)	safira (f)	[sa'fira]
perle (f pl)	pérola (f)	['pɛrola]
ambra (f)	âmbar (m)	[ãbar]

43. Orologi da polso. Orologio

orologio (m) (~ da polso)	relógio (m) de pulso	[he'lɔʒu de 'puwsu]
quadrante (m)	mostrador (m)	[mostra'dor]
lancetta (f)	ponteiro (m)	[põ'tejru]
braccialetto (m)	bracelete (f) em aço	[brase'letʃi ẽ 'asu]
cinturino (m)	bracelete (f) em couro	[brase'letʃi ẽ 'koru]

pila (f)	pilha (f)	['piʎa]
essere scarico	acabar (vi)	[aka'bar]
cambiare la pila	trocar a pilha	[tro'kar a 'piʎa]
andare avanti	estar adiantado	[is'tar adʒjã'tadu]
andare indietro	estar atrasado	[is'tar atra'zadu]

orologio (m) da muro	relógio (m) de parede	[he'lɔʒu de pa'redʒi]
clessidra (f)	ampulheta (f)	[ãpu'ʎeta]
orologio (m) solare	relógio (m) de sol	[he'lɔʒu de sɔw]
sveglia (f)	despertador (m)	[dʒisperta'dor]
orologiaio (m)	relojoeiro (m)	[helo'ʒwejru]
riparare (vt)	reparar (vt)	[hepa'rar]

Cibo. Alimentazione

44. Cibo

carne (f)	carne (f)	['karni]
pollo (m)	galinha (f)	[ga'liɲa]
pollo (m) novello	frango (m)	['frãgu]
anatra (f)	pato (m)	['patu]
oca (f)	ganso (m)	['gãsu]
cacciagione (f)	caça (f)	['kasa]
tacchino (m)	peru (m)	[pe'ru]

maiale (m)	carne (f) de porco	['karni de 'porku]
vitello (m)	carne (f) de vitela	['karni de vi'tɛla]
agnello (m)	carne (f) de carneiro	['karni de kar'nejru]
manzo (m)	carne (f) de vaca	['karni de 'vaka]
coniglio (m)	carne (f) de coelho	['karni de ko'eʎu]

salame (m)	linguiça (f), salsichão (m)	[lĩ'gwisa], [sawsi'ʃãw]
w?rstel (m)	salsicha (f)	[saw'siʃa]
pancetta (f)	bacon (m)	['bejkõ]
prosciutto (m)	presunto (m)	[pre'zũtu]
prosciutto (m) affumicato	pernil (m) de porco	[per'niw de 'porku]

pâté (m)	patê (m)	[pa'te]
fegato (m)	fígado (m)	['figadu]
carne (f) trita	guisado (m)	[gi'zadu]
lingua (f)	língua (f)	['lĩgwa]

uovo (m)	ovo (m)	['ovu]
uova (f pl)	ovos (m pl)	['ɔvus]
albume (m)	clara (f) de ovo	['klara de 'ovu]
tuorlo (m)	gema (f) de ovo	['ʒɛma de 'ovu]

pesce (m)	peixe (m)	['pejʃi]
frutti (m pl) di mare	mariscos (m pl)	[ma'riskus]
crostacei (m pl)	crustáceos (m pl)	[krus'tasjus]
caviale (m)	caviar (m)	[ka'vjar]

granchio (m)	caranguejo (m)	[karã'geʒu]
gamberetto (m)	camarão (m)	[kama'rãw]
ostrica (f)	ostra (f)	['ostra]
aragosta (f)	lagosta (f)	[la'gosta]
polpo (m)	polvo (m)	['powvu]
calamaro (m)	lula (f)	['lula]

storione (m)	esturjão (m)	[istur'ʒãw]
salmone (m)	salmão (m)	[saw'mãw]
ippoglosso (m)	halibute (m)	[ali'butʃi]
merluzzo (m)	bacalhau (m)	[baka'ʎaw]

scombro (m)	cavala, sarda (f)	[ka'vala], ['sarda]
tonno (m)	atum (m)	[a'tũ]
anguilla (f)	enguia (f)	[ẽ'gia]

trota (f)	truta (f)	['truta]
sardina (f)	sardinha (f)	[sar'dʒiɲa]
luccio (m)	lúcio (m)	['lusju]
aringa (f)	arenque (m)	[a'rẽki]

pane (m)	pão (m)	[pãw]
formaggio (m)	queijo (m)	['kejʒu]
zucchero (m)	açúcar (m)	[a'sukar]
sale (m)	sal (m)	[saw]

riso (m)	arroz (m)	[a'hoz]
pasta (f)	massas (f pl)	['masas]
tagliatelle (f pl)	talharim, miojo (m)	[taʎa'rĩ], [mi'oʒu]

burro (m)	manteiga (f)	[mã'tejga]
olio (m) vegetale	óleo (m) vegetal	['ɔlju veʒe'taw]
olio (m) di girasole	óleo (m) de girassol	['ɔlju de ʒira'sɔw]
margarina (f)	margarina (f)	[marga'rina]

| olive (f pl) | azeitonas (f pl) | [azej'tɔnas] |
| olio (m) d'oliva | azeite (m) | [a'zejtʃi] |

latte (m)	leite (m)	['lejtʃi]
latte (m) condensato	leite (m) condensado	['lejtʃi kõdẽ'sadu]
yogurt (m)	iogurte (m)	[jo'gurtʃi]
panna (f) acida	creme azedo (m)	['krɛmi a'zedu]
panna (f)	creme (m) de leite	['krɛmi de 'lejtʃi]

| maionese (m) | maionese (f) | [majo'nɛzi] |
| crema (f) | creme (m) | ['krɛmi] |

cereali (m pl)	grãos (m pl) de cereais	['grãws de se'rjajs]
farina (f)	farinha (f)	[fa'riɲa]
cibi (m pl) in scatola	enlatados (m pl)	[ẽla'tadus]

fiocchi (m pl) di mais	flocos (m pl) de milho	['flɔkus de 'miʎu]
miele (m)	mel (m)	[mɛw]
marmellata (f)	geleia (m)	[ʒe'lɛja]
gomma (f) da masticare	chiclete (m)	[ʃi'klɛtʃi]

45. Bevande

acqua (f)	água (f)	['agwa]
acqua (f) potabile	água (f) potável	['agwa pu'tavɛw]
acqua (f) minerale	água (f) mineral	['agwa mine'raw]

liscia (non gassata)	sem gás	[sẽ gajs]
gassata (agg)	gaseificada	[gazejfi'kadu]
frizzante (agg)	com gás	[kõ gajs]
ghiaccio (m)	gelo (m)	['ʒelu]

con ghiaccio	com gelo	[kõ 'ʒelu]
analcolico (agg)	não alcoólico	[nãw aw'kɔliku]
bevanda (f) analcolica	refrigerante (m)	[hefriʒe'rãtʃi]
bibita (f)	refresco (m)	[he'fresku]
limonata (f)	limonada (f)	[limo'nada]

bevande (f pl) alcoliche	bebidas (f pl) alcoólicas	[be'bidas aw'kɔlikas]
vino (m)	vinho (m)	['viɲu]
vino (m) bianco	vinho (m) branco	['viɲu 'brãku]
vino (m) rosso	vinho (m) tinto	['viɲu 'tʃĩtu]

liquore (m)	licor (m)	[li'kor]
champagne (m)	champanhe (m)	[ʃã'paɲi]
vermouth (m)	vermute (m)	[ver'mutʃi]

whisky	uísque (m)	['wiski]
vodka (f)	vodca (f)	['vɔdʒka]
gin (m)	gim (m)	[ʒĩ]
cognac (m)	conhaque (m)	[ko'ɲaki]
rum (m)	rum (m)	[hũ]

caffè (m)	café (m)	[ka'fɛ]
caffè (m) nero	café (m) preto	[ka'fɛ 'pretu]
caffè latte (m)	café (m) com leite	[ka'fɛ kõ 'lejtʃi]
cappuccino (m)	cappuccino (m)	[kapu'tʃinu]
caffè (m) solubile	café (m) solúvel	[ka'fɛ so'luvew]

latte (m)	leite (m)	['lejtʃi]
cocktail (m)	coquetel (m)	[koke'tɛw]
frullato (m)	batida (f), milkshake (m)	[ba'tʃida], ['milkʃejk]

succo (m)	suco (m)	['suku]
succo (m) di pomodoro	suco (m) de tomate	['suku de to'matʃi]
succo (m) d'arancia	suco (m) de laranja	['suku de la'rãʒa]
spremuta (f)	suco (m) fresco	['suku 'fresku]

birra (f)	cerveja (f)	[ser'veʒa]
birra (f) chiara	cerveja (f) clara	[ser'veʒa 'klara]
birra (f) scura	cerveja (f) preta	[ser'veʒa 'preta]

tè (m)	chá (m)	[ʃa]
tè (m) nero	chá (m) preto	[ʃa 'pretu]
tè (m) verde	chá (m) verde	[ʃa 'verdʒi]

46. Verdure

ortaggi (m pl)	vegetais (m pl)	[veʒe'tajs]
verdura (f)	verdura (f)	[ver'dura]

pomodoro (m)	tomate (m)	[to'matʃi]
cetriolo (m)	pepino (m)	[pe'pinu]
carota (f)	cenoura (f)	[se'nora]
patata (f)	batata (f)	[ba'tata]
cipolla (f)	cebola (f)	[se'bola]

aglio (m)	alho (m)	['aʎu]
cavolo (m)	couve (f)	['kovi]
cavolfiore (m)	couve-flor (f)	['kovi 'flɔr]
cavoletti (m pl) di Bruxelles	couve-de-bruxelas (f)	['kovi de bru'ʃelas]
broccolo (m)	brócolis (m pl)	['brɔkolis]

barbabietola (f)	beterraba (f)	[bete'haba]
melanzana (f)	berinjela (f)	[beriˉ'ʒɛla]
zucchina (f)	abobrinha (f)	[abo'briɲa]
zucca (f)	abóbora (f)	[a'bɔbora]
rapa (f)	nabo (m)	['nabu]

prezzemolo (m)	salsa (f)	['sawsa]
aneto (m)	endro, aneto (m)	['ẽdru], [a'netu]
lattuga (f)	alface (f)	[aw'fasi]
sedano (m)	aipo (m)	['ajpu]
asparago (m)	aspargo (m)	[as'pargu]
spinaci (m pl)	espinafre (m)	[ispi'nafri]

pisello (m)	ervilha (f)	[er'viʎa]
fave (f pl)	feijão (m)	[fej'ʒãw]
mais (m)	milho (m)	['miʎu]
fagiolo (m)	feijão (m) roxo	[fej'ʒãw 'hoʃu]

peperone (m)	pimentão (m)	[pimẽ'tãw]
ravanello (m)	rabanete (m)	[haba'netʃi]
carciofo (m)	alcachofra (f)	[awka'ʃofra]

47. Frutta. Noci

frutto (m)	fruta (f)	['fruta]
mela (f)	maçã (f)	[ma'sã]
pera (f)	pera (f)	['pera]
limone (m)	limão (m)	[li'mãw]
arancia (f)	laranja (f)	[la'rãʒa]
fragola (f)	morango (m)	[mo'rãgu]

mandarino (m)	tangerina (f)	[tãʒe'rina]
prugna (f)	ameixa (f)	[a'mejʃa]
pesca (f)	pêssego (m)	['pesegu]
albicocca (f)	damasco (m)	[da'masku]
lampone (m)	framboesa (f)	[frãbo'eza]
ananas (m)	abacaxi (m)	[abaka'ʃi]

banana (f)	banana (f)	[ba'nana]
anguria (f)	melancia (f)	[melã'sia]
uva (f)	uva (f)	['uva]
amarena (f)	ginja (f)	['ʒĩʒa]
ciliegia (f)	cereja (f)	[se'reʒa]
melone (m)	melão (m)	[me'lãw]

pompelmo (m)	toranja (f)	[to'rãʒa]
avocado (m)	abacate (m)	[aba'katʃi]
papaia (f)	mamão (m)	[ma'mãw]

mango (m)	**manga** (f)	['mãga]
melagrana (f)	**romã** (f)	['homa]

ribes (m) rosso	**groselha** (f) **vermelha**	[[gro'zɛʎa ver'meʎa]
ribes (m) nero	**groselha** (f) **negra**	[gro'zɛʎa 'negra]
uva (f) spina	**groselha** (f) **espinhosa**	[gro'zɛʎa ispi'ɲoza]
mirtillo (m)	**mirtilo** (m)	[mih'tʃilu]
mora (f)	**amora** (f) **silvestre**	[a'mɔra siw'vɛstri]

uvetta (f)	**passa** (f)	['pasa]
fico (m)	**figo** (m)	['figu]
dattero (m)	**tâmara** (f)	['tamara]

arachide (f)	**amendoim** (m)	[amẽdo'ĩ]
mandorla (f)	**amêndoa** (f)	[a'mẽdwa]
noce (f)	**noz** (f)	[nɔz]
nocciola (f)	**avelã** (f)	[ave'lã]
noce (f) di cocco	**coco** (m)	['koku]
pistacchi (m pl)	**pistaches** (m pl)	[pis'taʃis]

48. Pane. Dolci

pasticceria (f)	**pastelaria** (f)	[pastela'ria]
pane (m)	**pão** (m)	[pãw]
biscotti (m pl)	**biscoito** (m), **bolacha** (f)	[bis'kojtu], [bo'laʃa]

cioccolato (m)	**chocolate** (m)	[ʃoko'latʃi]
al cioccolato (agg)	**de chocolate**	[de ʃoko'latʃi]
caramella (f)	**bala** (f)	['bala]
tortina (f)	**doce** (m), **bolo** (m) **pequeno**	['dosi], ['bolu pe'kenu]
torta (f)	**bolo** (m) **de aniversário**	['bolu de aniver'sarju]

crostata (f)	**torta** (f)	['tɔrta]
ripieno (m)	**recheio** (m)	[he'ʃeju]

marmellata (f)	**geleia** (m)	[ʒe'lɛja]
marmellata (f) di agrumi	**marmelada** (f)	[marme'lada]
wafer (m)	**wafers** (m pl)	['wafers]
gelato (m)	**sorvete** (m)	[sor'vetʃi]
budino (m)	**pudim** (m)	[pu'dʒĩ]

49. Pietanze cucinate

piatto (m) (~ principale)	**prato** (m)	['pratu]
cucina (f)	**cozinha** (f)	[ko'ziɲa]
ricetta (f)	**receita** (f)	[he'sejta]
porzione (f)	**porção** (f)	[por'sãw]

insalata (f)	**salada** (f)	[sa'lada]
minestra (f)	**sopa** (f)	['sopa]
brodo (m)	**caldo** (m)	['kawdu]
panino (m)	**sanduíche** (m)	[sand'wiʃi]

uova (f pl) al tegamino	ovos (m pl) fritos	['ɔvus 'fritus]
hamburger (m)	hambúrguer (m)	[ã'burger]
bistecca (f)	bife (m)	['bifi]

contorno (m)	acompanhamento (m)	[akõpaɲa'mẽtu]
spaghetti (m pl)	espaguete (m)	[ispa'geti]
purè (m) di patate	purê (m) de batata	[pu're de ba'tata]
pizza (f)	pizza (f)	['pitsa]
porridge (m)	mingau (m)	[mĩ'gaw]
frittata (f)	omelete (f)	[ome'letʃi]

bollito (agg)	fervido	[fer'vidu]
affumicato (agg)	defumado	[defu'madu]
fritto (agg)	frito	['fritu]
secco (agg)	seco	['seku]
congelato (agg)	congelado	[kõʒe'ladu]
sottoaceto (agg)	em conserva	[ẽ kõ'serva]

dolce (gusto)	doce	['dosi]
salato (agg)	salgado	[saw'gadu]
freddo (agg)	frio	['friu]
caldo (agg)	quente	['kẽtʃi]
amaro (agg)	amargo	[a'margu]
buono, gustoso (agg)	gostoso	[gos'tozu]

cuocere, preparare (vt)	cozinhar em água fervente	[kozi'ɲar ẽ 'agwa fer'vẽtʃi]
cucinare (vi)	preparar (vt)	[prepa'rar]
friggere (vt)	fritar (vt)	[fri'tar]
riscaldare (vt)	aquecer (vt)	[ake'ser]

salare (vt)	salgar (vt)	[saw'gar]
pepare (vt)	apimentar (vt)	[apimẽ'tar]
grattugiare (vt)	ralar (vt)	[ha'lar]
buccia (f)	casca (f)	['kaska]
sbucciare (vt)	descascar (vt)	[dʒiskas'kar]

50. Spezie

sale (m)	sal (m)	[saw]
salato (agg)	salgado	[saw'gadu]
salare (vt)	salgar (vt)	[saw'gar]

pepe (m) nero	pimenta-do-reino (f)	[pi'mẽta-du-hejnu]
peperoncino (m)	pimenta (f) vermelha	[pi'mẽta ver'meʎa]
senape (f)	mostarda (f)	[mos'tarda]
cren (m)	raiz-forte (f)	[ha'iz fortʃi]

condimento (m)	condimento (m)	[kõdʒi'mẽtu]
spezie (f pl)	especiaria (f)	[ispesja'ria]
salsa (f)	molho (m)	['moʎu]
aceto (m)	vinagre (m)	[vi'nagri]

anice (m)	anis (m)	[a'nis]
basilico (m)	manjericão (m)	[mãʒeri'kãw]

chiodi (m pl) di garofano	cravo (m)	['kravu]
zenzero (m)	gengibre (m)	[ʒẽ'ʒibri]
coriandolo (m)	coentro (m)	[ko'ẽtru]
cannella (f)	canela (f)	[ka'nɛla]

sesamo (m)	gergelim (m)	[ʒerʒe'lĩ]
alloro (m)	folha (f) de louro	['foʎaʃ de 'loru]
paprica (f)	páprica (f)	['paprika]
cumino (m)	cominho (m)	[ko'miɲu]
zafferano (m)	açafrão (m)	[asa'frãw]

51. Pasti

| cibo (m) | comida (f) | [ko'mida] |
| mangiare (vi, vt) | comer (vt) | [ko'mer] |

colazione (f)	café (m) da manhã	[ka'fɛ da ma'ɲã]
fare colazione	tomar café da manhã	[to'mar ka'fɛ da ma'ɲã]
pranzo (m)	almoço (m)	[aw'mosu]
pranzare (vi)	almoçar (vi)	[awmo'sar]
cena (f)	jantar (m)	[ʒã'tar]
cenare (vi)	jantar (vi)	[ʒã'tar]

| appetito (m) | apetite (m) | [ape'tʃitʃi] |
| Buon appetito! | Bom apetite! | [bõ ape'tʃitʃi] |

aprire (vt)	abrir (vt)	[a'brir]
rovesciare (~ il vino, ecc.)	derramar (vt)	[deha'mar]
rovesciarsi (vr)	derramar-se (vr)	[deha'marsi]

bollire (vi)	ferver (vi)	[fer'ver]
far bollire	ferver (vt)	[fer'ver]
bollito (agg)	fervido	[fer'vidu]

| raffreddare (vt) | esfriar (vt) | [is'frjar] |
| raffreddarsi (vr) | esfriar-se (vr) | [is'frjarse] |

| gusto (m) | sabor, gosto (m) | [sa'bor], ['gostu] |
| retrogusto (m) | fim (m) de boca | [fĩ de 'boka] |

essere a dieta	emagrecer (vi)	[imagre'ser]
dieta (f)	dieta (f)	['dʒjɛta]
vitamina (f)	vitamina (f)	[vita'mina]
caloria (f)	caloria (f)	[kalo'ria]

| vegetariano (m) | vegetariano (m) | [veʒeta'rjanu] |
| vegetariano (agg) | vegetariano | [veʒeta'rjanu] |

grassi (m pl)	gorduras (f pl)	[gor'duras]
proteine (f pl)	proteínas (f pl)	[prote'inas]
carboidrati (m pl)	carboidratos (m pl)	[karboi'dratus]
fetta (f), fettina (f)	fatia (f)	[fa'tʃia]
pezzo (m) (~ di torta)	pedaço (m)	[pe'dasu]
briciola (f) (~ di pane)	migalha (f), farelo (m)	[mi'gaʎa], [fa'rɛlu]

52. Preparazione della tavola

cucchiaio (m)	colher (f)	[ko'ʎer]
coltello (m)	faca (f)	['faka]
forchetta (f)	garfo (m)	['garfu]
tazza (f)	xícara (f)	['ʃikara]
piatto (m)	prato (m)	['pratu]
piattino (m)	pires (m)	['piris]
tovagliolo (m)	guardanapo (m)	[gwarda'napu]
stuzzicadenti (m)	palito (m)	[pa'litu]

53. Ristorante

ristorante (m)	restaurante (m)	[hestaw'rãtʃi]
caffè (m)	cafeteria (f)	[kafete'ria]
pub (m), bar (m)	bar (m), cervejaria (f)	[bar], [serveʒa'ria]
sala (f) da tè	salão (m) de chá	[sa'lãw de ʃa]
cameriere (m)	garçom (m)	[gar'sõ]
cameriera (f)	garçonete (f)	[garso'netʃi]
barista (m)	barman (m)	[bar'mã]
menù (m)	cardápio (m)	[kar'dapju]
lista (f) dei vini	lista (f) de vinhos	['lista de 'viɲus]
prenotare un tavolo	reservar uma mesa	[hezer'var 'uma 'meza]
piatto (m)	prato (m)	['pratu]
ordinare (~ il pranzo)	pedir (vt)	[pe'dʒir]
fare un'ordinazione	fazer o pedido	[fa'zer u pe'dʒidu]
aperitivo (m)	aperitivo (m)	[aperi'tʃivu]
antipasto (m)	entrada (f)	[ẽ'trada]
dolce (m)	sobremesa (f)	[sobri'meza]
conto (m)	conta (f)	['kõta]
pagare il conto	pagar a conta	[pa'gar a 'kõta]
dare il resto	dar o troco	[dar u 'troku]
mancia (f)	gorjeta (f)	[gor'ʒeta]

Famiglia, parenti e amici

54. Informazioni personali. Moduli

nome (m)	nome (m)	['nɔmi]
cognome (m)	sobrenome (m)	[sobri'nɔmi]
data (f) di nascita	data (f) de nascimento	['data de nasi'mẽtu]
luogo (m) di nascita	local (m) de nascimento	[lo'kaw de nasi'mẽtu]
nazionalità (f)	nacionalidade (f)	[nasjonali'dadʒi]
domicilio (m)	lugar (m) de residência	[lu'gar de hezi'dẽsja]
paese (m)	país (m)	[pa'jis]
professione (f)	profissão (f)	[profi'sãw]
sesso (m)	sexo (m)	['sɛksu]
statura (f)	estatura (f)	[ista'tura]
peso (m)	peso (m)	['pezu]

55. Membri della famiglia. Parenti

madre (f)	mãe (f)	[mãj]
padre (m)	pai (m)	[paj]
figlio (m)	filho (m)	['fiʎu]
figlia (f)	filha (f)	['fiʎa]
figlia (f) minore	caçula (f)	[ka'sula]
figlio (m) minore	caçula (m)	[ka'sula]
figlia (f) maggiore	filha (f) mais velha	['fiʎa majs 'vɛʎa]
figlio (m) maggiore	filho (m) mais velho	['fiʎu majs 'vɛʎu]
fratello (m)	irmão (m)	[ir'mãw]
fratello (m) maggiore	irmão (m) mais velho	[ir'mãw majs 'vɛʎu]
fratello (m) minore	irmão (m) mais novo	[ir'mãw majs 'novu]
sorella (f)	irmã (f)	[ir'mã]
sorella (f) maggiore	irmã (f) mais velha	[ir'mã majs 'vɛʎa]
sorella (f) minore	irmã (f) mais nova	[ir'mã majs 'nɔva]
cugino (m)	primo (m)	['primu]
cugina (f)	prima (f)	['prima]
mamma (f)	mamãe (f)	[ma'mãj]
papà (m)	papai (m)	[pa'paj]
genitori (m pl)	pais (pl)	['pajs]
bambino (m)	criança (f)	['krjãsa]
bambini (m pl)	crianças (f pl)	['krjãsas]
nonna (f)	avó (f)	[a'vo]
nonno (m)	avô (m)	[a'vɔ]
nipote (m) (figlio di un figlio)	neto (m)	['nɛtu]

nipote (f)	neta (f)	['nɛta]
nipoti (pl)	netos (pl)	['nɛtus]

zio (m)	tio (m)	['tʃiu]
zia (f)	tia (f)	['tʃia]
nipote (m) (figlio di un fratello)	sobrinho (m)	[so'briɲu]
nipote (f)	sobrinha (f)	[so'briɲa]

suocera (f)	sogra (f)	['sɔgra]
suocero (m)	sogro (m)	['sogru]
genero (m)	genro (m)	['ʒẽhu]
matrigna (f)	madrasta (f)	[ma'drasta]
patrigno (m)	padrasto (m)	[pa'drastu]

neonato (m)	criança (f) de colo	['krjãsa de 'kɔlu]
infante (m)	bebê (m)	[be'be]
bimbo (m), ragazzino (m)	menino (m)	[me'ninu]

moglie (f)	mulher (f)	[mu'ʎer]
marito (m)	marido (m)	[ma'ridu]
coniuge (m)	esposo (m)	[is'pozu]
coniuge (f)	esposa (f)	[is'poza]

sposato (agg)	casado	[ka'zadu]
sposata (agg)	casada	[ka'zada]
celibe (agg)	solteiro	[sow'tejru]
scapolo (m)	solteirão (m)	[sowtej'rãw]
divorziato (agg)	divorciado	[dʒivor'sjadu]
vedova (f)	viúva (f)	['vjuva]
vedovo (m)	viúvo (m)	['vjuvu]

parente (m)	parente (m)	[pa'rẽtʃi]
parente (m) stretto	parente (m) próximo	[pa'rẽtʃi 'prɔsimu]
parente (m) lontano	parente (m) distante	[pa'rẽtʃi dʒis'tãtʃi]
parenti (m pl)	parentes (m pl)	[pa'rẽtʃis]

orfano (m)	órfão (m)	['ɔrfãw]
orfana (f)	órfã (f)	['ɔrfã]
tutore (m)	tutor (m)	[tu'tor]
adottare (~ un bambino)	adotar (vt)	[ado'tar]
adottare (~ una bambina)	adotar (vt)	[ado'tar]

56. Amici. Colleghi

amico (m)	amigo (m)	[a'migu]
amica (f)	amiga (f)	[a'miga]
amicizia (f)	amizade (f)	[ami'zadʒi]
essere amici	ser amigos	[ser a'migus]

amico (m) (inform.)	amigo (m)	[a'migu]
amica (f) (inform.)	amiga (f)	[a'miga]
partner (m)	parceiro (m)	[par'sejru]
capo (m)	chefe (m)	['ʃɛfi]
capo (m), superiore (m)	superior (m)	[supe'rjor]

proprietario (m)	proprietário (m)	[proprje'tarju]
subordinato (m)	subordinado (m)	[subordʒi'nadu]
collega (m)	colega (m, f)	[ko'lɛga]

conoscente (m)	conhecido (m)	[koɲe'sidu]
compagno (m) di viaggio	companheiro (m) de viagem	[kõpa'ɲejru de 'vjaʒẽ]
compagno (m) di classe	colega (m) de classe	[ko'lɛga de 'klasi]

vicino (m)	vizinho (m)	[vi'ziɲu]
vicina (f)	vizinha (f)	[vi'ziɲa]
vicini (m pl)	vizinhos (pl)	[vi'ziɲus]

57. Uomo. Donna

donna (f)	mulher (f)	[mu'ʎer]
ragazza (f)	menina (f)	[me'nina]
sposa (f)	noiva (f)	['nojva]

bella (agg)	bonita, bela	[bo'nita], ['bɛla]
alta (agg)	alta	['awta]
snella (agg)	esbelta	[iz'bɛwta]
bassa (agg)	baixa	['baɪʃa]

bionda (f)	loira (f)	['lojra]
bruna (f)	morena (f)	[mo'rena]

da donna (agg)	de senhora	[de se'ɲora]
vergine (f)	virgem (f)	['virʒẽ]
incinta (agg)	grávida	['gravida]

uomo (m) (adulto maschio)	homem (m)	['ɔmẽ]
biondo (m)	loiro (m)	['lojru]
bruno (m)	moreno (m)	[mo'renu]
alto (agg)	alto	['awtu]
basso (agg)	baixo	['baɪʃu]

sgarbato (agg)	rude	['hudʒi]
tozzo (agg)	atarracado	[ataha'kadu]
robusto (agg)	robusto	[ho'bustu]
forte (agg)	forte	['fortʃi]
forza (f)	força (f)	['forsa]

grasso (agg)	gordo	['gordu]
bruno (agg)	moreno	[mo'renu]
snello (agg)	esbelto	[iz'bɛwtu]
elegante (agg)	elegante	[ele'gãtʃi]

58. Età

età (f)	idade (f)	[i'dadʒi]
giovinezza (f)	juventude (f)	[ʒuvẽ'tudʒi]
giovane (agg)	jovem	['ʒɔvẽ]

più giovane (agg)	mais novo	[majs 'novu]
più vecchio (agg)	mais velho	[majs 'vɛʎu]

giovane (m)	jovem (m)	['ʒɔvẽ]
adolescente (m, f)	adolescente (m)	[adole'sẽtʃi]
ragazzo (m)	rapaz (m)	[ha'pajz]

vecchio (m)	velho (m)	['vɛʎu]
vecchia (f)	velha (f)	['vɛʎa]

adulto (m)	adulto	[a'duwtu]
di mezza età	de meia-idade	[de meja i'dadʒi]
anziano (agg)	idoso, de idade	[i'dozu], [de i'dade]
vecchio (agg)	velho	['vɛʎu]

pensionamento (m)	aposentadoria (f)	[apozẽtado'ria]
andare in pensione	aposentar-se (vr)	[apozẽ'tarsi]
pensionato (m)	aposentado (m)	[apozẽ'tadu]

59. Bambini

bambino (m), bambina (f)	criança (f)	['krjãsa]
bambini (m pl)	crianças (f pl)	['krjãsas]
gemelli (m pl)	gêmeos (m pl), gêmeas (f pl)	['ʒemjus], ['ʒemjas]

culla (f)	berço (m)	['bersu]
sonaglio (m)	chocalho (m)	[ʃo'kaʎu]
pannolino (m)	fralda (f)	['frawda]

tettarella (f)	chupeta (f), bico (m)	[ʃu'peta], ['biku]
carrozzina (f)	carrinho (m) de bebê	[ka'hiɲu de be'be]
scuola (f) materna	jardim (m) de infância	[ʒar'dʒĩ de ĩ'fãsja]
baby-sitter (f)	babysitter, babá (f)	[bebi'sitter], [ba'ba]

infanzia (f)	infância (f)	[ĩ'fãsja]
bambola (f)	boneca (f)	[bo'nɛka]
giocattolo (m)	brinquedo (m)	[brĩ'kedu]
gioco (m) di costruzione	jogo (m) de montar	['ʒogu de mõ'tar]

educato (agg)	bem-educado	[bẽj edu'kadu]
maleducato (agg)	malcriado	[maw'krjadu]
viziato (agg)	mimado	[mi'madu]

essere disubbidiente	ser travesso	[ser tra'vɛsu]
birichino (agg)	travesso, traquinas	[tra'vɛsu], [tra'kinas]
birichinata (f)	travessura (f)	[trave'sura]
bambino (m) birichino	criança (f) travessa	['krjãsa tra'vɛsa]

ubbidiente (agg)	obediente	[obe'dʒẽtʃi]
disubbidiente (agg)	desobediente	[dʒizobe'dʒjẽtʃi]

docile (agg)	dócil	['dɔsiw]
intelligente (agg)	inteligente	[ĩteli'ʒẽtʃi]
bambino (m) prodigio	prodígio (m)	[pro'dʒiʒu]

60. Coppie sposate. Vita di famiglia

baciare (vt)	beijar (vt)	[bej'ʒar]
baciarsi (vr)	beijar-se (vr)	[bej'ʒarsi]
famiglia (f)	família (f)	[fa'milja]
familiare (agg)	familiar	[fami'ljar]
coppia (f)	casal (m)	[ka'zaw]
matrimonio (m)	matrimônio (m)	[matri'monju]
focolare (m) domestico	lar (m)	[lar]
dinastia (f)	dinastia (f)	[dʒinas'tʃia]

appuntamento (m)	encontro (m)	[ẽ'kõtru]
bacio (m)	beijo (m)	['bejʒu]

amore (m)	amor (m)	[a'mor]
amare (qn)	amar (vt)	[a'mar]
amato (agg)	amado, querido	[a'madu], [ke'ridu]

tenerezza (f)	ternura (f)	[ter'nura]
dolce, tenero (agg)	afetuoso	[afe'twozu]
fedeltà (f)	fidelidade (f)	[fideli'dadʒi]
fedele (agg)	fiel	[fjɛw]
premura (f)	cuidado (m)	[kwi'dadu]
premuroso (agg)	carinhoso	[kari'ɲozu]

sposi (m pl) novelli	recém-casados (pl)	[he'sẽ-ka'zadus]
luna (f) di miele	lua (f) de mel	['lua de mɛw]
sposarsi (per una donna)	casar-se (vr)	[ka'zarsi]
sposarsi (per un uomo)	casar-se (vr)	[ka'zarsi]

nozze (f pl)	casamento (m)	[kaza'mẽtu]
nozze (f pl) d'oro	bodas (f pl) de ouro	['bodas de 'oru]
anniversario (m)	aniversário (m)	[aniver'sarju]

amante (m)	amante (m)	[a'mãtʃi]
amante (f)	amante (f)	[a'mãtʃi]

adulterio (m)	adultério (m), traição (f)	[aduw'tɛrju], [traj'sãw]
tradire (commettere adulterio)	cometer adultério	[kome'ter aduw'tɛrju]
geloso (agg)	ciumento	[sju'mẽtu]
essere geloso	ser ciumento, -a	[ser sju'mẽtu, -a]
divorzio (m)	divórcio (m)	[dʒi'vɔrsju]
divorziare (vi)	divorciar-se (vr)	[dʒivor'sjarsi]

litigare (vi)	brigar (vi)	[bri'gar]
fare pace	fazer as pazes	[fa'zer as 'pajzis]
insieme	juntos	['ʒũtus]
sesso (m)	sexo (m)	['sɛksu]

felicità (f)	felicidade (f)	[felisi'dadʒi]
felice (agg)	feliz	[fe'liz]
disgrazia (f)	infelicidade (f)	[ĩfelisi'dadʒi]
infelice (agg)	infeliz	[ĩfe'liz]

Personalità. Sentimenti. Emozioni

61. Sentimenti. Emozioni

sentimento (m)	sentimento (m)	[sẽtʃi'mẽtu]
sentimenti (m pl)	sentimentos (m pl)	[sẽtʃi'mẽtus]
sentire (vt)	sentir (vt)	[sẽ'tʃir]
fame (f)	fome (f)	['fɔmi]
avere fame	ter fome	[ter 'fɔmi]
sete (f)	sede (f)	['sedʒi]
avere sete	ter sede	[ter 'sedʒi]
sonnolenza (f)	sonolência (f)	[sono'lẽsja]
avere sonno	estar sonolento	[is'tar sono'lẽtu]
stanchezza (f)	cansaço (m)	[kã'sasu]
stanco (agg)	cansado	[kã'sadu]
stancarsi (vr)	ficar cansado	[fi'kar kã'sadu]
umore (m) (buon ~)	humor (m)	[u'mor]
noia (f)	tédio (m)	['tɛdʒju]
annoiarsi (vr)	entediar-se (vr)	[ẽte'dʒjarsi]
isolamento (f)	reclusão (f)	[heklu'zãw]
isolarsi (vr)	isolar-se (vr)	[izo'larsi]
preoccupare (vt)	preocupar (vt)	[preoku'par]
essere preoccupato	estar preocupado	[is'tar preoku'padu]
agitazione (f)	preocupação (f)	[preokupa'sãw]
preoccupazione (f)	ansiedade (f)	[ãsje'dadʒi]
preoccupato (agg)	preocupado	[preoku'padu]
essere nervoso	estar nervoso	[is'tar ner'vozu]
andare in panico	entrar em pânico	[ẽ'trar ẽ 'paniku]
speranza (f)	esperança (f)	[ispe'rãsa]
sperare (vi, vt)	esperar (vi, vt)	[ispe'rar]
certezza (f)	certeza (f)	[ser'teza]
sicuro (agg)	certo, seguro de …	['sɛrtu], [se'guru de]
incertezza (f)	indecisão (f)	[ĩdesi'zãw]
incerto (agg)	indeciso	[ĩde'sizu]
ubriaco (agg)	bêbado	['bebadu]
sobrio (agg)	sóbrio	['sɔbrju]
debole (agg)	fraco	['fraku]
fortunato (agg)	feliz	[fe'liz]
spaventare (vt)	assustar (vt)	[asus'tar]
furia (f)	fúria (f)	['furja]
rabbia (f)	ira, raiva (f)	['ira], ['hajva]
depressione (f)	depressão (f)	[depre'sãw]
disagio (m)	desconforto (m)	[dʒiskõ'fortu]

conforto (m)	conforto (m)	[kõ'fortu]
rincrescere (vi)	arrepender-se (vr)	[ahepẽ'dersi]
rincrescimento (m)	arrependimento (m)	[ahepẽʤi'mẽtu]
sfortuna (f)	azar (m), má sorte (f)	[a'zar], [ma 'sɔrtʃi]]
tristezza (f)	tristeza (f)	[tris'teza]

vergogna (f)	vergonha (f)	[ver'goɲa]
allegria (f)	alegria (f)	[ale'gria]
entusiasmo (m)	entusiasmo (m)	[ẽtu'zjazmu]
entusiasta (m)	entusiasta (m)	[ẽtu'zjasta]
mostrare entusiasmo	mostrar entusiasmo	[mos'trar ẽtu'zjazmu]

62. Personalità. Carattere

carattere (m)	caráter (m)	[ka'rater]
difetto (m)	falha (f) de caráter	['faʎa de ka'rater]
mente (f)	mente (f)	['mẽtʃi]
intelletto (m)	razão (f)	[ha'zãw]

coscienza (f)	consciência (f)	[kõ'sjẽsja]
abitudine (f)	hábito, costume (m)	['abitu], [kos'tumi]
capacità (f)	habilidade (f)	[abili'daʤi]
sapere (~ nuotare)	saber (vi)	[sa'ber]

paziente (agg)	paciente	[pa'sjẽtʃi]
impaziente (agg)	impaciente	[ĩpa'sjẽtʃi]
curioso (agg)	curioso	[ku'rjozu]
curiosità (f)	curiosidade (f)	[kurjozi'daʤi]

modestia (f)	modéstia (f)	[mo'dɛstu]
modesto (agg)	modesto	[mo'dɛstu]
immodesto (agg)	imodesto	[imo'dɛstu]

pigrizia (f)	preguiça (f)	[pre'gisa]
pigro (agg)	preguiçoso	[pregi'sozu]
poltrone (m)	preguiçoso (m)	[pregi'sozu]

furberia (f)	astúcia (f)	[as'tusja]
furbo (agg)	astuto	[as'tutu]
diffidenza (f)	desconfiança (f)	[ʤiskõ'fjãsa]
diffidente (agg)	desconfiado	[ʤiskõ'fjadu]

generosità (f)	generosidade (f)	[ʒenerozi'daʤi]
generoso (agg)	generoso	[ʒene'rozu]
di talento	talentoso	[talẽ'tozu]
talento (m)	talento (m)	[ta'lẽtu]

coraggioso (agg)	corajoso	[kora'ʒozu]
coraggio (m)	coragem (f)	[ko'raʒẽ]
onesto (agg)	honesto	[o'nɛstu]
onestà (f)	honestidade (f)	[onestʃi'daʤi]

| prudente (agg) | prudente, cuidadoso | [pru'dẽtʃi], [kwida'dozu] |
| valoroso (agg) | valoroso | [valo'rozu] |

| serio (agg) | sério | ['sɛrju] |
| severo (agg) | severo | [se'vɛru] |

deciso (agg)	decidido	[desi'dʒidu]
indeciso (agg)	indeciso	[ĩde'sizu]
timido (agg)	tímido	['tʃimidu]
timidezza (f)	timidez (f)	[tʃimi'dez]

fiducia (f)	confiança (f)	[kõ'fjãsa]
fidarsi (vr)	confiar (vt)	[kõ'fjar]
fiducioso (agg)	crédulo	['krɛdulu]

sinceramente	sinceramente	[sĩsera'mẽtʃi]
sincero (agg)	sincero	[sĩ'sɛru]
sincerità (f)	sinceridade (f)	[sĩseri'dadʒi]
aperto (agg)	aberto	[a'bɛrtu]

tranquillo (agg)	calmo	['kawmu]
sincero (agg)	franco	['frãku]
ingenuo (agg)	ingênuo	[ĩ'ʒenwu]
distratto (agg)	distraído	[dʒistra'idu]
buffo (agg)	engraçado	[ẽgra'sadu]

avidità (f)	ganância (f)	[ga'nãsja]
avido (agg)	ganancioso	[ganã'sjozu]
avaro (agg)	avarento, sovina	[avar'ẽtu], [so'vina]
cattivo (agg)	mal	[maw]
testardo (agg)	teimoso	[tej'mozu]
antipatico (agg)	desagradável	[dʒizagra'davew]

egoista (m)	egoísta (m)	[ego'ista]
egoistico (agg)	egoísta	[ego'ista]
codardo (m)	covarde (m)	[ko'vardʒi]
codardo (agg)	covarde	[ko'vardʒi]

63. Dormire. Sogni

dormire (vi)	dormir (vi)	[dor'mir]
sonno (m) (stato di sonno)	sono (m)	['sɔnu]
sogno (m)	sonho (m)	['sɔɲu]
sognare (fare sogni)	sonhar (vi)	[so'ɲar]
sonnolento (agg)	sonolento	[sono'lẽtu]

letto (m)	cama (f)	['kama]
materasso (m)	colchão (m)	[kow'ʃãw]
coperta (f)	cobertor (m)	[kuber'tor]
cuscino (m)	travesseiro (m)	[trave'sejru]
lenzuolo (m)	lençol (m)	[lẽ'sɔw]

insonnia (f)	insônia (f)	[ĩ'sonja]
insonne (agg)	sem sono	[sẽ 'sɔnu]
sonnifero (m)	sonífero (m)	[so'niferu]
prendere il sonnifero	tomar um sonífero	[to'mar ũ so'niferu]
avere sonno	estar sonolento	[is'tar sono'lẽtu]

sbadigliare (vi)	bocejar (vi)	[buse'ʒar]
andare a letto	ir para a cama	[ir 'para a 'kama]
fare il letto	fazer a cama	[fa'zer a 'kama]
addormentarsi (vr)	adormecer (vi)	[adorme'ser]

incubo (m)	pesadelo (m)	[peza'delu]
russare (m)	ronco (m)	['hõku]
russare (vi)	roncar (vi)	[hõ'kar]

sveglia (f)	despertador (m)	[dʒisperta'dor]
svegliare (vt)	acordar, despertar (vt)	[akor'dar], [dʒisper'tar]
svegliarsi (vr)	acordar (vi)	[akor'dar]
alzarsi (vr)	levantar-se (vr)	[levã'tarsi]
lavarsi (vr)	lavar-se (vr)	[la'varsi]

64. Umorismo. Risata. Felicità

umorismo (m)	humor (m)	[u'mor]
senso (m) dello humour	senso (m) de humor	['sẽsu de u'mor]
divertirsi (vr)	divertir-se (vr)	[dʒiver'tʃirsi]
allegro (agg)	alegre	[a'lɛgri]
allegria (f)	alegria, diversão (f)	[ale'gria], [dʒiver'sãw]

sorriso (m)	sorriso (m)	[so'hizu]
sorridere (vi)	sorrir (vi)	[so'hir]
mettersi a ridere	começar a rir	[kome'sar a hir]
ridere (vi)	rir (vi)	[hir]
riso (m)	riso (m)	['hizu]

aneddoto (m)	anedota (f)	[ane'dɔta]
divertente (agg)	engraçado	[ẽgra'sadu]
ridicolo (agg)	ridículo, cômico	[hi'dʒikulu], ['komiku]

scherzare (vi)	brincar (vi)	[brĩ'kar]
scherzo (m)	piada (f)	['pjada]
gioia (f) (fare salti di ~)	alegria (f)	[ale'gria]
rallegrarsi (vr)	regozijar-se (vr)	[hegozi'ʒarsi]
allegro (agg)	alegre	[a'lɛgri]

65. Discussione. Conversazione. Parte 1

| comunicazione (f) | comunicação (f) | [komunika'sãw] |
| comunicare (vi) | comunicar-se (vr) | [komuni'karse] |

conversazione (f)	conversa (f)	[kõ'vɛrsa]
dialogo (m)	diálogo (m)	['dʒjalogu]
discussione (f)	discussão (f)	[dʒisku'sãw]
dibattito (m)	debate (m)	[de'batʃi]
discutere (vi)	debater (vt)	[deba'ter]

| interlocutore (m) | interlocutor (m) | [ĩterloku'tor] |
| tema (m) | tema (m) | ['tɛma] |

punto (m) di vista	ponto (m) de vista	['pŏtu de 'vista]
opinione (f)	opinião (f)	[opi'njãw]
discorso (m)	discurso (m)	[dʒis'kursu]

discussione (f)	discussão (f)	[dʒisku'sãw]
discutere (~ una proposta)	discutir (vt)	[dʒisku'tʃir]
conversazione (f)	conversa (f)	[kŏ'vɛrsa]
conversare (vi)	conversar (vi)	[kŏver'sar]
incontro (m)	reunião (f)	[heu'njãw]
incontrarsi (vr)	encontrar-se (vr)	[ĕkŏ'trarsi]

proverbio (m)	provérbio (m)	[pro'vɛrbju]
detto (m)	ditado, provérbio (m)	[dʒi'tadu], [pro'vɛrbju]
indovinello (m)	adivinha (f)	[adʒi'viɲa]
fare un indovinello	dizer uma adivinha	[dʒi'zer 'uma adʒi'viɲu]
parola (f) d'ordine	senha (f)	['sɛɲa]
segreto (m)	segredo (m)	[se'gredu]

giuramento (m)	juramento (m)	[ʒura'mĕtu]
giurare (prestare giuramento)	jurar (vi)	[ʒu'rar]
promessa (f)	promessa (f)	[pro'mɛsa]
promettere (vt)	prometer (vt)	[prome'ter]

consiglio (m)	conselho (m)	[kŏ'seʎu]
consigliare (vt)	aconselhar (vt)	[akŏse'ʎar]
seguire il consiglio	seguir o conselho	[se'gir u kŏ'seʎu]
ubbidire (ai genitori)	escutar (vt)	[isku'tar]

notizia (f)	novidade, notícia (f)	[novi'dadʒi], [no'tʃisja]
sensazione (f)	sensação (f)	[sĕsa'sãw]
informazioni (f pl)	informação (f)	[ĩforma'sãw]
conclusione (f)	conclusão (f)	[kŏklu'zãw]
voce (f)	voz (f)	[vɔz]
complimento (m)	elogio (m)	[elo'ʒiu]
gentile (agg)	amável, querido	[a'mavew], [ke'ridu]

parola (f)	palavra (f)	[pa'lavra]
frase (f)	frase (f)	['frazi]
risposta (f)	resposta (f)	[hes'pɔsta]

| verità (f) | verdade (f) | [ver'dadʒi] |
| menzogna (f) | mentira (f) | [mĕ'tʃira] |

pensiero (m)	pensamento (m)	[pĕsa'mĕtu]
idea (f)	ideia (f)	[i'dɛja]
fantasia (f)	fantasia (f)	[fãta'zia]

66. Discussione. Conversazione. Parte 2

rispettato (agg)	estimado, respeitado	[istʃi'madu], [hespej'tadu]
rispettare (vt)	respeitar (vt)	[hespej'tar]
rispetto (m)	respeito (m)	[hes'pejtu]
Egregio ...	Estimado ..., Caro ...	[istʃi'madu], ['karu]
presentare (~ qn)	apresentar (vt)	[aprezĕ'tar]

fare la conoscenza di ...	conhecer (vt)	[koɲe'ser]
intenzione (f)	intenção (f)	[ĩtẽ'sãw]
avere intenzione	tencionar (vt)	[tẽsjo'nar]
augurio (m)	desejo (m)	[de'zeʒu]
augurare (vt)	desejar (vt)	[deze'ʒar]

sorpresa (f)	surpresa (f)	[sur'preza]
sorprendere (stupire)	surpreender (vt)	[surprjẽ'der]
stupirsi (vr)	surpreender-se (vr)	[surprjẽ'dersi]

dare (vt)	dar (vt)	[dar]
prendere (vt)	pegar (vt)	[pe'gar]
rendere (vt)	devolver (vt)	[devow'ver]
restituire (vt)	retornar (vt)	[hetor'nar]

scusarsi (vr)	desculpar-se (vr)	[dʒiskuw'parsi]
scusa (f)	desculpa (f)	[dʒis'kuwpa]
perdonare (vt)	perdoar (vt)	[per'dwar]

parlare (vi, vt)	falar (vi)	[fa'lar]
ascoltare (vi)	escutar (vt)	[isku'tar]
ascoltare fino in fondo	ouvir até o fim	[o'vir a'tɛ u fĩ]
capire (vt)	entender (vt)	[ẽtẽ'der]

mostrare (vt)	mostrar (vt)	[mos'trar]
guardare (vt)	olhar para ...	[ɔ'ʎar 'para]
chiamare (rivolgersi a)	chamar (vt)	[ʃa'mar]
dare fastidio	perturbar, distrair (vt)	[pertur'bar], [dʒistra'ir]
disturbare (vt)	perturbar (vt)	[pertur'bar]
consegnare (vt)	entregar (vt)	[ẽtre'gar]

richiesta (f)	pedido (m)	[pe'dʒidu]
chiedere (vt)	pedir (vt)	[pe'dʒir]
esigenza (f)	exigência (f)	[ezi'ʒẽsja]
esigere (vt)	exigir (vt)	[ezi'ʒir]

stuzzicare (vt)	insultar (vt)	[ĩsuw'tar]
canzonare (vt)	zombar (vt)	[zõ'bar]
burla (f), beffa (f)	zombaria (f)	[zõba'ria]
soprannome (m)	alcunha (f), apelido (m)	[aw'kuɲa], [ape'lidu]

allusione (f)	insinuação (f)	[ĩsinwa'sãw]
alludere (vi)	insinuar (vt)	[ĩsi'nwar]
intendere (cosa intendi dire?)	querer dizer	[ke'rer dʒi'zer]

descrizione (f)	descrição (f)	[dʒiskri'sãw]
descrivere (vt)	descrever (vt)	[dʒiskre'ver]
lode (f)	elogio (m)	[elo'ʒiu]
lodare (vt)	elogiar (vt)	[elo'ʒjar]

delusione (f)	desapontamento (m)	[dʒizapõta'mẽtu]
deludere (vt)	desapontar (vt)	[dʒizapõ'tar]
rimanere deluso	desapontar-se (vr)	[dʒizapõ'tarsi]

supposizione (f)	suposição (f)	[supozi'sãw]
supporre (vt)	supor (vt)	[su'por]

| avvertimento (m) | advertência (f) | [adʒiver'tẽsja] |
| avvertire (vt) | advertir (vt) | [adʒiver'tʃir] |

67. Discussione. Conversazione. Parte 3

| persuadere (vt) | convencer (vt) | [kõvẽ'ser] |
| tranquillizzare (vt) | acalmar (vt) | [akaw'mar] |

silenzio (m) (il ~ è d'oro)	silêncio (m)	[si'lẽsju]
tacere (vi)	ficar em silêncio	[fi'kar ẽ si'lẽsju]
sussurrare (vt)	sussurrar (vi, vt)	[susu'har]
sussurro (m)	sussurro (m)	[su'suhu]

| francamente | francamente | [frãka'mẽtʃi] |
| secondo me ... | na minha opinião ... | [na 'miɲa opi'njãw] |

dettaglio (m)	detalhe (m)	[de'taʎi]
dettagliato (agg)	detalhado	[deta'ʎadu]
dettagliatamente	detalhadamente	[detaʎada'mẽtʃi]

| suggerimento (m) | dica (f) | ['dʒika] |
| suggerire (vt) | dar uma dica | [dar 'uma 'dʒika] |

sguardo (m)	olhar (m)	[ɔ'ʎar]
gettare uno sguardo	dar uma olhada	[dar 'uma o'ʎada]
fisso (agg)	fixo	['fiksu]
battere le palpebre	piscar (vi)	[pis'kar]
ammiccare (vi)	piscar (vt)	[pis'kar]
accennare col capo	acenar com a cabeça	[ase'nar kõ a ka'besa]

sospiro (m)	suspiro (m)	[sus'piru]
sospirare (vi)	suspirar (vi)	[suspi'rar]
sussultare (vi)	estremecer (vi)	[istreme'ser]
gesto (m)	gesto (m)	['ʒɛstu]
toccare (~ il braccio)	tocar (vt)	[to'kar]
afferrare (~ per il braccio)	agarrar (vt)	[aga'har]
picchiettare (~ la spalla)	bater de leve	[ba'ter de 'lɛvi]

Attenzione!	Cuidado!	[kwi'dadu]
Davvero?	Sério?	['sɛrju]
Sei sicuro?	Tem certeza?	[tẽj ser'teza]
Buona fortuna!	Boa sorte!	['boa 'sɔrtʃi]
Capito!	Entendi!	[ẽtẽ'dʒi]
Peccato!	Que pena!	[ki 'pena]

68. Accordo. Rifiuto

accordo (m)	consentimento (m)	[kõsẽtʃi'mẽtu]
essere d'accordo	consentir (vi)	[kõsẽ'tʃir]
approvazione (f)	aprovação (f)	[aprova'sãw]
approvare (vt)	aprovar (vt)	[apro'var]
rifiuto (m)	recusa (f)	[he'kuza]

rifiutarsi (vr)	negar-se a …	[ne'garsi]
Perfetto!	Ótimo!	['ɔtʃimu]
Va bene!	Tudo bem!	['tudu bẽj]
D'accordo!	Está bem! De acordo!	[is'ta bẽj], [de a'kordu]

vietato, proibito (agg)	proibido	[proi'bidu]
è proibito	é proibido	[ɛ proi'bidu]
è impossibile	é impossível	[ɛ ĩpo'sivew]
sbagliato (agg)	incorreto	[ĩko'hɛtu]

respingere (~ una richiesta)	rejeitar (vt)	[heʒej'tar]
sostenere (~ un'idea)	apoiar (vt)	[apo'jar]
accettare (vt)	aceitar (vt)	[asej'tar]

confermare (vt)	confirmar (vt)	[kõfir'mar]
conferma (f)	confirmação (f)	[kõfirma'sãw]
permesso (m)	permissão (f)	[permi'sãw]
permettere (vt)	permitir (vt)	[permi'tʃir]
decisione (f)	decisão (f)	[desi'zãw]
non dire niente	não dizer nada	['nãw dʒi'zer 'nada]

condizione (f)	condição (f)	[kõdʒi'sãw]
pretesto (m)	pretexto (m)	[pre'testu]
lode (f)	elogio (m)	[elo'ʒiu]
lodare (vt)	elogiar (vt)	[elo'ʒjar]

69. Successo. Fortuna. Fiasco

successo (m)	êxito, sucesso (m)	['ezitu], [su'sɛsu]
con successo	com êxito	[kõ 'ezitu]
ben riuscito (agg)	bem sucedido	[bẽj suse'dʒidu]

fortuna (f)	sorte (f)	['sɔrtʃi]
Buona fortuna!	Boa sorte!	['boa 'sɔrtʃi]
fortunato (giorno ~)	de sorte	[de 'sɔrtʃi]
fortunato (persona ~a)	sortudo, felizardo	[sor'tudu], [feli'zardu]

fiasco (m)	fracasso (m)	[fra'kasu]
disdetta (f)	pouca sorte (f)	['poka 'sɔrtʃi]
sfortuna (f)	azar (m), má sorte (f)	[a'zar], [ma 'sɔrtʃi]]

| fallito (agg) | mal sucedido | [maw suse'dʒidu] |
| disastro (m) | catástrofe (f) | [ka'tastrofi] |

orgoglio (m)	orgulho (m)	[or'guʎu]
orgoglioso (agg)	orgulhoso	[orgu'ʎozu]
essere fiero di …	estar orgulhoso	[is'tar orgu'ʎozu]

vincitore (m)	vencedor (m)	[vẽse'dor]
vincere (vi)	vencer (vi, vt)	[vẽ'ser]
perdere (subire una sconfitta)	perder (vt)	[per'der]
tentativo (m)	tentativa (f)	[tẽta'tʃiva]
tentare (vi)	tentar (vt)	[tẽ'tar]
chance (f)	chance (m)	['ʃãsi]

70. Dispute. Sentimenti negativi

grido (m)	grito (m)	['gritu]
gridare (vi)	gritar (vi)	[gri'tar]
mettersi a gridare	começar a gritar	[kome'sar a gri'tar]

litigio (m)	discussão (f)	[dʒisku'sãw]
litigare (vi)	brigar (vi)	[bri'gar]
lite (f)	escândalo (m)	[is'kãdalu]
dare scandalo (litigare)	criar escândalo	[krjar is'kãdalu]
conflitto (m)	conflito (m)	[kõ'flitu]
fraintendimento (m)	mal-entendido (m)	[mal ẽtẽ'dʒidu]

insulto (m)	insulto (m)	[ĩ'suwtu]
insultare (vt)	insultar (vt)	[ĩsuw'tar]
offeso (agg)	insultado	[ĩsuw'tadu]
offesa (f)	ofensa (f)	[ɔ'fẽsa]
offendere (qn)	ofender (vt)	[ofẽ'der]
offendersi (vr)	ofender-se (vr)	[ofẽ'dersi]

indignazione (f)	indignação (f)	[ĩdʒigna'sãw]
indignarsi (vr)	indignar-se (vr)	[ĩdʒig'narsi]
lamentela (f)	queixa (f)	['kejʃa]
lamentarsi (vr)	queixar-se (vr)	[kej'ʃarsi]

scusa (f)	desculpa (f)	[dʒis'kuwpa]
scusarsi (vr)	desculpar-se (vr)	[dʒiskuw'parsi]
chiedere scusa	pedir perdão	[pe'dʒir per'dãw]

critica (f)	crítica (f)	['kritʃika]
criticare (vt)	criticar (vt)	[kritʃi'kar]
accusa (f)	acusação (f)	[akuza'sãw]
accusare (vt)	acusar (vt)	[aku'zar]

vendetta (f)	vingança (f)	[vĩ'gãsa]
vendicare (vt)	vingar (vt)	[vĩ'gar]
vendicarsi (vr)	vingar-se (vr)	[vĩ'garsi]

disprezzo (m)	desprezo (m)	[dʒis'prezu]
disprezzare (vt)	desprezar (vt)	[dʒispre'zar]
odio (m)	ódio (m)	['ɔdʒju]
odiare (vt)	odiar (vt)	[o'dʒjar]

nervoso (agg)	nervoso	[ner'vozu]
essere nervoso	estar nervoso	[is'tar ner'vozu]
arrabbiato (agg)	zangado	[zã'gadu]
fare arrabbiare	zangar (vt)	[zã'gar]

umiliazione (f)	humilhação (f)	[umiʎa'sãw]
umiliare (vt)	humilhar (vt)	[umi'ʎar]
umiliarsi (vr)	humilhar-se (vr)	[umi'ʎarsi]

shock (m)	choque (m)	['ʃɔki]
scandalizzare (vt)	chocar (vt)	[ʃo'kar]
problema (m) (avere ~i)	aborrecimento (m)	[abohesi'mẽtu]

spiacevole (agg)	desagradável	[dʒizagra'davew]
spavento (m), paura (f)	medo (m)	['medu]
terribile (una tempesta ~)	terrível	[te'hivew]
spaventoso (un racconto ~)	assustador	[asusta'dor]
orrore (m)	horror (m)	[o'hor]
orrendo (un crimine ~)	horrível, terrível	[o'hivew], [te'hivew]
cominciare a tremare	começar a tremer	[kome'sar a tre'mer]
piangere (vi)	chorar (vi)	[ʃo'rar]
mettersi a piangere	começar a chorar	[kome'sar a ʃo'rar]
lacrima (f)	lágrima (f)	['lagrima]
colpa (f)	falta (f)	['fawta]
senso (m) di colpa	culpa (f)	['kuwpa]
vergogna (f)	desonra (f)	[dʒi'zõha]
protesta (f)	protesto (m)	[pro'tɛstu]
stress (m)	estresse (m)	[is'trɛsi]
disturbare (vt)	perturbar (vt)	[pertur'bar]
essere arrabbiato	zangar-se com ...	[zã'garsi kõ]
arrabbiato (agg)	zangado	[zã'gadu]
porre fine a ...	terminar (vt)	[termi'nar]
(~ una relazione)		
rimproverare (vt)	praguejar	[prage'ʒar]
spaventarsi (vr)	assustar-se	[asus'tarsi]
colpire (vt)	golpear (vt)	[gow'pjar]
picchiarsi (vr)	brigar (vi)	[bri'gar]
regolare (~ un conflitto)	resolver (vt)	[hezow'ver]
scontento (agg)	descontente	[dʒiskõ'tẽtʃi]
furioso (agg)	furioso	[fu'rjozu]
Non sta bene!	Não está bem!	['nãw is'ta bẽj]
Fa male!	É ruim!	[ɛ hu'ĩ]

Medicinali

71. Malattie

malattia (f)	doença (f)	[do'ēsa]
essere malato	estar doente	[is'tar do'ētʃi]
salute (f)	saúde (f)	[sa'udʒi]

raffreddore (m)	nariz (m) escorrendo	[na'riz isko'hēdu]
tonsillite (f)	amigdalite (f)	[amigda'litʃi]
raffreddore (m)	resfriado (m)	[hes'frjadu]
raffreddarsi (vr)	ficar resfriado	[fi'kar hes'frjadu]

bronchite (f)	bronquite (f)	[brō'kitʃi]
polmonite (f)	pneumonia (f)	[pnewmo'nia]
influenza (f)	gripe (f)	['gripi]

miope (agg)	míope	['miopi]
presbite (agg)	presbita	[pres'bita]
strabismo (m)	estrabismo (m)	[istra'bizmu]
strabico (agg)	estrábico, vesgo	[is'trabiku], ['vezgu]
cateratta (f)	catarata (f)	[kata'rata]
glaucoma (m)	glaucoma (m)	[glaw'koma]

ictus (m) cerebrale	AVC (m), apoplexia (f)	[ave'se], [apople'ksia]
attacco (m) di cuore	ataque (m) cardíaco	[a'taki kar'dʒiaku]
infarto (m) miocardico	enfarte (m) do miocárdio	[ē'fartʃi du mjo'kardʒiu]
paralisi (f)	paralisia (f)	[parali'zia]
paralizzare (vt)	paralisar (vt)	[parali'zar]

allergia (f)	alergia (f)	[aler'ʒia]
asma (f)	asma (f)	['azma]
diabete (m)	diabetes (f)	[dʒja'bɛtʃis]

mal (m) di denti	dor (f) de dente	[dor de 'dētʃi]
carie (f)	cárie (f)	['kari]

diarrea (f)	diarreia (f)	[dʒja'hɛja]
stitichezza (f)	prisão (f) de ventre	[pri'zãw de 'vētri]
disturbo (m) gastrico	desarranjo (m) intestinal	[dʒiza'hãʒu ĩtestʃi'naw]
intossicazione (f) alimentare	intoxicação (f) alimentar	[ĩtoksika'sãw alimē'tar]
intossicarsi (vr)	intoxicar-se	[ĩtoksi'karsi]

artrite (f)	artrite (f)	[ar'tritʃi]
rachitide (f)	raquitismo (m)	[haki'tʃizmu]
reumatismo (m)	reumatismo (m)	[hewma'tʃizmu]
aterosclerosi (f)	arteriosclerose (f)	[arterjoskle'rɔzi]

gastrite (f)	gastrite (f)	[gas'tritʃi]
appendicite (f)	apendicite (f)	[apēdʒi'sitʃi]

colecistite (f)	colecistite (f)	[kulesi'stʃitʃi]
ulcera (f)	úlcera (f)	['uwsera]

morbillo (m)	sarampo (m)	[sa'rãpu]
rosolia (f)	rubéola (f)	[hu'bɛola]
itterizia (f)	icterícia (f)	[ikte'risja]
epatite (f)	hepatite (f)	[epa'tʃitʃi]

schizofrenia (f)	esquizofrenia (f)	[iskizofre'nia]
rabbia (f)	raiva (f)	['hajva]
nevrosi (f)	neurose (f)	[new'rɔzi]
commozione (f) cerebrale	contusão (f) cerebral	[kõtu'zãw sere'braw]

cancro (m)	câncer (m)	['kãser]
sclerosi (f)	esclerose (f)	[iskle'rozi]
sclerosi (f) multipla	esclerose (f) múltipla	[iskle'rozi 'muwtʃipla]

alcolismo (m)	alcoolismo (m)	[awko'lizmu]
alcolizzato (m)	alcoólico (m)	[aw'kɔliku]
sifilide (f)	sífilis (f)	['sifilis]
AIDS (m)	AIDS (f)	['ajdʒs]

tumore (m)	tumor (m)	[tu'mor]
maligno (agg)	maligno	[ma'lignu]
benigno (agg)	benigno	[be'nignu]

febbre (f)	febre (f)	['fɛbri]
malaria (f)	malária (f)	[ma'larja]
cancrena (f)	gangrena (f)	[gã'grena]
mal (m) di mare	enjoo (m)	[ẽ'ʒou]
epilessia (f)	epilepsia (f)	[epile'psia]

epidemia (f)	epidemia (f)	[epide'mia]
tifo (m)	tifo (m)	['tʃifu]
tubercolosi (f)	tuberculose (f)	[tuberku'lɔzi]
colera (m)	cólera (f)	['kɔlera]
peste (f)	peste (f) bubônica	['pɛstʃi bu'bonika]

72. Sintomi. Cure. Parte 1

sintomo (m)	sintoma (m)	[sĩ'tɔma]
temperatura (f)	temperatura (f)	[tẽpera'tura]
febbre (f) alta	febre (f)	['fɛbri]
polso (m)	pulso (m)	['puwsu]

capogiro (m)	vertigem (f)	[ver'tʃiʒẽ]
caldo (agg)	quente	['kẽtʃi]
brivido (m)	calafrio (m)	[kala'friu]
pallido (un viso ~)	pálido	['palidu]

tosse (f)	tosse (f)	['tɔsi]
tossire (vi)	tossir (vi)	[to'sir]
starnutire (vi)	espirrar (vi)	[ispi'har]
svenimento (m)	desmaio (m)	[dʒiz'maju]

svenire (vi)	desmaiar (vi)	[dʒizma'jar]
livido (m)	mancha (f) preta	['mãʃa 'preta]
bernoccolo (m)	galo (m)	['galu]
farsi un livido	machucar-se (vr)	[maʃu'karsi]
contusione (f)	contusão (f)	[kõtu'zãw]
farsi male	machucar-se (vr)	[maʃu'karsi]

zoppicare (vi)	mancar (vi)	[mã'kar]
slogatura (f)	deslocamento (f)	[dʒizloka'mẽtu]
slogarsi (vr)	deslocar (vt)	[dʒizlo'kar]
frattura (f)	fratura (f)	[fra'tura]
fratturarsi (vr)	fraturar (vt)	[fratu'rar]

taglio (m)	corte (m)	['kortʃi]
tagliarsi (vr)	cortar-se (vr)	[kor'tarsi]
emorragia (f)	hemorragia (f)	[emoha'ʒia]

scottatura (f)	queimadura (f)	[kejma'dura]
scottarsi (vr)	queimar-se (vr)	[kej'marsi]

pungere (vt)	picar (vt)	[pi'kar]
pungersi (vr)	picar-se (vr)	[pi'karsi]
ferire (vt)	lesionar (vt)	[lezjo'nar]
ferita (f)	lesão (m)	[le'zãw]
lesione (f)	ferida (f), ferimento (m)	[fe'rida], [feri'mẽtu]
trauma (m)	trauma (m)	['trawma]

delirare (vi)	delirar (vi)	[deli'rar]
tartagliare (vi)	gaguejar (vi)	[gage'ʒar]
colpo (m) di sole	insolação (f)	[insola'sãw]

73. Sintomi. Cure. Parte 2

dolore (m), male (m)	dor (f)	[dor]
scheggia (f)	farpa (f)	['farpa]

sudore (m)	suor (m)	[swɔr]
sudare (vi)	suar (vi)	[swar]
vomito (m)	vômito (m)	['vomitu]
convulsioni (f pl)	convulsões (f pl)	[kõvuw'sõjs]

incinta (agg)	grávida	['gravida]
nascere (vi)	nascer (vi)	[na'ser]
parto (m)	parto (m)	['partu]
essere in travaglio di parto	dar à luz	[dar a luz]
aborto (m)	aborto (m)	[a'bortu]

respirazione (f)	respiração (f)	[hespira'sãw]
inspirazione (f)	inspiração (f)	[ĩspira'sãw]
espirazione (f)	expiração (f)	[ispira'sãw]
espirare (vi)	expirar (vi)	[ispi'rar]
inspirare (vi)	inspirar (vi)	[ĩspi'rar]
invalido (m)	inválido (m)	[ĩ'validu]
storpio (m)	aleijado (m)	[alej'ʒadu]

drogato (m)	**drogado** (m)	[dro'gadu]
sordo (agg)	**surdo**	['surdu]
muto (agg)	**mudo**	['mudu]
sordomuto (agg)	**surdo-mudo**	['surdu-'mudu]
matto (agg)	**louco, insano**	['loku], [ĩ'sanu]
matto (m)	**louco** (m)	['loku]
matta (f)	**louca** (f)	['loka]
impazzire (vi)	**ficar louco**	[fi'kar 'loku]
gene (m)	**gene** (m)	['ʒɛni]
immunità (f)	**imunidade** (f)	[imuni'dadʒi]
ereditario (agg)	**hereditário**	[eredʒi'tarju]
innato (agg)	**congênito**	[kõ'ʒenitu]
virus (m)	**vírus** (m)	['virus]
microbo (m)	**micróbio** (m)	[mi'krɔbju]
batterio (m)	**bactéria** (f)	[bak'tɛrja]
infezione (f)	**infecção** (f)	[ĩfek'sãw]

74. Sintomi. Cure. Parte 3

ospedale (m)	**hospital** (m)	[ospi'taw]
paziente (m)	**paciente** (m)	[pa'sjẽtʃi]
diagnosi (f)	**diagnóstico** (m)	[dʒjag'nɔstʃiku]
cura (f)	**cura** (f)	['kura]
trattamento (m)	**tratamento** (m) **médico**	[trata'mẽtu 'mɛdʒiku]
curarsi (vr)	**curar-se** (vr)	[ku'rarsi]
curare (vt)	**tratar** (vt)	[tra'tar]
accudire (un malato)	**cuidar** (vt)	[kwi'dar]
assistenza (f)	**cuidado** (m)	[kwi'dadu]
operazione (f)	**operação** (f)	[opera'sãw]
bendare (vt)	**enfaixar** (vt)	[ẽfaj'ʃar]
fasciatura (f)	**enfaixamento** (m)	[bã'daʒãj]
vaccinazione (f)	**vacinação** (f)	[vasina'sãw]
vaccinare (vt)	**vacinar** (vt)	[vasi'nar]
iniezione (f)	**injeção** (f)	[inʒe'sãw]
fare una puntura	**dar uma injeção**	[dar 'uma inʒe'sãw]
attacco (m) (~ epilettico)	**ataque** (m)	[a'taki]
amputazione (f)	**amputação** (f)	[ãputa'sãw]
amputare (vt)	**amputar** (vt)	[ãpu'tar]
coma (m)	**coma** (f)	['kɔma]
essere in coma	**estar em coma**	[is'tar ẽ 'kɔma]
rianimazione (f)	**reanimação** (f)	[hianima'sãw]
guarire (vi)	**recuperar-se** (vr)	[hekupe'rarsi]
stato (f) (del paziente)	**estado** (m)	[i'stadu]
conoscenza (f)	**consciência** (f)	[kõ'sjẽsja]
memoria (f)	**memória** (f)	[me'mɔrja]
estrarre (~ un dente)	**tirar** (vt)	[tʃi'rar]

otturazione (f)	obturação (f)	[obitura'sãw]
otturare (vt)	obturar (vt)	[obitu'rar]
ipnosi (f)	hipnose (f)	[ip'nɔzi]
ipnotizzare (vt)	hipnotizar (vt)	[ipnotʃi'zar]

75. Medici

medico (m)	médico (m)	['mɛdʒiku]
infermiera (f)	enfermeira (f)	[ẽfer'mejra]
medico (m) personale	médico (m) pessoal	['mɛdʒiku pe'swaw]
dentista (m)	dentista (m)	[dẽ'tʃista]
oculista (m)	oculista (m)	[oku'lista]
internista (m)	terapeuta (m)	[tera'pewta]
chirurgo (m)	cirurgião (m)	[sirur'ʒjãw]
psichiatra (m)	psiquiatra (m)	[psi'kjatra]
pediatra (m)	pediatra (m)	[pe'dʒjatra]
psicologo (m)	psicólogo (m)	[psi'kɔlogu]
ginecologo (m)	ginecologista (m)	[ʒinekolo'ʒista]
cardiologo (m)	cardiologista (m)	[kardʒjolo'ʒista]

76. Medicinali. Farmaci. Accessori

medicina (f)	medicamento (m)	[medʒika'mẽtu]
rimedio (m)	remédio (m)	[he'mɛdʒju]
prescrivere (vt)	receitar (vt)	[hesej'tar]
prescrizione (f)	receita (f)	[he'sejta]
compressa (f)	comprimido (m)	[kõpri'midu]
unguento (m)	unguento (m)	[ũ'gwẽtu]
fiala (f)	ampola (f)	[ã'pɔla]
pozione (f)	solução, preparado (m)	[solu'sãw], [prepa'radu]
sciroppo (m)	xarope (m)	[ʃa'rɔpi]
pillola (f)	cápsula (f)	['kapsula]
polverina (f)	pó (m)	[pɔ]
benda (f)	atadura (f)	[ata'dura]
ovatta (f)	algodão (m)	[awgo'dãw]
iodio (m)	iodo (m)	['jodu]
cerotto (m)	curativo (m) adesivo	[kura'tivu ade'zivu]
contagocce (m)	conta-gotas (m)	['kõta 'gotas]
termometro (m)	termômetro (m)	[ter'mometru]
siringa (f)	seringa (f)	[se'rĩga]
sedia (f) a rotelle	cadeira (f) de rodas	[ka'dejra de 'hɔdas]
stampelle (f pl)	muletas (f pl)	[mu'letas]
analgesico (m)	analgésico (m)	[anaw'ʒɛziku]
lassativo (m)	laxante (m)	[la'ʃãtʃi]

alcol (m)	álcool (m)	['awkɔw]
erba (f) officinale	ervas (f pl) medicinais	['ɛrvas medʒisi'najs]
d'erbe (infuso ~)	de ervas	[de 'ɛrvas]

77. Fumo. Prodotti di tabaccheria

tabacco (m)	tabaco (m)	[ta'baku]
sigaretta (f)	cigarro (m)	[si'gahu]
sigaro (m)	charuto (m)	[ʃa'rutu]
pipa (f)	cachimbo (m)	[ka'ʃĩbu]
pacchetto (m) (di sigarette)	maço (m)	['masu]

fiammiferi (m pl)	fósforos (m pl)	['fɔsforus]
scatola (f) di fiammiferi	caixa (f) de fósforos	['kaɪʃa de 'fɔsforus]
accendino (m)	isqueiro (m)	[is'kejru]
portacenere (m)	cinzeiro (m)	[sĩ'zejru]
portasigarette (m)	cigarreira (f)	[siga'hejra]

bocchino (m)	piteira (f)	[pi'tejra]
filtro (m)	filtro (m)	['fiwtru]

fumare (vi, vt)	fumar (vi, vt)	[fu'mar]
accendere una sigaretta	acender um cigarro	[asẽ'der ũ si'gahu]
fumo (m)	tabagismo (m)	[taba'ʒiʒmu]
fumatore (m)	fumante (m)	[fu'mãtʃi]

cicca (f), mozzicone (m)	bituca (f)	[bi'tuka]
fumo (m)	fumaça (f)	[fu'masa]
cenere (f)	cinza (f)	['sĩza]

HABITAT UMANO

Città

città (f)	cidade (f)	[si'dadʒi]
capitale (f)	capital (f)	[kapi'taw]
villaggio (m)	aldeia (f)	[aw'deja]
mappa (f) della città	mapa (m) da cidade	['mapa da si'dadʒi]
centro (m) della città	centro (m) da cidade	['sẽtru da si'dadʒi]
sobborgo (m)	subúrbio (m)	[su'burbju]
suburbano (agg)	suburbano	[subur'banu]
periferia (f)	periferia (f)	[perife'ria]
dintorni (m pl)	arredores (m pl)	[ahe'dɔris]
isolato (m)	quarteirão (m)	[kwartej'rãw]
quartiere residenziale	quarteirão (m) residencial	[kwartej'rãw hezidẽ'sjaw]
traffico (m)	tráfego (m)	['trafegu]
semaforo (m)	semáforo (m)	[se'maforu]
trasporti (m pl) urbani	transporte (m) público	[trãs'portʃi 'publiku]
incrocio (m)	cruzamento (m)	[kruza'mẽtu]
passaggio (m) pedonale	faixa (f)	['fajʃa]
sottopassaggio (m)	túnel (m)	['tunew]
attraversare (vt)	cruzar, atravessar (vt)	[kru'zar], [atrave'sar]
pedone (m)	pedestre (m)	[pe'dɛstri]
marciapiede (m)	calçada (f)	[kaw'sada]
ponte (m)	ponte (f)	['põtʃi]
banchina (f)	margem (f) do rio	['marʒẽ du 'hiu]
fontana (f)	fonte (f)	['fõtʃi]
vialetto (m)	alameda (f)	[ala'meda]
parco (m)	parque (m)	['parki]
boulevard (m)	bulevar (m)	[bule'var]
piazza (f)	praça (f)	['prasa]
viale (m), corso (m)	avenida (f)	[ave'nida]
via (f), strada (f)	rua (f)	['hua]
vicolo (m)	travessa (f)	[tra'vɛsa]
vicolo (m) cieco	beco (m) sem saída	['beku sẽ sa'ida]
casa (f)	casa (f)	['kaza]
edificio (m)	edifício, prédio (m)	[edʒi'fisju], ['prɛdʒju]
grattacielo (m)	arranha-céu (m)	[a'haɲa-sɛw]
facciata (f)	fachada (f)	[fa'ʃada]
tetto (m)	telhado (m)	[te'ʎadu]

75

finestra (f)	janela (f)	[ʒa'nɛla]
arco (m)	arco (m)	['arku]
colonna (f)	coluna (f)	[ko'luna]
angolo (m)	esquina (f)	[is'kina]

vetrina (f)	vitrine (f)	[vi'trini]
insegna (f) (di negozi, ecc.)	letreiro (m)	[le'trejru]
cartellone (m)	cartaz (m)	[kar'taz]
cartellone (m) pubblicitario	cartaz (m) publicitário	[kar'taz publisi'tarju]
tabellone (m) pubblicitario	painel (m) publicitário	[paj'nɛw publisi'tarju]

pattume (m), spazzatura (f)	lixo (m)	['liʃu]
pattumiera (f)	lixeira (f)	[li'ʃejra]
sporcare (vi)	jogar lixo na rua	[ʒo'gar 'liʃu na 'hua]
discarica (f) di rifiuti	aterro (m) sanitário	[a'tehu sani'tarju]

cabina (f) telefonica	orelhão (m)	[ore'ʎãw]
lampione (m)	poste (m) de luz	['pɔstʃi de luz]
panchina (f)	banco (m)	['bãku]

poliziotto (m)	polícia (m)	[po'lisja]
polizia (f)	polícia (f)	[po'lisja]
mendicante (m)	mendigo, pedinte (m)	[mẽ'dʒigu], [pe'dʒĩtʃi]
barbone (m)	desabrigado (m)	[dʒizabri'gadu]

79. Servizi cittadini

negozio (m)	loja (f)	['lɔʒa]
farmacia (f)	drogaria (f)	[droga'ria]
ottica (f)	ótica (f)	['ɔtʃika]
centro (m) commerciale	centro (m) comercial	['sẽtru komer'sjaw]
supermercato (m)	supermercado (m)	[supermer'kadu]

panetteria (f)	padaria (f)	[pada'ria]
fornaio (m)	padeiro (m)	[pa'dejru]
pasticceria (f)	pastelaria (f)	[pastela'ria]
drogheria (f)	mercearia (f)	[mersja'ria]
macelleria (f)	açougue (m)	[a'sogi]

| fruttivendolo (m) | fruteira (f) | [fru'tejra] |
| mercato (m) | mercado (m) | [mer'kadu] |

caffè (m)	cafeteria (f)	[kafete'ria]
ristorante (m)	restaurante (m)	[hestaw'rãtʃi]
birreria (f), pub (m)	bar (m)	[bar]
pizzeria (f)	pizzaria (f)	[pitsa'ria]

salone (m) di parrucchiere	salão (m) de cabeleireiro	[sa'lãw de kabelej'rejru]
ufficio (m) postale	agência (f) dos correios	[a'ʒẽsja dus ko'hejus]
lavanderia (f) a secco	lavanderia (f)	[lavãde'ria]
studio (m) fotografico	estúdio (m) fotográfico	[is'tudʒu foto'grafiku]

| negozio (m) di scarpe | sapataria (f) | [sapata'ria] |
| libreria (f) | livraria (f) | [livra'ria] |

negozio (m) sportivo	**loja** (f) **de artigos esportivos**	['lɔʒa de ar'tʃigus ispor'tʃivus]
riparazione (f) di abiti	**costureira** (m)	[kostu'rejra]
noleggio (m) di abiti	**aluguel** (m) **de roupa**	[alu'gɛw de 'hopa]
noleggio (m) di film	**videolocadora** (f)	['vidʒju·loka'dɔra]
circo (m)	**circo** (m)	['sirku]
zoo (m)	**jardim** (m) **zoológico**	[ʒar'dʒĩ zo'lɔʒiku]
cinema (m)	**cinema** (m)	[si'nɛma]
museo (m)	**museu** (m)	[mu'zew]
biblioteca (f)	**biblioteca** (f)	[bibljo'tɛka]
teatro (m)	**teatro** (m)	['tʃjatru]
teatro (m) dell'opera	**ópera** (f)	['ɔpera]
locale notturno (m)	**boate** (f)	['bwatʃi]
casinò (m)	**cassino** (m)	[ka'sinu]
moschea (f)	**mesquita** (f)	[mes'kita]
sinagoga (f)	**sinagoga** (f)	[sina'gɔga]
cattedrale (f)	**catedral** (f)	[kate'draw]
tempio (m)	**templo** (m)	['tẽplu]
chiesa (f)	**igreja** (f)	[i'greʒa]
istituto (m)	**faculdade** (f)	[fakuw'dadʒi]
università (f)	**universidade** (f)	[universi'dadʒi]
scuola (f)	**escola** (f)	[is'kɔla]
prefettura (f)	**prefeitura** (f)	[prefej'tura]
municipio (m)	**câmara** (f) **municipal**	['kamara munisi'paw]
albergo, hotel (m)	**hotel** (m)	[o'tɛw]
banca (f)	**banco** (m)	['bãku]
ambasciata (f)	**embaixada** (f)	[ẽbaj'ʃada]
agenzia (f) di viaggi	**agência** (f) **de viagens**	[a'ʒẽsja de 'vjaʒẽs]
ufficio (m) informazioni	**agência** (f) **de informações**	[a'ʒẽsja de ĩforma'sõjs]
ufficio (m) dei cambi	**casa** (f) **de câmbio**	['kaza de 'kãbju]
metropolitana (f)	**metrô** (m)	[me'tro]
ospedale (m)	**hospital** (m)	[ospi'taw]
distributore (m) di benzina	**posto** (m) **de gasolina**	['postu de gazo'lina]
parcheggio (m)	**parque** (m) **de estacionamento**	['parki de istasjona'mẽtu]

80. Cartelli

insegna (f) (di negozi, ecc.)	**letreiro** (m)	[le'trejru]
iscrizione (f)	**aviso** (m)	[a'vizu]
cartellone (m)	**pôster** (m)	['poster]
segnale (m) di direzione	**placa** (f) **de direção**	['plaka]
freccia (f)	**seta** (f)	['sɛta]
avvertimento (m)	**aviso** (m)**, advertência** (f)	[a'vizu], [adʒiver'tẽsja]
avviso (m)	**sinal** (m) **de aviso**	[si'naw de a'vizu]
avvertire, avvisare (vt)	**avisar, advertir** (vt)	[avi'zar], [adʒiver'tʃir]

giorno (m) di riposo	dia (m) de folga	['dʒia de 'fɔwga]
orario (m)	horário (m)	[o'rarju]
orario (m) di apertura	horário (m)	[o'rarju]

BENVENUTI!	BEM-VINDOS!	[bẽj 'vĩdu]
ENTRATA	ENTRADA	[ẽ'trada]
USCITA	SAÍDA	[sa'ida]

SPINGERE	EMPURRE	[ẽ'puhe]
TIRARE	PUXE	['puʃe]
APERTO	ABERTO	[a'bɛrtu]
CHIUSO	FECHADO	[fe'ʃadu]

| DONNE | MULHER | [mu'ʎer] |
| UOMINI | HOMEM | ['ɔmẽ] |

SCONTI	DESCONTOS	[dʒis'kõtus]
SALDI	SALDOS, PROMOÇÃO	['sawdus], [promo'sãw]
NOVITÀ!	NOVIDADE!	[novi'dadʒi]
GRATIS	GRÁTIS	['gratʃis]

ATTENZIONE!	ATENÇÃO!	[atẽ'sãw]
COMPLETO	NÃO HÁ VAGAS	['nãw a 'vagas]
RISERVATO	RESERVADO	[hezer'vadu]

AMMINISTRAZIONE	ADMINISTRAÇÃO	[adʒiministra'sãw]
RISERVATO	SOMENTE PESSOAL	[sɔ'mẽtʃi pe'swaw
AL PERSONALE	AUTORIZADO	awtori'zadu]

ATTENTI AL CANE	CUIDADO CÃO FEROZ	[kwi'dadu kãw fe'rɔz]
VIETATO FUMARE!	PROIBIDO FUMAR!	[proi'bidu fu'mar]
NON TOCCARE	NÃO TOCAR	['nãw to'kar]

PERICOLOSO	PERIGOSO	[peri'gozu]
PERICOLO	PERIGO	[pe'rigu]
ALTA TENSIONE	ALTA TENSÃO	['awta tẽ'sãw]
DIVIETO DI BALNEAZIONE	PROIBIDO NADAR	[proi'bidu na'dar]
GUASTO	COM DEFEITO	[kõ de'fejtu]

INFIAMMABILE	INFLAMÁVEL	[ĩfla'mavew]
VIETATO	PROIBIDO	[proi'bidu]
VIETATO L'INGRESSO	ENTRADA PROIBIDA	[ẽ'trada proi'bida]
VERNICE FRESCA	CUIDADO TINTA FRESCA	[kwi'dadu 'tʃĩta 'freska]

81. Mezzi pubblici in città

autobus (m)	ônibus (m)	['onibus]
tram (m)	bonde (m) elétrico	['bõdʒi e'lɛtriku]
filobus (m)	trólebus (m)	['trolebus]
itinerario (m)	rota (f), itinerário (m)	['hota], [itʃine'rarju]
numero (m)	número (m)	['numeru]
andare in …	ir de …	[ir de]
salire (~ sull'autobus)	entrar no …	[ẽ'trar nu]

scendere da ...	descer do ...	[de'ser du]
fermata (f) (~ dell'autobus)	parada (f)	[pa'rada]
prossima fermata (f)	próxima parada (f)	['prɔsima pa'rada]
capolinea (m)	terminal (m)	[termi'naw]
orario (m)	horário (m)	[o'rarju]
aspettare (vt)	esperar (vt)	[ispe'rar]

biglietto (m)	passagem (f)	[pa'saʒẽ]
prezzo (m) del biglietto	tarifa (f)	[ta'rifa]

cassiere (m)	bilheteiro (m)	[biʎe'tejru]
controllo (m) dei biglietti	controle (m) de passagens	[kõ'troli de pa'saʒãjʃ]
bigliettaio (m)	revisor (m)	[hevi'zor]

essere in ritardo	atrasar-se (vr)	[atra'zarsi]
perdere (~ il treno)	perder (vt)	[per'der]
avere fretta	estar com pressa	[is'tar kõ 'prɛsa]

taxi (m)	táxi (m)	['taksi]
taxista (m)	taxista (m)	[tak'sista]
in taxi	de táxi	[de 'taksi]
parcheggio (m) di taxi	ponto (m) de táxis	['põtu de 'taksis]
chiamare un taxi	chamar um táxi	[ʃa'mar ũ 'taksi]
prendere un taxi	pegar um táxi	[pe'gar ũ 'taksi]

traffico (m)	tráfego (m)	['trafegu]
ingorgo (m)	engarrafamento (m)	[ẽgahafa'mẽtu]
ore (f pl) di punta	horas (f pl) de pico	['ɔras de 'piku]
parcheggiarsi (vr)	estacionar (vi)	[istasjo'nar]
parcheggiare (vt)	estacionar (vt)	[istasjo'nar]
parcheggio (m)	parque (m) de estacionamento	['parki de istasjona'mẽtu]

metropolitana (f)	metrô (m)	[me'tro]
stazione (f)	estação (f)	[ista'sãw]
prendere la metropolitana	ir de metrô	[ir de me'tro]
treno (m)	trem (m)	[trẽj]
stazione (f) ferroviaria	estação (f) de trem	[ista'sãw de trẽj]

82. Visita turistica

monumento (m)	monumento (m)	[monu'mẽtu]
fortezza (f)	fortaleza (f)	[forta'leza]
palazzo (m)	palácio (m)	[pa'lasju]
castello (m)	castelo (m)	[kas'tɛlu]
torre (f)	torre (f)	['tohi]
mausoleo (m)	mausoléu (m)	[mawzo'lɛw]

architettura (f)	arquitetura (f)	[arkite'tura]
medievale (agg)	medieval	[medʒje'vaw]
antico (agg)	antigo	[ã'tʃigu]
nazionale (agg)	nacional	[nasjo'naw]
famoso (agg)	famoso	[fa'mozu]
turista (m)	turista (m)	[tu'rista]

guida (f)	guia (m)	['gia]
escursione (f)	excursão (f)	[iskur'sãw]
fare vedere	mostrar (vt)	[mos'trar]
raccontare (vt)	contar (vt)	[kõ'tar]

trovare (vt)	encontrar (vt)	[ẽkõ'trar]
perdersi (vr)	perder-se (vr)	[per'dersi]
mappa (f) (~ della metropolitana)	mapa (m)	['mapa]
piantina (f) (~ della città)	mapa (m)	['mapa]

souvenir (m)	lembrança (f), presente (m)	[lẽ'brãsa], [pre'zẽtʃi]
negozio (m) di articoli da regalo	loja (f) de presentes	['lɔʒa de pre'zẽtʃis]
fare foto	tirar fotos	[tʃi'rar 'fotus]
fotografarsi	fotografar-se (vr)	[fotogra'farse]

83. Acquisti

comprare (vt)	comprar (vt)	[kõ'prar]
acquisto (m)	compra (f)	['kõpra]
fare acquisti	fazer compras	[fa'zer 'kõpras]
shopping (m)	compras (f pl)	['kõpras]

essere aperto (negozio)	estar aberta	[is'tar a'bɛrta]
essere chiuso	estar fechada	[iş'tar fe'ʃada]

calzature (f pl)	calçado (m)	[kaw'sadu]
abbigliamento (m)	roupa (f)	['hopa]
cosmetica (f)	cosméticos (m pl)	[koz'mɛtʃikus]
alimentari (m pl)	alimentos (m pl)	[ali'mẽtus]
regalo (m)	presente (m)	[pre'zẽtʃi]

commesso (m)	vendedor (m)	[vẽde'dor]
commessa (f)	vendedora (f)	[vẽde'dora]

cassa (f)	caixa (f)	['kaɪʃa]
specchio (m)	espelho (m)	[is'peʎu]
banco (m)	balcão (m)	[baw'kãw]
camerino (m)	provador (m)	[prɔva'dor]

provare (~ un vestito)	provar (vt)	[pro'var]
stare bene (vestito)	servir (vi)	[ser'vir]
piacere (vi)	gostar (vt)	[gos'tar]

prezzo (m)	preço (m)	['presu]
etichetta (f) del prezzo	etiqueta (f) de preço	[etʃi'keta de 'presu]
costare (vt)	custar (vt)	[kus'tar]
Quanto?	Quanto?	['kwãtu]
sconto (m)	desconto (m)	[dʒis'kõtu]

no muy caro (agg)	não caro	['nãw 'karu]
a buon mercato	barato	[ba'ratu]
caro (agg)	caro	['karu]

È caro	É caro	[ɛ 'karu]
noleggio (m)	aluguel (m)	[alu'gɛw]
noleggiare (~ un abito)	alugar (vt)	[alu'gar]
credito (m)	crédito (m)	['krɛdʒitu]
a credito	a crédito	[a 'krɛdʒitu]

84. Denaro

soldi (m pl)	dinheiro (m)	[dʒi'ɲejru]
cambio (m)	câmbio (m)	['kãbju]
corso (m) di cambio	taxa (f) de câmbio	['taʃa de 'kãbju]
bancomat (m)	caixa (m) eletrônico	['kaɪʃa ele'troniku]
moneta (f)	moeda (f)	['mwɛda]

dollaro (m)	dólar (m)	['dɔlar]
euro (m)	euro (m)	['ewru]

lira (f)	lira (f)	['lira]
marco (m)	marco (m)	['marku]
franco (m)	franco (m)	['frãku]
sterlina (f)	libra (f) esterlina	['libra ister'linu]
yen (m)	iene (m)	['jɛni]

debito (m)	dívida (f)	['dʒivida]
debitore (m)	devedor (m)	[deve'dor]
prestare (~ i soldi)	emprestar (vt)	[ẽpres'tar]
prendere in prestito	pedir emprestado	[pe'dʒir ẽpres'tadu]

banca (f)	banco (m)	['bãku]
conto (m)	conta (f)	['kõta]
versare (vt)	depositar (vt)	[depozi'tar]
versare sul conto	depositar na conta	[depozi'tar na 'kõta]
prelevare dal conto	sacar (vt)	[sa'kar]

carta (f) di credito	cartão (m) de crédito	[kar'tãw de 'krɛdʒitu]
contanti (m pl)	dinheiro (m) vivo	[dʒi'ɲejru 'vivu]
assegno (m)	cheque (m)	['ʃɛki]
emettere un assegno	passar um cheque	[pa'sar ũ 'ʃɛki]
libretto (m) di assegni	talão (m) de cheques	[ta'lãw de 'ʃɛkis]

portafoglio (m)	carteira (f)	[kar'tejra]
borsellino (m)	niqueleira (f)	[nike'lejra]
cassaforte (f)	cofre (m)	['kɔfri]

erede (m)	herdeiro (m)	[er'dejru]
eredità (f)	herança (f)	[e'rãsa]
fortuna (f)	fortuna (f)	[for'tuna]

affitto (m), locazione (f)	arrendamento (m)	[ahẽda'mẽtu]
canone (m) d'affitto	aluguel (m)	[alu'gɛw]
affittare (dare in affitto)	alugar (vt)	[alu'gar]

prezzo (m)	preço (m)	['presu]
costo (m)	custo (m)	['kustu]

81

somma (f)	soma (f)	['sɔma]
spendere (vt)	gastar (vt)	[gas'tar]
spese (f pl)	gastos (m pl)	['gastus]
economizzare (vi, vt)	economizar (vi)	[ekonomi'zar]
economico (agg)	econômico	[eko'nomiku]

pagare (vi, vt)	pagar (vt)	[pa'gar]
pagamento (m)	pagamento (m)	[paga'mẽtu]
resto (m) (dare il ~)	troco (m)	['troku]

imposta (f)	imposto (m)	[ĩ'postu]
multa (f), ammenda (f)	multa (f)	['muwta]
multare (vt)	multar (vt)	[muw'tar]

85. Posta. Servizio postale

ufficio (m) postale	agência (f) dos correios	[a'ʒẽsja dus ko'hejus]
posta (f) (lettere, ecc.)	correio (m)	[ko'heju]
postino (m)	carteiro (m)	[kar'tejru]
orario (m) di apertura	horário (m)	[o'rarju]

lettera (f)	carta (f)	['karta]
raccomandata (f)	carta (f) registada	['karta heʒis'tada]
cartolina (f)	cartão (m) postal	[kar'tãw pos'taw]
telegramma (m)	telegrama (m)	[tele'grama]
pacco (m) postale	encomenda (f)	[ẽko'mẽda]
vaglia (m) postale	transferência (f) de dinheiro	[trãsfe'rẽsja de dʒi'ɲejru]

ricevere (vt)	receber (vt)	[hese'ber]
spedire (vt)	enviar (vt)	[ẽ'vjar]
invio (m)	envio (m)	[ẽ'viu]

indirizzo (m)	endereço (m)	[ẽde'resu]
codice (m) postale	código (m) postal	['kɔdʒigu pos'taw]
mittente (m)	remetente (m)	[heme'tẽtʃi]
destinatario (m)	destinatário (m)	[destʃina'tarju]

nome (m)	nome (m)	['nɔmi]
cognome (m)	sobrenome (m)	[sobri'nɔmi]

tariffa (f)	tarifa (f)	[ta'rifa]
ordinario (agg)	ordinário	[ordʒi'narju]
standard (agg)	econômico	[eko'nomiku]

peso (m)	peso (m)	['pezu]
pesare (vt)	pesar (vt)	[pe'zar]
busta (f)	envelope (m)	[ẽve'lɔpi]
francobollo (m)	selo (m) postal	['selu pos'taw]
affrancare (vt)	colar o selo	[ko'lar u 'selu]

Abitazione. Casa

86. Casa. Abitazione

casa (f)	casa (f)	['kaza]
a casa	em casa	[ẽ 'kaza]
cortile (m)	pátio (m), quintal (f)	['patʃu], [kĩ'taw]
recinto (m)	cerca, grade (f)	['sɛrka], ['gradʒi]
mattone (m)	tijolo (m)	[tʃi'ʒolu]
di mattoni	de tijolos	[de tʃi'ʒolus]
pietra (f)	pedra (f)	['pɛdra]
di pietra	de pedra	[de 'pɛdra]
beton (m)	concreto (m)	[kõ'krɛtu]
di beton	concreto	[kõ'krɛtu]
nuovo (agg)	novo	['novu]
vecchio (agg)	velho	['vɛʎu]
fatiscente (edificio ~)	decrépito	[de'krɛpitu]
moderno (agg)	moderno	[mo'dɛrnu]
a molti piani	de vários andares	[de 'varjus ã'daris]
alto (agg)	alto	['awtu]
piano (m)	andar (m)	[ã'dar]
di un piano	de um andar	[de ũ ã'dar]
pianoterra (m)	térreo (m)	['tɛhju]
ultimo piano (m)	andar (m) de cima	[ã'dar de 'sima]
tetto (m)	telhado (m)	[te'ʎadu]
ciminiera (f)	chaminé (f)	[ʃami'nɛ]
tegola (f)	telha (f)	['teʎa]
di tegole	de telha	[de 'teʎa]
soffitta (f)	sótão (m)	['sɔtãw]
finestra (f)	janela (f)	[ʒa'nɛla]
vetro (m)	vidro (m)	['vidru]
davanzale (m)	parapeito (m)	[para'pejtu]
imposte (f pl)	persianas (f pl)	[per'sjanas]
muro (m)	parede (f)	[pa'redʒi]
balcone (m)	varanda (f)	[va'rãda]
tubo (m) pluviale	calha (f)	['kaʎa]
su, di sopra	em cima	[ẽ 'sima]
andare di sopra	subir (vi)	[su'bir]
scendere (vi)	descer (vi)	[de'ser]
trasferirsi (vr)	mudar-se (vr)	[mu'darsi]

87. Casa. Ingresso. Ascensore

entrata (f)	entrada (f)	[ẽ'trada]
scala (f)	escada (f)	[is'kada]
gradini (m pl)	degraus (m pl)	[de'graws]
ringhiera (f)	corrimão (m)	[kohi'mãw]
hall (f) (atrio d'ingresso)	hall (m) de entrada	[hɔw de ẽ'trada]

cassetta (f) della posta	caixa (f) de correio	['kaɪʃa de ko'heju]
secchio (m) della spazzatura	lixeira (f)	[li'ʃejra]
scivolo (m) per la spazzatura	calha (f) de lixo	['kaʎa de 'liʃu]

ascensore (m)	elevador (m)	[eleva'dor]
montacarichi (m)	elevador (m) de carga	[eleva'dor de 'karga]
cabina (f) di ascensore	cabine (f)	[ka'bini]
prendere l'ascensore	pegar o elevador	[pe'gar u eleva'dor]

appartamento (m)	apartamento (m)	[aparta'mẽtu]
inquilini (m pl)	residentes (pl)	[hezi'dẽtʃis]
vicino (m)	vizinho (m)	[vi'ziɲu]
vicina (f)	vizinha (f)	[vi'ziɲa]
vicini (m pl)	vizinhos (pl)	[vi'ziɲus]

88. Casa. Elettricità

elettricità (f)	eletricidade (f)	[eletrisi'dadʒi]
lampadina (f)	lâmpada (f)	['lãpada]
interruttore (m)	interruptor (m)	[ĩtehup'tor]
fusibile (m)	fusível, disjuntor (m)	[fu'zivew], [dʒisʒũ'tor]

filo (m)	fio, cabo (m)	['fiu], ['kabu]
impianto (m) elettrico	instalação (f) elétrica	[ĩstala'sãw e'lɛtrika]
contatore (m) dell'elettricità	medidor (m) de eletricidade	[medʒi'dor de eletrisi'dadʒi]
lettura, indicazione (f)	indicação (f), registro (m)	[ĩdʒika'sãw], [he'ʒistru]

89. Casa. Porte. Serrature

porta (f)	porta (f)	['pɔrta]
cancello (m)	portão (m)	[por'tãw]
maniglia (f)	maçaneta (f)	[masa'neta]
togliere il catenaccio	destrancar (vt)	[dʒistrã'kar]
aprire (vt)	abrir (vt)	[a'brir]
chiudere (vt)	fechar (vt)	[fe'ʃar]

chiave (f)	chave (f)	['ʃavi]
mazzo (m)	molho (m)	['moʎu]
cigolare (vi)	ranger (vi)	[hã'ʒer]
cigolio (m)	rangido (m)	[hã'ʒidu]
cardine (m)	dobradiça (f)	[dobra'dʒisa]
zerbino (m)	capacho (m)	[ka'paʃu]
serratura (f)	fechadura (f)	[feʃa'dura]

buco (m) della serratura	buraco (m) da fechadura	[bu'raku da feʃa'dura]
chiavistello (m)	barra (f)	['baha]
catenaccio (m)	fecho (m)	['feʃu]
lucchetto (m)	cadeado (m)	[ka'dʒjadu]

suonare (~ il campanello)	tocar (vt)	[to'kar]
suono (m)	toque (m)	['tɔki]
campanello (m)	campainha (f)	[kampa'iɲa]
pulsante (m)	botão (m)	[bo'tãw]
bussata (f)	batida (f)	[ba'tʃida]
bussare (vi)	bater (vi)	[ba'ter]

codice (m)	código (m)	['kɔdʒigu]
serratura (f) a codice	fechadura (f) de código	[feʃa'dura de 'kɔdʒigu]
citofono (m)	interfone (m)	[ĩter'fɔni]
numero (m) (~ civico)	número (m)	['numeru]
targhetta (f) di porta	placa (f) de porta	['plaka de 'pɔrta]
spioncino (m)	olho (m) mágico	['oʎu 'maʒiku]

90. Casa di campagna

villaggio (m)	aldeia (f)	[aw'deja]
orto (m)	horta (f)	['ɔrta]
recinto (m)	cerca (f)	['sɛrka]
steccato (m)	cerca (f) de piquete	['sɛrka de pi'ketʃl]
cancelletto (m)	portão (f) do jardim	[por'tãw du ʒar'dʒĩ]

granaio (m)	celeiro (m)	[se'lejru]
cantina (f), scantinato (m)	adega (f)	[a'dɛga]
capanno (m)	galpão, barracão (m)	[gaw'pãw], [baha'kãw]
pozzo (m)	poço (m)	['posu]

stufa (f)	fogão (m)	[fo'gãw]
attizzare (vt)	atiçar o fogo	[atʃi'sar u 'fogu]
legna (f) da ardere	lenha (f)	['lɛɲa]
ciocco (m)	lenha (f)	['lɛɲa]

veranda (f)	varanda (f)	[va'rãda]
terrazza (f)	alpendre (m)	[aw'pẽdri]
scala (f) d'ingresso	degraus (m pl) de entrada	[de'graws de ẽ'trada]
altalena (f)	balanço (m)	[ba'lãsu]

91. Villa. Palazzo

casa (f) di campagna	casa (f) de campo	['kaza de 'kãpu]
villa (f)	vila (f)	['vila]
ala (f)	ala (f)	['ala]
giardino (m)	jardim (m)	[ʒar'dʒĩ]
parco (m)	parque (m)	['parki]
serra (f)	estufa (f)	[is'tufa]
prendersi cura (~ del giardino)	cuidar de ...	[kwi'dar de]

piscina (f)	piscina (f)	[pi'sina]
palestra (f)	academia (f) de ginástica	[akade'mia de ʒi'nastʃika]
campo (m) da tennis	quadra (f) de tênis	['kwadra de 'tenis]
home cinema (m)	cinema (m)	[si'nɛma]
garage (m)	garagem (f)	[ga'raʒẽ]

proprietà (f) privata	propriedade (f) privada	[proprje'daʤi pri'vada]
terreno (m) privato	terreno (m) privado	[te'hɛnu pri'vadu]

avvertimento (m)	advertência (f)	[adʒiver'tẽsja]
cartello (m) di avvertimento	sinal (m) de aviso	[si'naw de a'vizu]

sicurezza (f)	guarda (f)	['gwarda]
guardia (f) giurata	guarda (m)	['gwarda]
allarme (f) antifurto	alarme (m)	[a'larmi]

92. Castello. Reggia

castello (m)	castelo (m)	[kas'tɛlu]
palazzo (m)	palácio (m)	[pa'lasju]
fortezza (f)	fortaleza (f)	[forta'leza]
muro (m)	muralha (f)	[mu'raʎa]
torre (f)	torre (f)	['tohi]
torre (f) principale	calabouço (m)	[kala'bosu]

saracinesca (f)	grade (f) levadiça	['graʤi leva'ʤisa]
tunnel (m)	passagem (f) subterrânea	[pa'saʒẽ subite'hanja]
fossato (m)	fosso (m)	['fosu]
catena (f)	corrente, cadeia (f)	[ko'hẽtʃi], [ka'deja]
feritoia (f)	seteira (f)	[se'tejra]

magnifico (agg)	magnífico	[mag'nifiku]
maestoso (agg)	majestoso	[maʒes'tozu]
inespugnabile (agg)	inexpugnável	[inespug'navew]
medievale (agg)	medieval	[meʤje'vaw]

93. Appartamento

appartamento (m)	apartamento (m)	[aparta'mẽtu]
camera (f), stanza (f)	quarto, cômodo (m)	['kwartu], ['komodu]
camera (f) da letto	quarto (m) de dormir	['kwartu de dor'mir]
sala (f) da pranzo	sala (f) de jantar	['sala de ʒã'tar]
salotto (m)	sala (f) de estar	['sala de is'tar]
studio (m)	escritório (m)	[iskri'tɔrju]

ingresso (m)	sala (f) de entrada	['sala de ẽ'trada]
bagno (m)	banheiro (m)	[ba'ɲejru]
gabinetto (m)	lavabo (m)	[la'vabu]

soffitto (m)	teto (m)	['tɛtu]
pavimento (m)	chão, piso (m)	['ʃãw], ['pizu]
angolo (m)	canto (m)	['kãtu]

94. Appartamento. Pulizie

pulire (vt)	arrumar, limpar (vt)	[ahu'mar], [lĩ'par]
mettere via	guardar (vt)	[gwar'dar]
polvere (f)	pó (m)	[pɔ]
impolverato (agg)	empoeirado	[ẽpoej'radu]
spolverare (vt)	tirar o pó	[tʃi'rar u pɔ]
aspirapolvere (m)	aspirador (m)	[aspira'dor]
passare l'aspirapolvere	aspirar (vt)	[aspi'rar]
spazzare (vi, vt)	varrer (vt)	[va'her]
spazzatura (f)	sujeira (f)	[su'ʒejra]
ordine (m)	arrumação, ordem (f)	[ahuma'sãw], ['ordẽ]
disordine (m)	desordem (f)	[dʒi'zordẽ]
frettazzo (m)	esfregão (m)	[isfre'gaw]
strofinaccio (m)	pano (m), trapo (m)	['panu], ['trapu]
scopa (f)	vassoura (f)	[va'sora]
paletta (f)	pá (f) de lixo	[pa de 'liʃu]

95. Arredamento. Interno

mobili (m pl)	mobiliário (m)	[mobi'ljarju]
tavolo (m)	mesa (f)	['meza]
sedia (f)	cadeira (f)	[ka'dejra]
letto (m)	cama (f)	['kama]
divano (m)	sofá, divã (m)	[so'fa], [dʒi'vã]
poltrona (f)	poltrona (f)	[pow'trɔna]
libreria (f)	estante (f)	[is'tãtʃi]
ripiano (m)	prateleira (f)	[prate'lejra]
armadio (m)	guarda-roupas (m)	['gwarda 'hopa]
attaccapanni (m) da parete	cabide (m) de parede	[ka'bidʒi de pa'redʒi]
appendiabiti (m) da terra	cabideiro (m) de pé	[kabi'dejru de pɛ]
comò (m)	cômoda (f)	['komoda]
tavolino (m) da salotto	mesinha (f) de centro	[me'ziɲa de 'sẽtru]
specchio (m)	espelho (m)	[is'peʎu]
tappeto (m)	tapete (m)	[ta'petʃi]
tappetino (m)	tapete (m)	[ta'petʃi]
camino (m)	lareira (f)	[la'rejra]
candela (f)	vela (f)	['vɛla]
candeliere (m)	castiçal (m)	[kastʃi'saw]
tende (f pl)	cortinas (f pl)	[kor'tʃinas]
carta (f) da parati	papel (m) de parede	[pa'pɛw de pa'redʒi]
tende (f pl) alla veneziana	persianas (f pl)	[per'sjanas]
lampada (f) da tavolo	luminária (f) de mesa	[lumi'narja de 'meza]
lampada (f) da parete	luminária (f) de parede	[lumi'narja de pa'redʒi]

| lampada (f) a stelo | abajur (m) de pé | [aba'ʒur de 'pɛ] |
| lampadario (m) | lustre (m) | ['lustri] |

gamba (f)	pé (m)	[pɛ]
bracciolo (m)	braço, descanso (m)	['brasu], [dʒis'kãsu]
spalliera (f)	costas (f pl)	['kɔstas]
cassetto (m)	gaveta (f)	[ga'veta]

96. Biancheria da letto

biancheria (f) da letto	roupa (f) de cama	['hopa de 'kama]
cuscino (m)	travesseiro (m)	[trave'sejru]
federa (f)	fronha (f)	['froɲa]
coperta (f)	cobertor (m)	[kuber'tor]
lenzuolo (m)	lençol (m)	[lẽ'sɔw]
copriletto (m)	colcha (f)	['kowʃa]

97. Cucina

cucina (f)	cozinha (f)	[ko'ziɲa]
gas (m)	gás (m)	[gajs]
fornello (m) a gas	fogão (m) a gás	[fo'gãw a gajs]
fornello (m) elettrico	fogão (m) elétrico	[fo'gãw e'lɛtriku]
forno (m)	forno (m)	['fornu]
forno (m) a microonde	forno (m) de micro-ondas	['fornu de mikro'õdas]

frigorifero (m)	geladeira (f)	[ʒela'dejra]
congelatore (m)	congelador (m)	[kõʒela'dor]
lavastoviglie (f)	máquina (f) de lavar louça	['makina de la'var 'losa]

tritacarne (m)	moedor (m) de carne	[moe'dor de 'karni]
spremifrutta (m)	espremedor (m)	[ispreme'dor]
tostapane (m)	torradeira (f)	[toha'dejra]
mixer (m)	batedeira (f)	[bate'dejra]

macchina (f) da caffè	máquina (f) de café	['makina de ka'fɛ]
caffettiera (f)	cafeteira (f)	[kafe'tejra]
macinacaffè (m)	moedor (m) de café	[moe'dor de ka'fɛ]

bollitore (m)	chaleira (f)	[ʃa'lejra]
teiera (f)	bule (m)	['buli]
coperchio (m)	tampa (f)	['tãpa]
colino (m) da tè	coador (m) de chá	[koa'dor de ʃa]

cucchiaio (m)	colher (f)	[ko'ʎer]
cucchiaino (m) da tè	colher (f) de chá	[ko'ʎer de ʃa]
cucchiaio (m)	colher (f) de sopa	[ko'ʎer de 'sopa]
forchetta (f)	garfo (m)	['garfu]
coltello (m)	faca (f)	['faka]

| stoviglie (f pl) | louça (f) | ['losa] |
| piatto (m) | prato (m) | ['pratu] |

piattino (m)	pires (m)	['piris]
cicchetto (m)	cálice (m)	['kalisi]
bicchiere (m) (~ d'acqua)	copo (m)	['kɔpu]
tazzina (f)	xícara (f)	['ʃikara]

zuccheriera (f)	açucareiro (m)	[asuka'rejru]
saliera (f)	saleiro (m)	[sa'lejru]
pepiera (f)	pimenteiro (m)	[pimẽ'tejru]
burriera (f)	manteigueira (f)	[mãtej'gejra]

pentola (f)	panela (f)	[pa'nɛla]
padella (f)	frigideira (f)	[friʒi'dejra]
mestolo (m)	concha (f)	['kõʃa]
colapasta (m)	coador (m)	[koa'dor]
vassoio (m)	bandeja (f)	[bã'deʒa]

bottiglia (f)	garrafa (f)	[ga'hafa]
barattolo (m) di vetro	pote (m) de vidro	['pɔtʃi de 'vidru]
latta, lattina (f)	lata (f)	['lata]

apribottiglie (m)	abridor (m) de garrafa	[abri'dor de ga'hafa]
apriscatole (m)	abridor (m) de latas	[abri'dor de 'latas]
cavatappi (m)	saca-rolhas (m)	['saka-'hoʎas]
filtro (m)	filtro (m)	['fiwtru]
filtrare (vt)	filtrar (vt)	[fiw'trar]

| spazzatura (f) | lixo (m) | ['liʃu] |
| pattumiera (f) | lixeira (f) | [li'ʃejra] |

98. Bagno

bagno (m)	banheiro (m)	[ba'ɲejru]
acqua (f)	água (f)	['agwa]
rubinetto (m)	torneira (f)	[tor'nejra]
acqua (f) calda	água (f) quente	['agwa 'kẽtʃi]
acqua (f) fredda	água (f) fria	['agwa 'fria]

dentifricio (m)	pasta (f) de dente	['pasta de 'dẽtʃi]
lavarsi i denti	escovar os dentes	[isko'var us 'dẽtʃis]
spazzolino (m) da denti	escova (f) de dente	[is'kova de 'dẽtʃi]

rasarsi (vr)	barbear-se (vr)	[bar'bjarsi]
schiuma (f) da barba	espuma (f) de barbear	[is'puma de bar'bjar]
rasoio (m)	gilete (f)	[ʒi'lɛtʃi]

lavare (vt)	lavar (vt)	[la'var]
fare un bagno	tomar banho	[to'mar baɲu]
doccia (f)	chuveiro (m), ducha (f)	[ʃu'vejru], ['duʃa]
fare una doccia	tomar uma ducha	[to'mar 'uma 'duʃa]

vasca (f) da bagno	banheira (f)	[ba'ɲejra]
water (m)	vaso (m) sanitário	['vazu sani'tarju]
lavandino (m)	pia (f)	['pia]
sapone (m)	sabonete (m)	[sabo'netʃi]

porta (m) sapone	saboneteira (f)	[sabone'tejra]
spugna (f)	esponja (f)	[is'põʒa]
shampoo (m)	xampu (m)	[ʃã'pu]
asciugamano (m)	toalha (f)	[to'aʎa]
accappatoio (m)	roupão (m) de banho	[ho'pãw de 'baɲu]

bucato (m)	lavagem (f)	[la'vaʒẽ]
lavatrice (f)	lavadora (f) de roupas	[lava'dora de 'hopas]
fare il bucato	lavar a roupa	[la'var a 'hopa]
detersivo (m) per il bucato	detergente (m)	[deter'ʒẽtʃi]

99. Elettrodomestici

televisore (m)	televisor (m)	[televi'zor]
registratore (m) a nastro	gravador (m)	[grava'dor]
videoregistratore (m)	videogravador (m)	['vidʒju·grava'dor]
radio (f)	rádio (m)	['hadʒju]
lettore (m)	leitor (m)	[lej'tor]

videoproiettore (m)	projetor (m)	[proʒe'tor]
home cinema (m)	cinema (m) em casa	[si'nɛma ẽ 'kaza]
lettore (m) DVD	DVD Player (m)	[deve'de 'plejer]
amplificatore (m)	amplificador (m)	[ãplifika'dor]
console (f) video giochi	console (f) de jogos	[kõ'sɔli de 'ʒogus]

videocamera (f)	câmera (f) de vídeo	['kamera de 'vidʒju]
macchina (f) fotografica	máquina (f) fotográfica	['makina foto'grafika]
fotocamera (f) digitale	câmera (f) digital	['kamera dʒiʒi'taw]

aspirapolvere (m)	aspirador (m)	[aspira'dor]
ferro (m) da stiro	ferro (m) de passar	['fɛhu de pa'sar]
asse (f) da stiro	tábua (f) de passar	['tabwa de pa'sar]

telefono (m)	telefone (m)	[tele'fɔni]
telefonino (m)	celular (m)	[selu'lar]
macchina (f) da scrivere	máquina (f) de escrever	['makina de iskre'ver]
macchina (f) da cucire	máquina (f) de costura	['makina de kos'tura]

microfono (m)	microfone (m)	[mikro'fɔni]
cuffia (f)	fone (m) de ouvido	['fɔni de o'vidu]
telecomando (m)	controle remoto (m)	[kõ'troli he'mɔtu]

CD (m)	CD (m)	['sede]
cassetta (f)	fita (f) cassete	['fita ka'sɛtʃi]
disco (m) (vinile)	disco (m) de vinil	['dʒisku de vi'niw]

100. Riparazioni. Restauro

lavori (m pl) di restauro	renovação (f)	[henova'sãw]
rinnovare (ridecorare)	renovar (vt), fazer obras	[heno'var], [fa'zer 'ɔbras]
riparare (vt)	reparar (vt)	[hepa'rar]
mettere in ordine	consertar (vt)	[kõser'tar]

rifare (vt)	refazer (vt)	[hefa'zer]
pittura (f)	tinta (f)	[tʃĩta]
pitturare (~ un muro)	pintar (vt)	[pĩ'tar]
imbianchino (m)	pintor (m)	[pĩ'tor]
pennello (m)	pincel (m)	[pĩ'sɛw]

| imbiancatura (f) | cal (f) | [kaw] |
| imbiancare (vt) | caiar (vt) | [kaj'ar] |

carta (f) da parati	papel (m) de parede	[pa'pɛw de pa'redʒi]
tappezzare (vt)	colocar papel de parede	[kolo'kar pa'pɛw de pa'redʒi]
vernice (f)	verniz (m)	[ver'niz]
verniciare (vt)	envernizar (vt)	[ẽverni'zar]

101. Impianto idraulico

acqua (f)	água (f)	['agwa]
acqua (f) calda	água (f) quente	['agwa 'kẽtʃi]
acqua (f) fredda	água (f) fria	['agwa 'fria]
rubinetto (m)	torneira (f)	[tor'nejra]

goccia (f)	gota (f)	['gota]
gocciolare (vi)	gotejar (vi)	[gote'ʒar]
perdere (il tubo, ecc.)	vazar (vt)	[va'zar]
perdita (f) (~ dai tubi)	vazamento (m)	[vaza'mẽtu]
pozza (f)	poça (f)	['posa]

tubo (m)	tubo (m)	['tubu]
valvola (f)	válvula (f)	['vawvula]
intasarsi (vr)	entupir-se (vr)	[ẽtu'pirsi]

strumenti (m pl)	ferramentas (f pl)	[feha'mẽtas]
chiave (f) inglese	chave (f) inglesa	['ʃavi ĩ'gleza]
svitare (vt)	desenroscar (vt)	[dezẽhos'kar]
avvitare (stringere)	enroscar (vt)	[ẽhos'kar]

stasare (vt)	desentupir (vt)	[dʒizẽtu'pir]
idraulico (m)	encanador (m)	[ẽkana'dor]
seminterrato (m)	porão (m)	[po'rãw]
fognatura (f)	rede (f) de esgotos	['hedʒi de iz'gotus]

102. Incendio. Conflagrazione

fuoco (m)	incêndio (m)	[ĩ'sẽdʒju]
fiamma (f)	chama (f)	['ʃama]
scintilla (f)	faísca (f)	[fa'iska]
fumo (m)	fumaça (f)	[fu'masa]
fiaccola (f)	tocha (f)	['tɔʃa]
falò (m)	fogueira (f)	[fo'gejra]

| benzina (f) | gasolina (f) | [gazo'lina] |
| cherosene (m) | querosene (m) | [kero'zɛni] |

combustibile (agg)	inflamável	[ĩfla'mavew]
esplosivo (agg)	explosivo	[isplo'zivu]
VIETATO FUMARE!	PROIBIDO FUMAR!	[proi'bidu fu'mar]

sicurezza (f)	segurança (f)	[segu'rãsa]
pericolo (m)	perigo (m)	[pe'rigu]
pericoloso (agg)	perigoso	[peri'gozu]

prendere fuoco	incendiar-se (vr)	[ĩsẽ'dʒjarse]
esplosione (f)	explosão (f)	[isplo'zãw]
incendiare (vt)	incendiar (vt)	[ĩsẽ'dʒjar]
incendiario (m)	incendiário (m)	[ĩsẽ'dʒjarju]
incendio (m) doloso	incêndio (m) criminoso	[ĩ'sẽdʒju krimi'nozu]

divampare (vi)	flamejar (vi)	[flame'ʒar]
bruciare (vi)	queimar (vi)	[kej'mar]
bruciarsi (vr)	queimar tudo (vi)	[kej'mar 'tudu]

chiamare i pompieri	chamar os bombeiros	[ʃa'mar us bõ'bejrus]
pompiere (m)	bombeiro (m)	[bõ'bejru]
autopompa (f)	caminhão (m) de bombeiros	[kami'ɲãw de bõ'bejrus]
corpo (m) dei pompieri	corpo (m) de bombeiros	['korpu de bõ'bejrus]
autoscala (f) da pompieri	escada (f) extensível	[is'kada istẽ'sivɛl]

manichetta (f)	mangueira (f)	[mã'gejra]
estintore (m)	extintor (m)	[istĩ'tor]
casco (m)	capacete (m)	[kapa'setʃi]
sirena (f)	sirene (f)	[si'rɛni]

gridare (vi)	gritar (vi)	[gri'tar]
chiamare in aiuto	chamar por socorro	[ʃa'mar por so'kohu]
soccorritore (m)	socorrista (m)	[soko'hista]
salvare (vt)	salvar, resgatar (vt)	[saw'var], [hezga'tar]

arrivare (vi)	chegar (vi)	[ʃe'gar]
spegnere (vt)	apagar (vt)	[apa'gar]
acqua (f)	água (f)	['agwa]
sabbia (f)	areia (f)	[a'reja]

rovine (f pl)	ruínas (f pl)	['hwinas]
crollare (edificio)	ruir (vi)	['hwir]
cadere (vi)	desmoronar (vi)	[dʒizmoro'nar]
collassare (vi)	desabar (vi)	[dʒiza'bar]

| frammento (m) | fragmento (m) | [frag'mẽtu] |
| cenere (f) | cinza (f) | ['sĩza] |

| asfissiare (vi) | sufocar (vi) | [sufo'kar] |
| morire, perire (vi) | perecer (vi) | [pere'ser] |

ATTIVITÀ UMANA

Lavoro. Affari. Parte 1

103. Ufficio. Lavorare in ufficio

uffici (m pl) (gli ~ della società)	escritório (m)	[iskri'tɔrju]
ufficio (m)	escritório (m)	[iskri'tɔrju]
portineria (f)	recepção (f)	[hesep'sãw]
segretario (m)	secretário (m)	[sekre'tarju]
segretaria (f)	secretária (f)	[sekre'tarja]
direttore (m)	diretor (m)	[dʒire'tor]
manager (m)	gerente (m)	[ʒe'rẽtʃi]
contabile (m)	contador (m)	[kõta'dor]
impiegato (m)	empregado (m)	[ẽpre'gadu]
mobili (m pl)	mobiliário (m)	[mobi'ljarju]
scrivania (f)	mesa (f)	['meza]
poltrona (f)	cadeira (f)	[ka'dejra]
cassettiera (f)	gaveteiro (m)	[gave'tejru]
appendiabiti (m) da terra	cabideiro (m) de pé	[kabi'dejru de pɛ]
computer (m)	computador (m)	[kõputa'dor]
stampante (f)	impressora (f)	[ĩpre'sora]
fax (m)	fax (m)	[faks]
fotocopiatrice (f)	fotocopiadora (f)	[fotokopja'dora]
carta (f)	papel (m)	[pa'pɛw]
cancelleria (f)	artigos (m pl) de escritório	[ar'tʃigus de iskri'tɔrju]
tappetino (m) del mouse	tapete (m) para mouse	[ta'petʃi 'para 'mawz]
foglio (m)	folha (f)	['foʎa]
cartella (f)	pasta (f)	['pasta]
catalogo (m)	catálogo (m)	[ka'talogu]
elenco (m) del telefono	lista (f) telefônica	['lista tele'fonika]
documentazione (f)	documentação (f)	[dokumẽta'sãw]
opuscolo (m)	brochura (f)	[bro'ʃura]
volantino (m)	panfleto (m)	[pã'fletu]
campione (m)	amostra (f)	[a'mɔstra]
formazione (f)	formação (f)	[forma'sãw]
riunione (f)	reunião (f)	[heu'njãw]
pausa (f) pranzo	hora (f) de almoço	['ɔra de aw'mosu]
copiare (vt)	fazer uma cópia	[fa'zer 'uma 'kɔpja]
fare copie	tirar cópias	[tʃi'rar 'kɔpjas]
ricevere un fax	receber um fax	[hese'ber ũ faks]
spedire un fax	enviar um fax	[ẽ'vjar ũ faks]

telefonare (vi, vt)	fazer uma chamada	[fa'zer 'uma ʃa'mada]
rispondere (vi, vt)	responder (vt)	[hespõ'der]
passare (glielo passo)	passar (vt)	[pa'sar]

fissare (organizzare)	marcar (vt)	[mar'kar]
dimostrare (vt)	demonstrar (vt)	[demõs'trar]
essere assente	estar ausente	[is'tar aw'zẽtʃi]
assenza (f)	ausência (f)	[aw'zẽsja]

104. Operazioni d'affari. Parte 1

attività (f)	negócio (m)	[ne'gɔsju]
occupazione (f)	ocupação (f)	[okupa'sãw]
ditta (f)	firma, empresa (f)	['firma], [ẽ'preza]
compagnia (f)	companhia (f)	[kõpa'ɲia]
corporazione (f)	corporação (f)	[korpora'sãw]
impresa (f)	empresa (f)	[ẽ'preza]
agenzia (f)	agência (f)	[a'ʒẽsja]

accordo (m)	acordo (m)	[a'kordu]
contratto (m)	contrato (m)	[kõ'tratu]
affare (m)	acordo (m)	[a'kordu]
ordine (m) (ordinazione)	pedido (m)	[pe'dʒidu]
termine (m) dell'accordo	termos (m pl)	['termus]

all'ingrosso	por atacado	[por ata'kadu]
all'ingrosso (agg)	por atacado	[por atak'adu]
vendita (f) all'ingrosso	venda (f) por atacado	['vẽda pur ata'kadu]
al dettaglio (agg)	a varejo	[a va'reʒu]
vendita (f) al dettaglio	venda (f) a varejo	['vẽda a va'reʒu]

concorrente (m)	concorrente (m)	[kõko'hẽtʃi]
concorrenza (f)	concorrência (f)	[kõko'hẽsja]
competere (vi)	competir (vi)	[kõpe'tʃir]

socio (m), partner (m)	sócio (m)	['sɔsju]
partenariato (m)	parceria (f)	[parse'ria]

crisi (f)	crise (f)	['krizi]
bancarotta (f)	falência (f)	[fa'lẽsja]
fallire (vi)	entrar em falência	[ẽ'trar ẽ fa'lẽsja]
difficoltà (f)	dificuldade (f)	[dʒifikuw'dadʒi]
problema (m)	problema (m)	[prob'lɛma]
disastro (m)	catástrofe (f)	[ka'tastrofi]

economia (f)	economia (f)	[ekono'mia]
economico (agg)	econômico	[eko'nomiku]
recessione (f) economica	recessão (f) econômica	[hesep'sãw eko'nomika]

scopo (m), obiettivo (m)	objetivo (m)	[obʒe'tʃivu]
incarico (m)	tarefa (f)	[ta'rɛfa]

commerciare (vi)	comerciar (vi, vt)	[komer'sjar]
rete (f) (~ di distribuzione)	rede (f), cadeia (f)	['hedʒi], [ka'deja]

| giacenza (f) | estoque (m) | [is'tɔki] |
| assortimento (m) | sortimento (m) | [sortʃi'mẽtu] |

leader (m), capo (m)	líder (m)	['lider]
grande (agg)	grande	['grãʤi]
monopolio (m)	monopólio (m)	[mono'pɔlju]

teoria (f)	teoria (f)	[teo'ria]
pratica (f)	prática (f)	['pratʃika]
esperienza (f)	experiência (f)	[ispe'rjẽsja]
tendenza (f)	tendência (f)	[tẽ'dẽsja]
sviluppo (m)	desenvolvimento (m)	[ʤizẽvowvi'mẽtu]

105. Operazioni d'affari. Parte 2

| profitto (m) | rentabilidade (f) | [hẽtabili'daʤi] |
| profittevole (agg) | rentável | [hẽ'tavew] |

delegazione (f)	delegação (f)	[delega'sãw]
stipendio (m)	salário, ordenado (m)	[sa'larju], [orde'nadu]
correggere (vt)	corrigir (vt)	[kohi'ʒir]
viaggio (m) d'affari	viagem (f) de negócios	['vjaʒẽ de ne'gɔsjus]
commissione (f)	comissão (f)	[komi'sãw]

controllare (vt)	controlar (vt)	[kõtro'lar]
conferenza (f)	conferência (f)	[kõfe'rẽsja]
licenza (f)	licença (f)	[li'sẽsa]
affidabile (agg)	confiável	[kõ'fjavew]

iniziativa (f) (progetto nuovo)	empreendimento (m)	[ẽprjẽʤi'mẽtu]
norma (f)	norma (f)	['nɔrma]
circostanza (f)	circunstância (f)	[sirkũ'stãsja]
mansione (f)	dever (m)	[de'ver]

impresa (f)	empresa (f)	[ẽ'preza]
organizzazione (f)	organização (f)	[organiza'sãw]
organizzato (agg)	organizado	[organi'zadu]
annullamento (m)	anulação (f)	[anula'sãw]
annullare (vt)	anular, cancelar (vt)	[anu'lar], [kãse'lar]
rapporto (m) (~ ufficiale)	relatório (m)	[hela'tɔrju]

brevetto (m)	patente (f)	[pa'tẽtʃi]
brevettare (vt)	patentear (vt)	[patẽ'tʃjar]
pianificare (vt)	planejar (vt)	[plane'ʒar]

premio (m) ·	bônus (m)	['bonus]
professionale (agg)	profissional	[profisjo'naw]
procedura (f)	procedimento (m)	[proseʤi'mẽtu]

esaminare (~ un contratto)	examinar (vt)	[ezami'nar]
calcolo (m)	cálculo (m)	['kawkulu]
reputazione (f)	reputação (f)	[reputa'sãw]
rischio (m)	risco (m)	['hisku]
dirigere (~ un'azienda)	dirigir (vt)	[ʤiri'ʒir]

informazioni (f pl)	informação (f)	[ĩforma'sãw]
proprietà (f)	propriedade (f)	[proprje'dadʒi]
unione (f)	união (f)	[u'njãw]
(~ Italiana Vini, ecc.)		

assicurazione (f) sulla vita	seguro (m) de vida	[se'guru de 'vida]
assicurare (vt)	fazer um seguro	[fa'zer ũ se'guru]
assicurazione (f)	seguro (m)	[se'guru]

asta (f)	leilão (m)	[lej'lãw]
avvisare (informare)	notificar (vt)	[notʃifi'kar]
gestione (f)	gestão (f)	[ʒes'tãw]
servizio (m)	serviço (m)	[ser'visu]

forum (m)	fórum (m)	['forũ]
funzionare (vi)	funcionar (vi)	[fũsjo'nar]
stadio (m) (fase)	estágio (m)	[is'taʒu]
giuridico (agg)	jurídico, legal	[ʒu'ridʒiku], [le'gaw]
esperto (m) legale	advogado (m)	[adʒivo'gadu]

106. Attività produttiva. Lavori

stabilimento (m)	usina (f)	[u'zina]
fabbrica (f)	fábrica (f)	['fabrika]
officina (f) di produzione	oficina (f)	[ɔfi'sina]
stabilimento (m)	local (m) de produção	[lo'kaw de produ'sãw]

industria (f)	indústria (f)	[ĩ'dustrja]
industriale (agg)	industrial	[ĩdus'trjaw]
industria (f) pesante	indústria (f) pesada	[ĩ'dustrja pe'zada]
industria (f) leggera	indústria (f) ligeira	[ĩ'dustrja li'ʒejra]

prodotti (m pl)	produção (f)	[produ'sãw]
produrre (vt)	produzir (vt)	[produ'zir]
materia (f) prima	matérias-primas (f pl)	[ma'tɛrjas 'primas]

caposquadra (m)	chefe (m) de obras	['ʃɛfi de 'ɔbras]
squadra (f)	equipe (f)	[e'kipi]
operaio (m)	operário (m)	[ope'rarju]

giorno (m) lavorativo	dia (m) de trabalho	['dʒia de tra'baʎu]
pausa (f)	intervalo (m)	[ĩter'valu]
riunione (f)	reunião (f)	[heu'njãw]
discutere (~ di un problema)	discutir (vt)	[dʒisku'tʃir]

piano (m)	plano (m)	['planu]
eseguire il piano	cumprir o plano	[kũ'prir u 'planu]
tasso (m) di produzione	taxa (f) de produção	['taʃa de produ'sãw]
qualità (f)	qualidade (f)	[kwali'dadʒi]
controllo (m)	controle (m)	[kõ'troli]
controllo (m) di qualità	controle (m) da qualidade	[kõ'troli da kwali'dadʒi]

sicurezza (f) sul lavoro	segurança (f) no trabalho	[segu'rãsa nu tra'baʎu]
disciplina (f)	disciplina (f)	[dʒisi'plina]

infrazione (f)	infração (f)	[ĩfra'sãw]
violare (~ le regole)	violar (vt)	[vjo'lar]

sciopero (m)	greve (f)	['grɛvi]
scioperante (m)	grevista (m)	[gre'vista]
fare sciopero	estar em greve	[is'tar ẽ 'grɛvi]
sindacato (m)	sindicato (m)	[sĩdʒi'katu]

inventare (vt)	inventar (vt)	[ĩvẽ'tar]
invenzione (f)	invenção (f)	[ĩvẽ'sãw]
ricerca (f)	pesquisa (f)	[pes'kiza]
migliorare (vt)	melhorar (vt)	[meʎo'rar]
tecnologia (f)	tecnologia (f)	[teknolo'ʒia]
disegno (m) tecnico	desenho (m) técnico	[de'zɛɲu 'tɛkniku]

carico (m)	carga (f)	['karga]
caricatore (m)	carregador (m)	[kahega'dor]
caricare (~ un camion)	carregar (vt)	[kahe'gar]
caricamento (m)	carregamento (m)	[kahega'mẽtu]
scaricare (vt)	descarregar (vt)	[dʒiskahe'gar]
scarico (m)	descarga (f)	[dʒis'karga]

trasporto (m)	transporte (m)	[trãs'portʃi]
società (f) di trasporti	companhia (f) de transporte	[kõpa'ɲia de trãs'portʃi]
trasportare (vt)	transportar (vt)	[trãspor'tar]

vagone (m) merci	vagão (m) de carga	[va'gãw de 'karga]
cisterna (f)	tanque (m)	['tãki]
camion (m)	caminhão (m)	[kami'ɲãw]

macchina (f) utensile	máquina (f) operatriz	['makina opera'triz]
meccanismo (m)	mecanismo (m)	[meka'nizmu]

rifiuti (m pl) industriali	resíduos (m pl) industriais	[he'zidwus ĩdus'trjajs]
imballaggio (m)	embalagem (f)	[ẽba'laʒẽ]
imballare (vt)	embalar (vt)	[ẽba'lar]

107. Contratto. Accordo

contratto (m)	contrato (m)	[kõ'tratu]
accordo (m)	acordo (m)	[a'kordu]
allegato (m)	anexo (m)	[a'nɛksu]

firmare un contratto	assinar o contrato	[asi'nar u kõ'tratu]
firma (f)	assinatura (f)	[asina'tura]
firmare (vt)	assinar (vt)	[asi'nar]
timbro (m) (su documenti)	carimbo (m)	[ka'rĩbu]

oggetto (m) del contratto	objeto (m) do contrato	[ob'ʒɛtu du kõ'tratu]
clausola (f)	cláusula (f)	['klawzula]
parti (f pl) (in un contratto)	partes (f pl)	['partʃis]
sede (f) legale	domicílio (m) legal	[domi'silju le'gaw]
sciogliere un contratto	violar o contrato	[vjo'lar u kõ'tratu]
obbligo (m)	obrigação (f)	[obriga'sãw]

responsabilità (f)	responsabilidade (f)	[hespõsabili'dadʒi]
forza (f) maggiore	força (f) maior	['forsa ma'jɔr]
discussione (f)	litígio (m), disputa (f)	[li'tʃiʒju], [dʒis'puta]
sanzioni (f pl)	multas (f pl)	['muwtas]

108. Import-export

importazione (f)	importação (f)	[importa'sãw]
importatore (m)	importador (m)	[ĩporta'dor]
importare (vt)	importar (vt)	[ĩpor'tar]
d'importazione (agg)	de importação	[de importa'sãw]

esportazione (f)	exportação (f)	[isporta'sãw]
esportatore (m)	exportador (m)	[isporta'dor]
esportare (vt)	exportar (vt)	[ispor'tar]
d'esportazione (agg)	de exportação	[de isporta'sãw]

| merce (f) | mercadoria (f) | [merkado'ria] |
| carico (m) | lote (m) | ['lɔtʃi] |

peso (m)	peso (m)	['pezu]
volume (m)	volume (m)	[vo'lumi]
metro (m) cubo	metro (m) cúbico	['mɛtru 'kubiku]

produttore (m)	produtor (m)	[produ'tor]
società (f) di trasporti	companhia (f) de transporte	[kõpa'ɲia de trãs'pɔrtʃi]
container (m)	contêiner (m)	[kõ'tejner]

frontiera (f)	fronteira (f)	[frõ'tejra]
dogana (f)	alfândega (f)	[aw'fãdʒiga]
dazio (m) doganale	taxa (f) alfandegária	['taʃa awfãde'garja]
doganiere (m)	funcionário (m) da alfândega	[fũsjo'narju da aw'fãdʒiga]
contrabbando (m)	contrabando (m)	[kõtra'bãdu]
merci (f pl) contrabbandate	contrabando (m)	[kõtra'bãdu]

109. Mezzi finanziari

azione (f)	ação (f)	[a'sãw]
obbligazione (f)	obrigação (f)	[obriga'sãw]
cambiale (f)	nota (f) promissória	['nɔta promi'sɔrja]

| borsa (f) | bolsa (f) de valores | ['bowsa de va'lores] |
| quotazione (f) | cotação (m) das ações | [kota'sãw das a'sõjs] |

| diminuire di prezzo | tornar-se mais barato | [tor'narsi majs ba'ratu] |
| aumentare di prezzo | tornar-se mais caro | [tor'narsi majs 'karu] |

quota (f)	parte (f)	['partʃi]
pacchetto (m) di maggioranza	participação (f) majoritária	[partʃisipa'sãw maʒori'tarja]
investimento (m)	investimento (m)	[ĩvestʃi'mẽtu]
investire (vt)	investir (vt)	[ĩves'tʃir]
percento (m)	porcentagem (f)	[porsẽ'taʒẽ]

interessi (m pl) (su investimenti)	juros (m pl)	['ʒurus]
profitto (m)	lucro (m)	['lukru]
redditizio (agg)	lucrativo	[lukra'tʃivu]
imposta (f)	imposto (m)	['ĩpostu]
valuta (f) (~ estera)	divisa (f)	[dʒi'viza]
nazionale (agg)	nacional	[nasjo'naw]
cambio (m) (~ valuta)	câmbio (m)	['kãbju]
contabile (m)	contador (m)	[kõta'dɔr]
ufficio (m) contabilità	contabilidade (f)	[kõtabili'dadʒi]
bancarotta (f)	falência (f)	[fa'lẽsja]
fallimento (m)	falência, quebra (f)	[fa'lẽsja], ['kɛbra]
rovina (f)	ruína (f)	['hwina]
andare in rovina	estar quebrado	[is'tar ke'bradu]
inflazione (f)	inflação (f)	[ĩfla'sãw]
svalutazione (f)	desvalorização (f)	[dʒizvaloriza'sãw]
capitale (m)	capital (m)	[kapi'taw]
reddito (m)	rendimento (m)	[hẽdʒi'mẽtu]
giro (m) di affari	volume (m) de negócios	[vo'lumi de ne'gɔsjus]
risorse (f pl)	recursos (m pl)	[he'kursus]
mezzi (m pl) finanziari	recursos (m pl) financeiros	[he'kursus finã'sejrus]
spese (f pl) generali	despesas (f pl) gerais	[dʒis'pezas ʒe'rajs]
ridurre (~ le spese)	reduzir (vt)	[hedu'zir]

110. Marketing

marketing (m)	marketing (m)	['marketʃĩ]
mercato (m)	mercado (m)	[mer'kadu]
segmento (m) di mercato	segmento (m) do mercado	[sɛg'mẽtu du mer'kadu]
prodotto (m)	produto (m)	[pru'dutu]
merce (f)	mercadoria (f)	[merkado'ria]
marca (f)	marca (f)	['marka]
marchio (m) di fabbrica	marca (f) registrada	['marka heʒis'trada]
logotipo (m)	logotipo (m)	[logo'tʃipu]
logo (m)	logo (m)	['lɔgu]
domanda (f)	demanda (f)	[de'mãda]
offerta (f)	oferta (f)	[ɔ'fɛrta]
bisogno (m)	necessidade (f)	[nesesi'dadʒi]
consumatore (m)	consumidor (m)	[kõsumi'dor]
analisi (f)	análise (f)	[a'nalizi]
analizzare (vt)	analisar (vt)	[anali'zar]
posizionamento (m)	posicionamento (m)	[pozisjona'mẽtu]
posizionare (vt)	posicionar (vt)	[pozisjo'nar]
prezzo (m)	preço (m)	['presu]
politica (f) dei prezzi	política (f) de preços	[po'litʃika de 'presus]
determinazione (f) dei prezzi	formação (f) de preços	[forma'sãw de 'presus]

111. Pubblicità

pubblicità (f)	publicidade (f)	[publisi'dadʒi]
pubblicizzare (vt)	fazer publicidade	[fa'zer publisi'dadʒi]
bilancio (m) (budget)	orçamento (m)	[ɔrsa'mẽtu]

annuncio (m)	anúncio (m)	[a'nũsju]
pubblicità (f) televisiva	publicidade (f) televisiva	[publisi'dadʒi televi'ziva]
pubblicità (f) radiofonica	publicidade (f) na rádio	[publisi'dadʒi na 'hadʒju]
pubblicità (f) esterna	publicidade (f) exterior	[publisi'dadʒi iste'rjor]

mass media (m pl)	comunicação (f) de massa	[komunika'sãw de 'masa]
periodico (m)	periódico (m)	[pe'rjɔdʒiku]
immagine (f)	imagem (f)	[i'maʒẽ]

| slogan (m) | slogan (m) | [iz'lɔgã] |
| motto (m) | mote (m), lema (f) | ['mɔtʃi], ['lɛma] |

campagna (f)	campanha (f)	[kã'paɲa]
campagna (f) pubblicitaria	campanha (f) publicitária	[kã'paɲa publisi'tarja]
gruppo (m) di riferimento	grupo (m) alvo	['grupu 'awvu]

biglietto (m) da visita	cartão (m) de visita	[kar'tãw de vi'zita]
volantino (m)	panfleto (m)	[pã'fletu]
opuscolo (m)	brochura (f)	[bro'ʃura]
pieghevole (m)	folheto (m)	[fo'ʎetu]
bollettino (m)	boletim (m)	[bole'tʃĩ]

insegna (f) (di negozi, ecc.)	letreiro (m)	[le'trejru]
cartellone (m)	pôster (m)	['poster]
tabellone (m) pubblicitario	painel (m) publicitário	[paj'nɛw publisi'tarju]

112. Attività bancaria

| banca (f) | banco (m) | ['bãku] |
| filiale (f) | balcão (f) | [baw'kãw] |

| consulente (m) | consultor (m) bancário | [kõsuw'tor bã'karju] |
| direttore (m) | gerente (m) | [ʒe'rẽtʃi] |

conto (m) bancario	conta (f)	['kõta]
numero (m) del conto	número (m) da conta	['numeru da 'kõta]
conto (m) corrente	conta (f) corrente	['kõta ko'hẽtʃi]
conto (m) di risparmio	conta (f) poupança	['kõta po'pãsa]

aprire un conto	abrir uma conta	[a'brir 'uma 'kõta]
chiudere il conto	fechar uma conta	[fe'ʃar 'uma 'kõta]
versare sul conto	depositar na conta	[depozi'tar na 'kõta]
prelevare dal conto	sacar (vt)	[sa'kar]

deposito (m)	depósito (m)	[de'pɔzitu]
depositare (vt)	fazer um depósito	[fa'zer ũ de'pɔzitu]
trasferimento (m) telegrafico	transferência (f) bancária	[trãsfe'rẽsja bã'karja]

rimettere i soldi	transferir (vt)	[trãsfe'rir]
somma (f)	soma (f)	['sɔma]
Quanto?	Quanto?	['kwãtu]

| firma (f) | assinatura (f) | [asina'tura] |
| firmare (vt) | assinar (vt) | [asi'nar] |

carta (f) di credito	cartão (m) de crédito	[kar'tãw de 'krɛdʒitu]
codice (m)	senha (f)	['sɛɲa]
numero (m) della carta di credito	número (m) do cartão de crédito	['numeru du kar'tãw de 'krɛdʒitu]
bancomat (m)	caixa (m) eletrônico	['kaɪʃa ele'troniku]

assegno (m)	cheque (m)	['ʃɛki]
emettere un assegno	passar um cheque	[pa'sar ũ 'ʃɛki]
libretto (m) di assegni	talão (m) de cheques	[ta'lãw de 'ʃɛkis]

prestito (m)	empréstimo (m)	[ẽ'prɛstʃimu]
fare domanda per un prestito	pedir um empréstimo	[pe'dʒir ũ ẽ'prɛstʃimu]
ottenere un prestito	obter empréstimo	[ob'ter ẽ'prɛstʃimu]
concedere un prestito	dar um empréstimo	[dar ũ ẽ'prɛstʃimu]
garanzia (f)	garantia (f)	[garã'tʃia]

113. Telefono. Conversazione telefonica

telefono (m)	telefone (m)	[tele'fɔni]
telefonino (m)	celular (m)	[selu'lar]
segreteria (f) telefonica	secretária (f) eletrônica	[sekre'tarja ele'tronika]

| telefonare (vi, vt) | fazer uma chamada | [fa'zer 'uma ʃa'mada] |
| chiamata (f) | chamada (f) | [ʃa'mada] |

comporre un numero	discar um número	[dʒis'kar ũ 'numeru]
Pronto!	Alô!	[a'lo]
chiedere (domandare)	perguntar (vt)	[pergũ'tar]
rispondere (vi, vt)	responder (vt)	[hespõ'der]

udire (vt)	ouvir (vt)	[o'vir]
bene	bem	[bẽj]
male	mal	[maw]
disturbi (m pl)	ruído (m)	['hwidu]

cornetta (f)	fone (m)	['fɔni]
alzare la cornetta	pegar o telefone	[pe'gar u tele'fɔni]
riattaccare la cornetta	desligar (vi)	[dʒizli'gar]

occupato (agg)	ocupado	[oku'padu]
squillare (del telefono)	tocar (vi)	[to'kar]
elenco (m) telefonico	lista (f) telefônica	['lista tele'fonika]
locale (agg)	local	[lo'kaw]
telefonata (f) urbana	chamada (f) local	[ʃa'mada lo'kaw]
interurbano (agg)	de longa distância	['de 'lõgu dʒis'tãsja]
telefonata (f) interurbana	chamada (f) de longa distância	[ʃa'mada de 'lõgu dʒis'tãsja]

| internazionale (agg) | internacional | [ĩternasjo'naw] |
| telefonata (f) internazionale | chamada (f) internacional | [ʃa'mada ĩternasjo'naw] |

114. Telefono cellulare

telefonino (m)	celular (m)	[selu'lar]
schermo (m)	tela (f)	['tɛla]
tasto (m)	botão (m)	[bo'tãw]
scheda SIM (f)	cartão SIM (m)	[kar'tãw sim]

pila (f)	bateria (f)	[bate'ria]
essere scarico	descarregar-se (vr)	[dʒiskahe'garsi]
caricabatteria (m)	carregador (m)	[kahega'dor]

menù (m)	menu (m)	[me'nu]
impostazioni (f pl)	configurações (f pl)	[kõfigura'sõjs]
melodia (f)	melodia (f)	[melo'dʒia]
scegliere (vt)	escolher (vt)	[isko'ʎer]

| calcolatrice (f) | calculadora (f) | [kawkula'dora] |
| segreteria (f) telefonica | correio (m) de voz | [ko'heju de vɔz] |

| sveglia (f) | despertador (m) | [dʒisperta'dor] |
| contatti (m pl) | contatos (m pl) | [kõ'tatus] |

| messaggio (m) SMS | mensagem (f) de texto | [mẽ'saʒẽ de 'testu] |
| abbonato (m) | assinante (m) | [asi'nãtʃi] |

115. Articoli di cancelleria

| penna (f) a sfera | caneta (f) | [ka'neta] |
| penna (f) stilografica | caneta (f) tinteiro | [ka'neta tʃi'tejru] |

matita (f)	lápis (m)	['lapis]
evidenziatore (m)	marcador (m) de texto	[marka'dor de 'testu]
pennarello (m)	caneta (f) hidrográfica	[ka'neta idro'grafika]

| taccuino (m) | bloco (m) de notas | ['blɔku de 'nɔtas] |
| agenda (f) | agenda (f) | [a'ʒẽda] |

righello (m)	régua (f)	['hɛgwa]
calcolatrice (f)	calculadora (f)	[kawkula'dora]
gomma (f) per cancellare	borracha (f)	[bo'haʃa]

| puntina (f) | alfinete (m) | [awfi'netʃi] |
| graffetta (f) | clipe (m) | ['klipi] |

| colla (f) | cola (f) | ['kɔla] |
| pinzatrice (f) | grampeador (m) | [grãpja'dor] |

| perforatrice (f) | furador (m) de papel | [fura'dor de pa'pɛw] |
| temperamatite (m) | apontador (m) | [apõta'dor] |

116. Diversi tipi di documenti

resoconto (m)	relatório (m)	[hela'tɔrju]
accordo (m)	acordo (m)	[a'kordu]
modulo (m) di richiesta	ficha (f) de inscrição	['fiʃa de ĩskri'sãw]
autentico (agg)	autêntico	[aw'tẽtʃiku]
tesserino (m)	crachá (m)	[kra'ʃa]
biglietto (m) da visita	cartão (m) de visita	[kar'tãw de vi'zita]

certificato (m)	certificado (m)	[sertʃifi'kadu]
assegno (m) (fare un ~)	cheque (m)	['ʃɛki]
conto (m) (in un ristorante)	conta (f)	['kõta]
costituzione (f)	constituição (f)	[kõstʃitwi'sãw]

contratto (m)	contrato (m)	[kõ'tratu]
copia (f)	cópia (f)	['kɔpja]
copia (f) (~ di un contratto)	exemplar (m)	[ezẽ'plar]

dichiarazione (f)	declaração (f) alfandegária	[deklara'sãw awfãde'garja]
documento (m)	documento (m)	[doku'mẽtu]
patente (f) di guida	carteira (f) de motorista	[kar'tejra de moto'rista]
allegato (m)	anexo (m)	[a'nɛksu]
modulo (m)	questionário (m)	[kestʃjo'narju]

carta (f) d'identità	carteira (f) de identidade	[kar'tejra de idẽtʃi'dadʒi]
richiesta (f) di informazioni	inquérito (m)	[ĩ'kɛritu]
biglietto (m) d'invito	convite (m)	[kõ'vitʃi]
fattura (f)	fatura (f)	[fa'tura]

legge (f)	lei (f)	[lej]
lettera (f) (missiva)	carta (f)	['karta]
carta (f) intestata	papel (m) timbrado	[pa'pɛw tĩ'bradu]
lista (f) (~ di nomi, ecc.)	lista (f)	['lista]
manoscritto (m)	manuscrito (m)	[manus'kritu]
bollettino (m)	boletim (m)	[bole'tʃĩ]
appunto (m), nota (f)	bilhete (m)	[bi'ʎetʃi]

lasciapassare (m)	passe (m)	['pasi]
passaporto (m)	passaporte (m)	[pasa'pɔrtʃi]
permesso (m)	permissão (f)	[permi'sãw]
curriculum vitae (f)	currículo (m)	[ku'hikulu]
nota (f) di addebito	nota (f) promissória	['nɔta promi'sɔrja]
ricevuta (f)	recibo (m)	[he'sibu]
scontrino (m)	talão (f)	[ta'lãw]
rapporto (m)	relatório (m)	[hela'tɔrju]

mostrare (vt)	mostrar (vt)	[mos'trar]
firmare (vt)	assinar (vt)	[asi'nar]
firma (f)	assinatura (f)	[asina'tura]
timbro (m) (su documenti)	carimbo (m)	[ka'rĩbu]
testo (m)	texto (m)	['testu]
biglietto (m)	ingresso (m)	[ĩ'grɛsu]

cancellare (~ dalla lista)	riscar (vt)	[his'kar]
riempire (~ un modulo)	preencher (vt)	[preẽ'ʃer]

bolla (f) di consegna	carta (f) de porte	['karta de 'pɔrtʃi]
testamento (m)	testamento (m)	[testa'mẽtu]

117. Generi di attività commerciali

servizi (m pl) di contabilità	serviços (m pl) de contabilidade	[ser'visus de kõtabili'dadʒi]
pubblicità (f)	publicidade (f)	[publisi'dadʒi]
agenzia (f) pubblicitaria	agência (f) de publicidade	[a'ʒẽsja de publisi'dadʒi]
condizionatori (m pl) d'aria	ar (m) condicionado	[ar kõdʒisjo'nadu]
compagnia (f) aerea	companhia (f) aérea	[kõpa'ɲia a'erja]

bevande (f pl) alcoliche	bebidas (f pl) alcoólicas	[be'bidas aw'kɔlikas]
antiquariato (m)	comércio (m) de antiguidades	[ko'mɛrsju de ãtʃigwi'dadʒi]
galleria (f) d'arte	galeria (f) de arte	[gale'ria de 'artʃi]
società (f) di revisione contabile	serviços (m pl) de auditoria	[ser'visus de awdʒito'ria]

imprese (f pl) bancarie	negócios (m pl) bancários	[ne'gɔsjus bã'karjus]
bar (m)	bar (m)	[bar]
salone (m) di bellezza	salão (m) de beleza	[sa'lãw de be'leza]
libreria (f)	livraria (f)	[livra'ria]
birreria (f)	cervejaria (f)	[serveʒa'ria]
business centre (m)	centro (m) de escritórios	['sẽtru de iskri'tɔrjus]
scuola (f) di commercio	escola (f) de negócios	[is'kɔla de ne'gɔsjus]

casinò (m)	cassino (m)	[ka'sinu]
edilizia (f)	construção (f)	[kõstru'sãw]
consulenza (f)	consultoria (f)	[kõsuwto'ria]

odontoiatria (f)	clínica (f) dentária	['klinika dẽ'tarja]
design (m)	design (m)	[dʒi'zãjn]
farmacia (f)	drogaria (f)	[droga'ria]
lavanderia (f) a secco	lavanderia (f)	[lavãde'ria]
agenzia (f) di collocamento	agência (f) de emprego	[a'ʒẽsja de ẽ'pregu]

servizi (m pl) finanziari	serviços (m pl) financeiros	[ser'visus finã'sejrus]
industria (f) alimentare	alimentos (m pl)	[ali'mẽtus]
agenzia (f) di pompe funebri	casa (f) funerária	['kaza fune'raria]
mobili (m pl)	mobiliário (m)	[mobi'ljarju]
abbigliamento (m)	roupa (f)	['hopa]
albergo, hotel (m)	hotel (m)	[o'tɛw]

gelato (m)	sorvete (m)	[sor'vetʃi]
industria (f)	indústria (f)	[ĩ'dustrja]
assicurazione (f)	seguro (m)	[se'guru]
internet (f)	internet (f)	[ĩter'nɛtʃi]
investimenti (m pl)	investimento (m)	[ĩvestʃi'mẽtu]

gioielliere (m)	joalheiro (m)	[ʒoa'ʎejru]
gioielli (m pl)	joias (f pl)	['ʒɔjas]
lavanderia (f)	lavanderia (f)	[lavãde'ria]
consulente (m) legale	assessorias (f pl) jurídicas	[aseso'rias ʒu'ridʒikas]

industria (f) leggera	indústria (f) ligeira	[ĩ'dustrja li'ʒejra]
rivista (f)	revista (f)	[he'vista]
vendite (f pl) per corrispondenza	vendas (f pl) por catálogo	['vẽdas por ka'talogu]

medicina (f)	medicina (f)	[medʒi'sina]
cinema (m)	cinema (m)	[si'nɛma]
museo (m)	museu (m)	[mu'zew]

agenzia (f) di stampa	agência (f) de notícias	[a'ʒẽsja de no'tʃisjas]
giornale (m)	jornal (m)	[ʒor'naw]
locale notturno (m)	boate (f)	['bwatʃi]

petrolio (m)	petróleo (m)	[pe'trɔlju]
corriere (m) espresso	serviços (m pl) de remessa	[ser'visus de he'mɛsa]
farmaci (m pl)	indústria (f) farmacêutica	[ĩ'dustrja farma'sewtʃiku]
stampa (f) (~ di libri)	tipografia (f)	[tʃipogra'fia]
casa (f) editrice	editora (f)	[edʒi'tora]

radio (f)	rádio (m)	['hadʒju]
beni (m pl) immobili	imobiliário (m)	[imobi'ljarju]
ristorante (m)	restaurante (m)	[hestaw'rãtʃi]

agenzia (f) di sicurezza	empresa (f) de segurança	[ẽ'preza de segu'rãsa]
sport (m)	esporte (m)	[is'portʃi]
borsa (f)	bolsa (f) de valores	['bowsa de va'lores]
negozio (m)	loja (f)	['lɔʒa]
supermercato (m)	supermercado (m)	[supermer'kadu]
piscina (f)	piscina (f)	[pi'sina]

sartoria (f)	alfaiataria (f)	[awfajata'ria]
televisione (f)	televisão (f)	[televi'zãw]
teatro (m)	teatro (m)	['tʃjatru]
commercio (m)	comércio (m)	[ko'mɛrsju]
mezzi (m pl) di trasporto	serviços (m pl) de transporte	[ser'visus de trãs'portʃi]
viaggio (m)	viagens (f pl)	['vjaʒẽs]

veterinario (m)	veterinário (m)	[veteri'narju]
deposito, magazzino (m)	armazém (m)	[arma'zẽj]
trattamento (m) dei rifiuti	recolha (f) do lixo	[he'koʎa du 'liʃu]

Lavoro. Affari. Parte 2

118. Spettacolo. Mostra

fiera (f)	feira, exposição (f)	['fejra], [ispozi'sãw]
fiera (f) campionaria	feira (f) comercial	['fejra komer'sjaw]
partecipazione (f)	participação (f)	[partʃisipa'sãw]
partecipare (vi)	participar (vi)	[partʃisi'par]
partecipante (m)	participante (m)	[partʃisi'pãtʃi]
direttore (m)	diretor (m)	[dʒire'tor]
ufficio (m) organizzativo	direção (f)	[dʒire'sãw]
organizzatore (m)	organizador (m)	[organiza'dor]
organizzare (vt)	organizar (vt)	[organi'zar]
domanda (f) di partecipazione	ficha (f) de inscrição	['fiʃa de ĩskri'sãw]
riempire (vt)	preencher (vt)	[preẽ'ʃer]
dettagli (m pl)	detalhes (m pl)	[de'taʎis]
informazione (f)	informação (f)	[ĩforma'sãw]
prezzo (m)	preço (m)	['presu]
incluso (agg)	incluindo	[ĩklw'ĩdu]
includere (vt)	incluir (vt)	[ĩ'klwir]
pagare (vi, vt)	pagar (vt)	[pa'gar]
quota (f) d'iscrizione	taxa (f) de inscrição	['taʃa de ĩskri'sãw]
entrata (f)	entrada (f)	[ẽ'trada]
padiglione (m)	pavilhão (m), salão (f)	[pavi'ʎãw], [sa'lãw]
registrare (vt)	inscrever (vt)	[ĩskre'ver]
tesserino (m)	crachá (m)	[kra'ʃa]
stand (m)	stand (m)	[stɛnd]
prenotare (riservare)	reservar (vt)	[hezer'var]
vetrina (f)	vitrine (f)	[vi'trini]
faretto (m)	lâmpada (f)	['lãpada]
design (m)	design (m)	[dʒi'zãjn]
collocare (vt)	pôr, colocar (vt)	[por], [kolo'kar]
distributore (m)	distribuidor (m)	[dʒistribwi'dor]
fornitore (m)	fornecedor (m)	[fornese'dor]
fornire (vt)	fornecer (vt)	[forne'ser]
paese (m)	país (m)	[pa'jis]
straniero (agg)	estrangeiro	[istrã'ʒejru]
prodotto (m)	produto (m)	[pru'dutu]
associazione (f)	associação (f)	[asosja'sãw]
sala (f) conferenze	sala (f) de conferência	['sala de kõfe'rẽsja]

| congresso (m) | congresso (m) | [kõ'grɛsu] |
| concorso (m) | concurso (m) | [kõ'kursu] |

visitatore (m)	visitante (m)	[vizi'tãtʃi]
visitare (vt)	visitar (vt)	[vizi'tar]
cliente (m)	cliente (m)	['kljẽtʃi]

119. Mezzi di comunicazione di massa

giornale (m)	jornal (m)	[ʒor'naw]
rivista (f)	revista (f)	[he'vista]
stampa (f) (giornali, ecc.)	imprensa (f)	[ĩ'prẽsa]
radio (f)	rádio (m)	['hadʒju]
stazione (f) radio	estação (f) de rádio	[ista'sãw de 'hadʒju]
televisione (f)	televisão (f)	[televi'zãw]

presentatore (m)	apresentador (m)	[aprezẽta'dor]
annunciatore (m)	locutor (m)	[loku'tor]
commentatore (m)	comentarista (m)	[komẽta'rista]

giornalista (m)	jornalista (m)	[ʒorna'lista]
corrispondente (m)	correspondente (m)	[kohespõ'dẽtʃi]
fotocronista (m)	repórter (m) fotográfico	[he'porter foto'grafiku]
cronista (m)	repórter (m)	[he'porter]

| redattore (m) | redator (m) | [heda'tor] |
| redattore capo (m) | redator-chefe (m) | [heda'tor 'ʃɛfi] |

abbonarsi a ...	assinar a ...	[asi'nar a]
abbonamento (m)	assinatura (f)	[asina'tura]
abbonato (m)	assinante (m)	[asi'nãtʃi]
leggere (vi, vt)	ler (vt)	[ler]
lettore (m)	leitor (m)	[lej'tor]

tiratura (f)	tiragem (f)	[tʃi'raʒẽ]
mensile (agg)	mensal	[mẽ'saw]
settimanale (agg)	semanal	[sema'naw]
numero (m)	número (m)	['numeru]
fresco (agg)	recente, novo	[he'sẽtʃi], ['novu]

testata (f)	manchete (f)	[mã'ʃɛtʃi]
trafiletto (m)	pequeno artigo (m)	[pe'kenu ar'tʃigu]
rubrica (f)	coluna (f)	[ko'luna]
articolo (m)	artigo (m)	[ar'tʃigu]
pagina (f)	página (f)	['paʒina]

servizio (m), reportage (m)	reportagem (f)	[hepor'taʒẽ]
evento (m)	evento (m)	[e'vẽtu]
sensazione (f)	sensação (f)	[sẽsa'sãw]
scandalo (m)	escândalo (m)	[is'kãdalu]
scandaloso (agg)	escandaloso	[iskãda'lozu]
enorme (un ~ scandalo)	grande	['grãdʒi]
trasmissione (f)	programa (m)	[pro'grama]
intervista (f)	entrevista (f)	[ẽtre'vista]

trasmissione (f) in diretta	transmissão (f) ao vivo	[trăzmi'sãw aw 'vivu]
canale (m)	canal (m)	[ka'naw]

120. Agricoltura

agricoltura (f)	agricultura (f)	[agrikuw'tura]
contadino (m)	camponês (m)	[kăpo'nes]
contadina (f)	camponesa (f)	[kăpo'neza]
fattore (m)	agricultor, fazendeiro (m)	[agrikuw'tor], [fazĕ'dejru]

trattore (m)	trator (m)	[tra'tor]
mietitrebbia (f)	colheitadeira (f)	[koʎejta'dejra]

aratro (m)	arado (m)	[a'radu]
arare (vt)	arar (vt)	[a'rar]
terreno (m) coltivato	campo (m) lavrado	['kăpu la'vradu]
solco (m)	sulco (m)	[suw'ku]

seminare (vt)	semear (vt)	[se'mjar]
seminatrice (f)	plantadeira (f)	[plăta'dejra]
semina (f)	semeadura (f)	[semja'dura]

falce (f)	foice (m)	['fɔjsi]
falciare (vt)	cortar com foice	[kor'tar kõ 'fɔjsi]

pala (f)	pá (f)	[pa]
scavare (vt)	cavar (vt)	[ka'var]

zappa (f)	enxada (f)	[ĕ'ʃada]
zappare (vt)	capinar (vt)	[kapi'nar]
erbaccia (f)	erva (f) daninha	['ɛrva da'niɲa]

innaffiatoio (m)	regador (m)	[hega'dor]
innaffiare (vt)	regar (vt)	[he'gar]
innaffiamento (m)	rega (f)	['hɛga]

forca (f)	forquilha (f)	[for'kiʎa]
rastrello (m)	ancinho (m)	[ã'siɲu]

concime (m)	fertilizante (m)	[fertʃili'zătʃi]
concimare (vt)	fertilizar (vt)	[fertʃili'zar]
letame (m)	estrume, esterco (m)	[is'trumi], [is'terku]

campo (m)	campo (m)	['kăpu]
prato (m)	prado (m)	['pradu]
orto (m)	horta (f)	['ɔrta]
frutteto (m)	pomar (m)	[po'mar]

pascolare (vt)	pastar (vt)	[pas'tar]
pastore (m)	pastor (m)	[pas'tor]
pascolo (m)	pastagem (f)	[pas'taʒĕ]

allevamento (m) di bestiame	pecuária (f)	[pe'kwarja]
allevamento (m) di pecore	criação (f) de ovelhas	[krja'sãw de o'veʎas]

piantagione (f)	plantação (f)	[plăta'săw]
filare (m) (un ~ di alberi)	canteiro (m)	[kã'tejru]
serra (f) da orto	estufa (f)	[is'tufa]

siccità (f)	seca (f)	['seka]
secco, arido (un'estate ~a)	seco	['seku]

grano (m)	grão (m)	['grãw]
cereali (m pl)	cereais (m pl)	[se'rjajs]
raccogliere (vt)	colher (vt)	[ko'ʎer]

mugnaio (m)	moleiro (m)	[mu'lejru]
mulino (m)	moinho (m)	['mwiɲu]
macinare (~ il grano)	moer (vt)	[mwer]
farina (f)	farinha (f)	[fa'riɲa]
paglia (f)	palha (f)	['paʎa]

121. Edificio. Attività di costruzione

cantiere (m) edile	canteiro (m) de obras	[kã'tejru de 'ɔbras]
costruire (vt)	construir (vt)	[kõs'trwir]
operaio (m) edile	construtor (m)	[kõstru'tor]

progetto (m)	projeto (m)	[pro'ʒɛtu]
architetto (m)	arquiteto (m)	[arki'tɛtu]
operaio (m)	operário (m)	[ope'rarju]

fondamenta (f pl)	fundação (f)	[fũda'sãw]
tetto (m)	telhado (m)	[te'ʎadu]
palo (m) di fondazione	estaca (f)	[is'taka]
muro (m)	parede (f)	[pa'redʒi]

barre (f pl) di rinforzo	barras (f pl) de reforço	['bahas de he'forsu]
impalcatura (f)	andaime (m)	[ã'dajmi]

beton (m)	concreto (m)	[kõ'krɛtu]
granito (m)	granito (m)	[gra'nitu]
pietra (f)	pedra (f)	['pɛdra]
mattone (m)	tijolo (m)	[tʃi'ʒolu]

sabbia (f)	areia (f)	[a'reja]
cemento (m)	cimento (m)	[si'mẽtu]
intonaco (m)	emboço, reboco (m)	[ẽ'bosu], [he'boku]
intonacare (vt)	emboçar, rebocar (vt)	[ẽbo'sar], [hebo'kar]

pittura (f)	tinta (f)	[tʃĩta]
pitturare (vt)	pintar (vt)	[pĩ'tar]
botte (f)	barril (m)	[ba'hiw]

gru (f)	grua (f), guindaste (m)	['grua], [gĩ'dastʃi]
sollevare (vt)	erguer (vt)	[er'ger]
abbassare (vt)	baixar (vt)	[baɪ'ʃar]
bulldozer (m)	buldózer (m)	[buw'dozer]
scavatrice (f)	escavadora (f)	[iskava'dora]

cucchiaia (f)	caçamba (f)	[ka'sãba]
scavare (vt)	escavar (vt)	[iska'var]
casco (m) (~ di sicurezza)	capacete (m) de proteção	[kapa'setʃi de prote'sãw]

122. Scienza. Ricerca. Scienziati

scienza (f)	ciência (f)	['sjẽsja]
scientifico (agg)	científico	[sjẽ'tʃifiku]
scienziato (m)	cientista (m)	[sjẽ'tʃista]
teoria (f)	teoria (f)	[teo'ria]

assioma (m)	axioma (m)	[a'sjɔma]
analisi (f)	análise (f)	[a'nalizi]
analizzare (vt)	analisar (vt)	[anali'zar]
argomento (m)	argumento (m)	[argu'mẽtu]
sostanza, materia (f)	substância (f)	[sub'stãsja]

ipotesi (f)	hipótese (f)	[i'pɔtezi]
dilemma (m)	dilema (m)	[dʒi'lɛma]
tesi (f)	tese (f)	['tɛzi]
dogma (m)	dogma (m)	['dɔgma]

dottrina (f)	doutrina (f)	[do'trina]
ricerca (f)	pesquisa (f)	[pes'kiza]
fare ricerche	pesquisar (vt)	[peski'zar]
prova (f)	testes (m pl)	['tɛstʃis]
laboratorio (m)	laboratório (m)	[labora'tɔrju]

metodo (m)	método (m)	['mɛtodu]
molecola (f)	molécula (f)	[mo'lɛkula]
monitoraggio (m)	monitoramento (m)	[monitora'mẽtu]
scoperta (f)	descoberta (f)	[dʒisko'bɛrta]

postulato (m)	postulado (m)	[postu'ladu]
principio (m)	princípio (m)	[prĩ'sipju]
previsione (f)	prognóstico (m)	[prog'nɔstʃiku]
fare previsioni	prognosticar (vt)	[prognostʃi'kar]

sintesi (f)	síntese (f)	['sĩtezi]
tendenza (f)	tendência (f)	[tẽ'dẽsja]
teorema (m)	teorema (m)	[teo'rɛma]

| insegnamento (m) | ensinamentos (m pl) | [ẽsina'mẽtus] |
| fatto (m) | fato (m) | ['fatu] |

| spedizione (f) | expedição (f) | [ispedʒi'sãw] |
| esperimento (m) | experiência (f) | [ispe'rjẽsja] |

accademico (m)	acadêmico (m)	[aka'demiku]
laureato (m)	bacharel (m)	[baʃa'rɛw]
dottore (m)	doutor (m)	[do'tor]
professore (m) associato	professor (m) associado	[profe'sor aso'sjadu]
Master (m)	mestrado (m)	[mes'trado]
professore (m)	professor (m)	[profe'sor]

Professioni e occupazioni

123. Ricerca di un lavoro. Licenziamento

lavoro (m)	trabalho (m)	[tra'baʎu]
organico (m)	equipe (f)	[e'kipi]
personale (m)	pessoal (m)	[pe'swaw]
carriera (f)	carreira (f)	[ka'hejra]
prospettiva (f)	perspectivas (f pl)	[perspek'tʃivas]
abilità (f pl)	habilidades (f pl)	[abili'daʤis]
selezione (f) (~ del personale)	seleção (f)	[sele'sãw]
agenzia (f) di collocamento	agência (f) de emprego	[a'ʒẽsja de ẽ'pregu]
curriculum vitae (f)	currículo (m)	[ku'hikulu]
colloquio (m)	entrevista (f) de emprego	[ẽtre'vista de ẽ'pregu]
posto (m) vacante	vaga (f)	['vaga]
salario (m)	salário (m)	[sa'larju]
stipendio (m) fisso	salário (m) fixo	[sa'larju 'fiksu]
compenso (m)	pagamento (m)	[paga'mẽtu]
carica (f), funzione (f)	cargo (m)	['kargu]
mansione (f)	dever (m)	[de'ver]
mansioni (f pl) di lavoro	gama (f) de deveres	['gama de de'veris]
occupato (agg)	ocupado	[oku'padu]
licenziare (vt)	despedir, demitir (vt)	[ʤispe'dʒir], [demi'tʃir]
licenziamento (m)	demissão (f)	[demi'sãw]
disoccupazione (f)	desemprego (m)	[ʤizẽ'pregu]
disoccupato (m)	desempregado (m)	[ʤizẽpre'gadu]
pensionamento (m)	aposentadoria (f)	[apozẽtado'ria]
andare in pensione	aposentar-se (vr)	[apozẽ'tarsi]

124. Gente d'affari

direttore (m)	diretor (m)	[ʤire'tor]
dirigente (m)	gerente (m)	[ʒe'rẽtʃi]
capo (m)	patrão, chefe (m)	[pa'trãw], ['ʃɛfi]
superiore (m)	superior (m)	[supe'rjor]
capi (m pl)	superiores (m pl)	[supe'rjores]
presidente (m)	presidente (m)	[prezi'dẽtʃi]
presidente (m) (impresa)	chairman, presidente (m)	['tʃɛamen], [prezi'dẽtʃi]
vice (m)	substituto (m)	[substi'tutu]
assistente (m)	assistente (m)	[asis'tẽtʃi]

| segretario (m) | secretário (m) | [sekre'tarju] |
| assistente (m) personale | secretário (m) pessoal | [sekre'tarju pe'swaw] |

uomo (m) d'affari	homem (m) de negócios	['ɔmẽ de ne'gɔsjus]
imprenditore (m)	empreendedor (m)	[ẽprjẽde'dor]
fondatore (m)	fundador (m)	[fũda'dor]
fondare (vt)	fundar (vt)	[fũ'dar]

socio (m)	principiador (m)	[prĩsipja'dor]
partner (m)	parceiro, sócio (m)	[par'sejru], ['sɔsju]
azionista (m)	acionista (m)	[asjo'nista]

milionario (m)	milionário (m)	[miljo'narju]
miliardario (m)	bilionário (m)	[biljo'narju]
proprietario (m)	proprietário (m)	[proprje'tarju]
latifondista (m)	proprietário (m) de terras	[proprje'tarju de 'tɛhas]

cliente (m) (di professionista)	cliente (m)	['kljẽtʃi]
cliente (m) abituale	cliente (m) habitual	['kljẽtʃi abi'twaw]
compratore (m)	comprador (m)	[kõpra'dor]
visitatore (m)	visitante (m)	[vizi'tãtʃi]

professionista (m)	profissional (m)	[profisjo'naw]
esperto (m)	perito (m)	[pe'ritu]
specialista (m)	especialista (m)	[ispesja'lista]

| banchiere (m) | banqueiro (m) | [bã'kejru] |
| broker (m) | corretor (m) | [kohe'tor] |

cassiere (m)	caixa (m, f)	['kaɪʃa]
contabile (m)	contador (m)	[kõta'dor]
guardia (f) giurata	guarda (m)	['gwarda]

investitore (m)	investidor (m)	[ĩvestʃi'dor]
debitore (m)	devedor (m)	[deve'dor]
creditore (m)	credor (m)	[kre'dor]
mutuatario (m)	mutuário (m)	[mu'twarju]

| importatore (m) | importador (m) | [ĩporta'dor] |
| esportatore (m) | exportador (m) | [isporta'dor] |

produttore (m)	produtor (m)	[produ'tor]
distributore (m)	distribuidor (m)	[dʒistribwi'dor]
intermediario (m)	intermediário (m)	[ĩterme'dʒjarju]

consulente (m)	consultor (m)	[kõsuw'tor]
rappresentante (m)	representante (m) comercial	[heprezẽ'tãtʃi komer'sjaw]
agente (m)	agente (m)	[a'ʒẽtʃi]
assicuratore (m)	agente (m) de seguros	[a'ʒẽtʃi de se'gurus]

125. Professioni amministrative

| cuoco (m) | cozinheiro (m) | [kozi'ɲejru] |
| capocuoco (m) | chefe (m) de cozinha | ['ʃɛfi de ko'ziɲa] |

fornaio (m)	padeiro (m)	[pa'dejru]
barista (m)	barman (m)	[bar'mã]
cameriere (m)	garçom (m)	[gar'sõ]
cameriera (f)	garçonete (f)	[garso'netʃi]

avvocato (m)	advogado (m)	[adʒivo'gadu]
esperto (m) legale	jurista (m)	[ʒu'rista]
notaio (m)	notário (m)	[no'tarju]

elettricista (m)	eletricista (m)	[eletri'sista]
idraulico (m)	encanador (m)	[ẽkana'dor]
falegname (m)	carpinteiro (m)	[karpĩ'tejru]

massaggiatore (m)	massagista (m)	[masa'ʒista]
massaggiatrice (f)	massagista (f)	[masa'ʒista]
medico (m)	médico (m)	['mɛdʒiku]

taxista (m)	taxista (m)	[tak'sista]
autista (m)	condutor, motorista (m)	[kõdu'tor], [moto'rista]
fattorino (m)	entregador (m)	[ẽtrega'dor]

cameriera (f)	camareira (f)	[kama'rejra]
guardia (f) giurata	guarda (m)	['gwarda]
hostess (f)	aeromoça (f)	[aero'mosa]

insegnante (m, f)	professor (m)	[profe'sor]
bibliotecario (m)	bibliotecário (m)	[bibljote'karju]
traduttore (m)	tradutor (m)	[tradu'tor]
interprete (m)	intérprete (m)	[ĩ'tɛrpretʃi]
guida (f)	guia (m)	['gia]

parrucchiere (m)	cabeleireiro (m)	[kabelej'rejru]
postino (m)	carteiro (m)	[kar'tejru]
commesso (m)	vendedor (m)	[vẽde'dor]

giardiniere (m)	jardineiro (m)	[ʒardʒi'nejru]
domestico (m)	criado (m)	['krjadu]
domestica (f)	criada (f)	['krjada]
donna (f) delle pulizie	empregada (f) de limpeza	[ẽpre'gada de lĩ'peza]

126. Professioni militari e gradi

soldato (m) semplice	soldado (m) raso	[sow'dadu 'hazu]
sergente (m)	sargento (m)	[sar'ʒẽtu]
tenente (m)	tenente (m)	[te'nẽtʃi]
capitano (m)	capitão (m)	[kapi'tãw]

maggiore (m)	major (m)	[ma'ʒɔr]
colonnello (m)	coronel (m)	[koro'nɛw]
generale (m)	general (m)	[ʒene'raw]
maresciallo (m)	marechal (m)	[mare'ʃaw]
ammiraglio (m)	almirante (m)	[awmi'rãtʃi]
militare (m)	militar (m)	[mili'tar]
soldato (m)	soldado (m)	[sow'dadu]

ufficiale (m)	oficial (m)	[ofi'sjaw]
comandante (m)	comandante (m)	[komã'dãtʃi]

guardia (f) di frontiera	guarda (m) de fronteira	['gwarda de frõ'tejra]
marconista (m)	operador (m) de rádio	[opera'dor de 'hadʒju]
esploratore (m)	explorador (m)	[isplora'dor]
geniere (m)	sapador-mineiro (m)	[sapa'dor-mi'nejru]
tiratore (m)	atirador (m)	[atʃira'dor]
navigatore (m)	navegador (m)	[navega'dor]

127. Funzionari. Sacerdoti

re (m)	rei (m)	[hej]
regina (f)	rainha (f)	[ha'iɲa]

principe (m)	príncipe (m)	['prĩsipi]
principessa (f)	princesa (f)	[prĩ'seza]

zar (m)	czar (m)	['kzar]
zarina (f)	czarina (f)	[kza'rina]

presidente (m)	presidente (m)	[prezi'dẽtʃi]
ministro (m)	ministro (m)	[mi'nistru]
primo ministro (m)	primeiro-ministro (m)	[pri'mejru mi'nistru]
senatore (m)	senador (m)	[sena'dor]

diplomatico (m)	diplomata (m)	[dʒiplo'mata]
console (m)	cônsul (m)	['kõsuw]
ambasciatore (m)	embaixador (m)	[ẽbajʃa'dor]
consigliere (m)	conselheiro (m)	[kõse'ʎejru]

funzionario (m)	funcionário (m)	[fũsjo'narju]
prefetto (m)	prefeito (m)	[pre'fejtu]
sindaco (m)	Presidente (m) da Câmara	[prezi'dẽtʃi da 'kamara]

giudice (m)	juiz (m)	[ʒwiz]
procuratore (m)	procurador (m)	[prokura'dor]

missionario (m)	missionário (m)	[misjo'narju]
monaco (m)	monge (m)	['mõʒi]
abate (m)	abade (m)	[a'badʒi]
rabbino (m)	rabino (m)	[ha'binu]

visir (m)	vizir (m)	[vi'zir]
scià (m)	xá (m)	[ʃa]
sceicco (m)	xeique (m)	['ʃɛjki]

128. Professioni agricole

apicoltore (m)	abelheiro (m)	[abi'ʎejru]
pastore (m)	pastor (m)	[pas'tor]
agronomo (m)	agrônomo (m)	[a'gronomu]

| allevatore (m) di bestiame | criador (m) de gado | [krja'dor de 'gadu] |
| veterinario (m) | veterinário (m) | [veteri'narju] |

fattore (m)	agricultor, fazendeiro (m)	[agrikuw'tor], [fazē'dejru]
vinificatore (m)	vinicultor (m)	[vinikuw'tor]
zoologo (m)	zoólogo (m)	[zo'ɔlogu]
cowboy (m)	vaqueiro (m)	[va'kejru]

129. Professioni artistiche

| attore (m) | ator (m) | [a'tor] |
| attrice (f) | atriz (f) | [a'triz] |

| cantante (m) | cantor (m) | [kã'tor] |
| cantante (f) | cantora (f) | [kã'tora] |

| danzatore (m) | bailarino (m) | [bajla'rinu] |
| ballerina (f) | bailarina (f) | [bajla'rina] |

| artista (m) | artista (m) | [ar'tʃista] |
| artista (f) | artista (f) | [ar'tʃista] |

musicista (m)	músico (m)	['muziku]
pianista (m)	pianista (m)	[pja'nista]
chitarrista (m)	guitarrista (m)	[gita'hista]

direttore (m) d'orchestra	maestro (m)	[ma'ɛstru]
compositore (m)	compositor (m)	[kõpozi'tor]
impresario (m)	empresário (m)	[ẽpre'zarju]

regista (m)	diretor (m) de cinema	[dʒire'tor de si'nɛma]
produttore (m)	produtor (m)	[produ'tor]
sceneggiatore (m)	roteirista (m)	[hotej'rista]
critico (m)	crítico (m)	['kritʃiku]

scrittore (m)	escritor (m)	[iskri'tor]
poeta (m)	poeta (m)	['pwɛta]
scultore (m)	escultor (m)	[iskuw'tor]
pittore (m)	pintor (m)	[pĩ'tor]

giocoliere (m)	malabarista (m)	[malaba'rista]
pagliaccio (m)	palhaço (m)	[pa'ʎasu]
acrobata (m)	acrobata (m)	[akro'bata]
prestigiatore (m)	ilusionista (m)	[iluzjo'nista]

130. Professioni varie

medico (m)	médico (m)	['mɛdʒiku]
infermiera (f)	enfermeira (f)	[ẽfer'mejra]
psichiatra (m)	psiquiatra (m)	[psi'kjatra]
dentista (m)	dentista (m)	[dē'tʃista]
chirurgo (m)	cirurgião (m)	[sirur'ʒjãw]

astronauta (m)	astronauta (m)	[astro'nawta]
astronomo (m)	astrônomo (m)	[as'tronomu]
pilota (m)	piloto (m)	[pi'lotu]

autista (m)	motorista (m)	[moto'rista]
macchinista (m)	maquinista (m)	[maki'nista]
meccanico (m)	mecânico (m)	[me'kaniku]

minatore (m)	mineiro (m)	[mi'nejru]
operaio (m)	operário (m)	[ope'rarju]
operaio (m) metallurgico	serralheiro (m)	[seha'ʎejru]
falegname (m)	marceneiro (m)	[marse'nejru]
tornitore (m)	torneiro (m)	[tor'nejru]
operaio (m) edile	construtor (m)	[kõstru'tor]
saldatore (m)	soldador (m)	[sɔwda'dor]

professore (m)	professor (m)	[profe'sor]
architetto (m)	arquiteto (m)	[arki'tɛtu]
storico (m)	historiador (m)	[istorja'dor]
scienziato (m)	cientista (m)	[sjẽ'tʃista]
fisico (m)	físico (m)	['fiziku]
chimico (m)	químico (m)	['kimiku]

archeologo (m)	arqueólogo (m)	[ar'kjɔlogu]
geologo (m)	geólogo (m)	[ʒe'ɔlogu]
ricercatore (m)	pesquisador (m)	[peskiza'dor]

baby-sitter (m, f)	babysitter, babá (f)	[bebi'sitter], [ba'ba]
insegnante (m, f)	professor (m)	[profe'sor]

redattore (m)	redator (m)	[heda'tor]
redattore capo (m)	redator-chefe (m)	[heda'tor 'ʃɛfi]
corrispondente (m)	correspondente (m)	[kohespõ'dẽtʃi]
dattilografa (f)	datilógrafa (f)	[datʃi'lɔgrafa]

designer (m)	designer (m)	[dʒi'zajner]
esperto (m) informatico	perito (m) em informática	[pe'ritu ẽ ĩfur'matika]
programmatore (m)	programador (m)	[programa'dor]
ingegnere (m)	engenheiro (m)	[ẽʒe'ɲejru]

marittimo (m)	marujo (m)	[ma'ruʒu]
marinaio (m)	marinheiro (m)	[mari'ɲejru]
soccorritore (m)	socorrista (m)	[soko'hista]

pompiere (m)	bombeiro (m)	[bõ'bejru]
poliziotto (m)	polícia (m)	[po'lisja]
guardiano (m)	guarda-noturno (m)	['gwarda no'turnu]
detective (m)	detetive (m)	[dete'tʃivi]

doganiere (m)	funcionário (m) da alfândega	[fũsjo'narju da aw'fãdʒiga]
guardia (f) del corpo	guarda-costas (m)	['gwarda 'kɔstas]
guardia (f) carceraria	guarda (m) prisional	['gwarda prizjo'naw]
ispettore (m)	inspetor (m)	[ĩspe'tor]

sportivo (m)	esportista (m)	[ispor'tʃista]
allenatore (m)	treinador (m)	[trejna'dor]

macellaio (m)	açougueiro (m)	[aso'gejru]
calzolaio (m)	sapateiro (m)	[sapa'tejru]
uomo (m) d'affari	comerciante (m)	[komer'sjãtʃi]
caricatore (m)	carregador (m)	[kahega'dor]

stilista (m)	estilista (m)	[istʃi'lista]
modella (f)	modelo (f)	[mo'delu]

131. Attività lavorative. Condizione sociale

scolaro (m)	estudante (m)	[istu'dãtʃi]
studente (m)	estudante (m)	[istu'dãtʃi]

filosofo (m)	filósofo (m)	[fi'lɔzofu]
economista (m)	economista (m)	[ekono'mista]
inventore (m)	inventor (m)	[ĩvẽ'tor]

disoccupato (m)	desempregado (m)	[dʒizẽpre'gadu]
pensionato (m)	aposentado (m)	[apozẽ'tadu]
spia (f)	espião (m)	[is'pjãw]

detenuto (m)	preso, prisioneiro (m)	['prezu], [prizjo'nejru]
scioperante (m)	grevista (m)	[gre'vista]
burocrate (m)	burocrata (m)	[buro'krata]
viaggiatore (m)	viajante (m)	[vja'ʒãtʃi]

omosessuale (m)	homossexual (m)	[omosek'swaw]
hacker (m)	hacker (m)	['haker]
hippy (m, f)	hippie (m, f)	['hɪpɪ]

bandito (m)	bandido (m)	[bã'dʒidu]
sicario (m)	assassino (m)	[asa'sinu]
drogato (m)	drogado (m)	[dro'gadu]
trafficante (m) di droga	traficante (m)	[trafi'kãtʃi]
prostituta (f)	prostituta (f)	[prostʃi'tuta]
magnaccia (m)	cafetão (m)	[kafe'tãw]

stregone (m)	bruxo (m)	['bruʃu]
strega (f)	bruxa (f)	['bruʃa]
pirata (m)	pirata (m)	[pi'rata]
schiavo (m)	escravo (m)	[is'kravu]
samurai (m)	samurai (m)	[samu'raj]
selvaggio (m)	selvagem (m)	[sew'vaʒẽ]

Sport

132. Tipi di sport. Sportivi

sportivo (m)	esportista (m)	[ispor'tʃista]
sport (m)	tipo (m) de esporte	['tʃipu de is'portʃi]
pallacanestro (m)	basquete (m)	[bas'kɛtʃi]
cestista (m)	jogador (m) de basquete	[ʒoga'dor de bas'kɛtʃi]
baseball (m)	beisebol (m)	[bejsi'bɔw]
giocatore (m) di baseball	jogador (m) de beisebol	[ʒoga'dor de bejsi'bɔw]
calcio (m)	futebol (m)	[futʃi'bɔw]
calciatore (m)	jogador (m) de futebol	[ʒoga'dor de futʃi'bɔw]
portiere (m)	goleiro (m)	[go'lejru]
hockey (m)	hóquei (m)	['hɔkej]
hockeista (m)	jogador (m) de hóquei	[ʒoga'dor de 'hɔkej]
pallavolo (m)	vôlei (m)	['volej]
pallavolista (m)	jogador (m) de vôlei	[ʒoga'dor de 'volej]
pugilato (m)	boxe (m)	['bɔksi]
pugile (m)	boxeador (m)	[boksja'dor]
lotta (f)	luta (f)	['luta]
lottatore (m)	lutador (m)	[luta'dor]
karate (m)	caratê (m)	[kara'te]
karateka (m)	carateca (m)	[kara'teka]
judo (m)	judô (m)	[ʒu'do]
judoista (m)	judoca (m)	[ʒu'dɔka]
tennis (m)	tênis (m)	['tenis]
tennista (m)	tenista (m)	[te'nista]
nuoto (m)	natação (f)	[nata'sãw]
nuotatore (m)	nadador (m)	[nada'dor]
scherma (f)	esgrima (f)	[iz'grima]
schermitore (m)	esgrimista (m)	[izgri'mista]
scacchi (m pl)	xadrez (m)	[ʃa'drez]
scacchista (m)	jogador (m) de xadrez	[ʒoga'dor de ʃa'drez]
alpinismo (m)	alpinismo (m)	[awpi'nizmu]
alpinista (m)	alpinista (m)	[awpi'nista]
corsa (f)	corrida (f)	[ko'hida]

corridore (m)	corredor (m)	[kohe'dor]
atletica (f) leggera	atletismo (m)	[atle'tʃizmu]
atleta (m)	atleta (m)	[at'lɛta]

| ippica (f) | hipismo (m) | [i'pizmu] |
| fantino (m) | cavaleiro (m) | [kava'lejru] |

pattinaggio (m) artistico	patinação (f) artística	[patʃina'sãw ar'tʃistʃika]
pattinatore (m)	patinador (m)	[patʃina'dor]
pattinatrice (f)	patinadora (f)	[patʃina'dora]

| pesistica (f) | halterofilismo (m) | [awterofi'lizmu] |
| pesista (m) | halterofilista (m) | [awterofi'lista] |

| automobilismo (m) | corrida (f) de carros | [ko'hida de 'kahos] |
| pilota (m) | piloto (m) | [pi'lotu] |

| ciclismo (m) | ciclismo (m) | [si'klizmu] |
| ciclista (m) | ciclista (m) | [si'klista] |

salto (m) in lungo	salto (m) em distância	['sawtu ẽ dʒis'tãsja]
salto (m) con l'asta	salto (m) com vara	['sawtu kõ 'vara]
saltatore (m)	atleta (m) de saltos	[at'lɛta de 'sawtus]

133. Tipi di sport. Varie

football (m) americano	futebol (m) americano	[futʃi'bɔw ameri'kanu]
badminton (m)	badminton (m)	[bad'mĩtɔn]
biathlon (m)	biatlo (m)	[bi'atlu]
biliardo (m)	bilhar (m)	[bi'ʎar]

bob (m)	bobsled (m)	['bɔbsled]
culturismo (m)	musculação (f)	[muskula'sãw]
pallanuoto (m)	polo (m) aquático	['pɔlu a'kwatʃiku]
pallamano (m)	handebol (m)	[ãde'bɔl]
golf (m)	golfe (m)	['gowfi]

canottaggio (m)	remo (m)	['hɛmu]
immersione (f) subacquea	mergulho (m)	[mer'guʎu]
sci (m) di fondo	corrida (f) de esqui	[ko'hida de is'ki]
tennis (m) da tavolo	tênis (m) de mesa	['tenis de 'meza]

vela (f)	vela (f)	['vɛla]
rally (m)	rali (m)	[ha'li]
rugby (m)	rúgbi (m)	['hugbi]
snowboard (m)	snowboard (m)	[snowbɔrd]
tiro (m) con l'arco	arco-e-flecha (m)	['arku e 'flɛʃa]

134. Palestra

| bilanciere (m) | barra (f) | ['baha] |
| manubri (m pl) | halteres (m pl) | [aw'tɛris] |

attrezzo (m) sportivo	aparelho (m) de musculação	[apaˈreʎu de muskulaˈsãw]
cyclette (f)	bicicleta (f) ergométrica	[bisiˈklɛta ergoˈmɛtrika]
tapis roulant (m)	esteira (f) de corrida	[isˈtejra de koˈhida]

sbarra (f)	barra (f) fixa	[ˈbaha ˈfiksa]
parallele (f pl)	barras (f pl) paralelas	[ˈbahas paraˈlɛlas]
cavallo (m)	cavalo (m)	[kaˈvalu]
materassino (m)	tapete (m) de ginástica	[taˈpetʃi de ʒiˈnastʃika]

corda (f) per saltare	corda (f) de saltar	[ˈkɔrda de sawˈtar]
aerobica (f)	aeróbica (f)	[aeˈrɔbika]
yoga (m)	ioga, yoga (f)	[ˈjɔga]

135. Hockey

hockey (m)	hóquei (m)	[ˈhɔkej]
hockeista (m)	jogador (m) de hóquei	[ʒogaˈdor de ˈhɔkej]
giocare a hockey	jogar hóquei	[ʒoˈgar ˈhɔkej]
ghiaccio (m)	gelo (m)	[ˈʒelu]

disco (m)	disco (m)	[ˈdʒisku]
bastone (m) da hockey	taco (m) de hóquei	[ˈtaku de ˈhɔkej]
pattini (m pl)	patins (m pl) de gelo	[paˈtʃĩs de ˈʒelu]

bordo (m)	muro (m)	[ˈmuru]
tiro (m)	tiro (m)	[ˈtʃiru]

portiere (m)	goleiro (m)	[goˈlejru]
gol (m)	gol (m)	[gow]
segnare un gol	marcar um gol	[marˈkar ũ gow]

tempo (m)	tempo (m)	[ˈtẽpu]
secondo tempo (m)	segundo tempo (m)	[seˈgũdu ˈtẽpu]
panchina (f)	banco (m) de reservas	[ˈbãku de heˈzɛrvas]

136. Calcio

calcio (m)	futebol (m)	[futʃiˈbɔw]
calciatore (m)	jogador (m) de futebol	[ʒogaˈdor de futʃiˈbɔw]
giocare a calcio	jogar futebol	[ʒoˈgar futʃiˈbɔw]

La Prima Divisione	Time (m) Principal	[ˈtʃimi prĩsiˈpaw]
società (f) calcistica	time (m) de futebol	[ˈtʃimi de futʃiˈbɔw]
allenatore (m)	treinador (m)	[trejnaˈdor]
proprietario (m)	proprietário (m)	[proprjeˈtarju]

squadra (f)	equipe (f)	[eˈkipi]
capitano (m) di squadra	capitão (m)	[kapiˈtãw]
giocatore (m)	jogador (m)	[ʒogaˈdor]
riserva (f)	jogador (m) reserva	[ʒogaˈdor heˈzɛrva]
attaccante (m)	atacante (m)	[ataˈkãtʃi]
centrocampista (m)	centroavante (m)	[sẽtroaˈvãtʃi]

bomber (m)	marcador (m)	[marka'dor]
terzino (m)	defesa (m)	[de'feza]
mediano (m)	meio-campo (m)	['meju-'kãpu]
partita (f)	jogo (m), partida (f)	['ʒogu], [par'tʃida]
incontrarsi (vr)	encontrar-se (vr)	[ẽkõ'trarsi]
finale (m)	final (m)	[fi'naw]
semifinale (m)	semifinal (f)	[semi'finaw]
campionato (m)	campeonato (m)	[kãpjo'natu]
tempo (m)	tempo (m)	['tẽpu]
primo tempo (m)	primeiro tempo (m)	[pri'mejru 'tẽpu]
intervallo (m)	intervalo (m)	[ĩter'valu]
porta (f)	goleira (f)	[go'lejra]
portiere (m)	goleiro (m)	[go'lejru]
palo (m)	trave (f)	['travi]
traversa (f)	travessão (m)	[trave'sãw]
rete (f)	rede (f)	['hedʒi]
subire un gol	tomar um gol	[to'mar ũ gow]
pallone (m)	bola (f)	['bɔla]
passaggio (m)	passe (m)	['pasi]
calcio (m), tiro (m)	chute (m)	['ʃutʃi]
tirare un calcio	chutar (vt)	[ʃu'tar]
calcio (m) di punizione	pontapé (m)	[põta'pɛ]
calcio (m) d'angolo	escanteio (m)	[iskã'teju]
attacco (m)	ataque (m)	[a'taki]
contrattacco (m)	contra-ataque (m)	['kõtra a'taki]
combinazione (f)	combinação (f)	[kõbina'sãw]
arbitro (m)	árbitro (m)	['arbitru]
fischiare (vi)	apitar (vi)	[api'tar]
fischio (m)	apito (m)	[a'pitu]
fallo (m)	falta (f)	['fawta]
fare un fallo	cometer a falta	[kome'ter a 'fawta]
espellere dal campo	expulsar (vt)	[ispuw'sar]
cartellino (m) giallo	cartão (m) amarelo	[kar'tãw ama'rɛlu]
cartellino (m) rosso	cartão (m) vermelho	[kar'tãw ver'meʎu]
squalifica (f)	desqualificação (f)	[deskwalifika'sãw]
squalificare (vt)	desqualificar (vt)	[dʒiskwalifi'kar]
rigore (m)	pênalti (m)	['penawtʃi]
barriera (f)	barreira (f)	[ba'hejra]
segnare (~ un gol)	marcar (vt)	[mar'kar]
gol (m)	gol (m)	[gow]
segnare un gol	marcar um gol	[mar'kar ũ gow]
sostituzione (f)	substituição (f)	[substʃitwi'sãw]
sostituire (vt)	substituir (vt)	[substʃi'twir]
regole (f pl)	regras (f pl)	['hɛgras]
tattica (f)	tática (f)	['tatʃika]
stadio (m)	estádio (m)	[is'tadʒu]
tribuna (f)	arquibancadas (f pl)	[arkibã'kadas]

tifoso, fan (m)	fã, torcedor (m)	[fã], [torse'dor]
gridare (vi)	gritar (vi)	[gri'tar]
tabellone (m) segnapunti	placar (m)	[pla'kar]
punteggio (m)	resultado (m)	[hezuw'tadu]
sconfitta (f)	derrota (f)	[de'hɔta]
subire una sconfitta	perder (vt)	[per'der]
pareggio (m)	empate (m)	[ẽ'patʃi]
pareggiare (vi)	empatar (vi)	[ẽpa'tar]
vittoria (f)	vitória (f)	[vi'tɔrja]
vincere (vi)	vencer (vi, vt)	[vẽ'ser]
campione (m)	campeão (m)	[kã'pjãw]
migliore (agg)	melhor	[me'ʎɔr]
congratularsi (con qn per qc)	felicitar (vt)	[felisi'tar]
commentatore (m)	comentarista (m)	[komẽta'rista]
commentare (vt)	comentar (vt)	[komẽ'tar]
trasmissione (f)	transmissão (f)	[trãzmi'sãw]

137. Sci alpino

sci (m pl)	esqui (m)	[is'ki]
sciare (vi)	esquiar (vi)	[is'kjar]
stazione (f) sciistica	estação (f) de esqui	[ista'sãw de is'ki]
sciovia (f)	teleférico (m)	[tele'fɛriku]
bastoni (m pl) da sci	bastões (m pl) de esqui	[bas'tõjs de is'ki]
pendio (m)	declive (m)	[de'klivi]
slalom (m)	slalom (m)	['slalom]

138. Tennis. Golf

golf (m)	golfe (m)	['gowfi]
golf club (m)	clube (m) de golfe	['klubi de 'gowfi]
golfista (m)	jogador (m) de golfe	[ʒoga'dor de 'gowfi]
buca (f)	buraco (m)	[bu'raku]
mazza (f) da golf	taco (m)	['taku]
carrello (m) da golf	trolley (m)	['trɔlɪ]
tennis (m)	tênis (m)	['tenis]
campo (m) da tennis	quadra (f) de tênis	['kwadra de 'tenis]
battuta (f)	saque (m)	['saki]
servire (vt)	sacar (vi)	[sa'kar]
racchetta (f)	raquete (f)	[ha'ketʃi]
rete (f)	rede (f)	['hedʒi]
palla (f)	bola (f)	['bɔla]

139. Scacchi

scacchi (m pl)	xadrez (m)	[ʃa'drez]
pezzi (m pl) degli scacchi	peças (f pl) de xadrez	['pɛsas de ʃa'drez]
scacchista (m)	jogador (m) de xadrez	[ʒoga'dor de ʃa'drez]
scacchiera (f)	tabuleiro (m) de xadrez	[tabu'lejru de ʃa'drez]
pezzo (m)	peça (f)	['pɛsa]
Bianchi (m pl)	brancas (f pl)	['brãkas]
Neri (m pl)	pretas (f pl)	['pretas]
pedina (f)	peão (m)	[pjãw]
alfiere (m)	bispo (m)	['bispu]
cavallo (m)	cavalo (m)	[ka'valu]
torre (f)	torre (f)	['tohi]
regina (f)	dama (f)	['dama]
re (m)	rei (m)	[hej]
mossa (m)	vez (f)	[vez]
muovere (vt)	mover (vt)	[mo'ver]
sacrificare (vt)	sacrificar (vt)	[sakrifi'kar]
arrocco (m)	roque (m)	['hɔki]
scacco (m)	xeque (m)	['ʃɛki]
scacco matto (m)	xeque-mate (m)	['ʃɛki-'matʃi]
torneo (m) di scacchi	torneio (m) de xadrez	[tor'neju de ʃa'drez]
gran maestro (m)	grão-mestre (m)	['grãw 'mɛstri]
combinazione (f)	combinação (f)	[kõbina'sãw]
partita (f) (~ a scacchi)	partida (f)	[par'tʃida]
dama (f)	jogo (m) de damas	['ʒogu de 'damas]

140. Pugilato

pugilato (m), boxe (f)	boxe (m)	['bɔksi]
incontro (m)	combate (m)	[kõ'batʃi]
incontro (m) di boxe	luta (f) de boxe	['luta de 'bɔksi]
round (m)	round (m)	['hãwdʒi]
ring (m)	ringue (m)	['hĩgi]
gong (m)	gongo (m)	['gõgu]
pugno (m)	murro, soco (m)	['muhu], ['soku]
knock down (m)	derrubada (f)	[dehu'bada]
knock-out (m)	nocaute (m)	[no'kawtʃi]
mettere knock-out	nocautear (vt)	[nokaw'tʃjar]
guantone (m) da pugile	luva (f) de boxe	['luva de 'bɔksi]
arbitro (m)	juiz (m)	[ʒwiz]
peso (m) leggero	peso-pena (m)	['pezu 'pena]
peso (m) medio	peso-médio (m)	['pezu 'mɛdiu]
peso (m) massimo	peso-pesado (m)	['pezu pe'zadu]

141. Sport. Varie

Giochi (m pl) Olimpici	Jogos (m pl) Olímpicos	['ʒɔgus o'lĩpikus]
vincitore (m)	vencedor (m)	[vẽse'dor]
ottenere la vittoria	vencer (vi)	[vẽ'ser]
vincere (vi)	vencer (vi, vt)	[vẽ'ser]

| leader (m), capo (m) | líder (m) | ['lider] |
| essere alla guida | liderar (vt) | [lide'rar] |

primo posto (m)	primeiro lugar (m)	[pri'mejru lu'gar]
secondo posto (m)	segundo lugar (m)	[se'gũdu lu'gar]
terzo posto (m)	terceiro lugar (m)	[ter'sejru lu'gar]

medaglia (f)	medalha (f)	[me'daʎa]
trofeo (m)	troféu (m)	[tro'fɛw]
coppa (f) (trofeo)	taça (f)	['tasa]
premio (m)	prêmio (m)	['premju]
primo premio (m)	prêmio (m) principal	['premju prĩsi'paw]

| record (m) | recorde (m) | [he'kɔrdʒi] |
| stabilire un record | estabelecer um recorde | [istabele'ser ũ he'kɔrdʒi] |

| finale (m) | final (m) | [fi'naw] |
| finale (agg) | final | [fi'naw] |

| campione (m) | campeão (m) | [kã'pjãw] |
| campionato (m) | campeonato (m) | [kãpjo'natu] |

stadio (m)	estádio (m)	[is'tadʒu]
tribuna (f)	arquibancadas (f pl)	[arkibã'kadas]
tifoso, fan (m)	fã, torcedor (m)	[fã], [torse'dor]
avversario (m)	adversário (m)	[adʒiver'sarju]

| partenza (f) | partida (f) | [par'tʃida] |
| traguardo (m) | linha (f) de chegada | ['liɲa de ʃe'gada] |

| sconfitta (f) | derrota (f) | [de'hɔta] |
| perdere (vt) | perder (vt) | [per'der] |

arbitro (m)	árbitro, juiz (m)	[ar'bitru], [ʒwiz]
giuria (f)	júri (m)	['ʒuri]
punteggio (m)	resultado (m)	[hezuw'tadu]
pareggio (m)	empate (m)	[ẽ'patʃi]
pareggiare (vi)	empatar (vi)	[ẽpa'tar]
punto (m)	ponto (m)	['põtu]
risultato (m)	resultado (m) final	[hezuw'tadu fi'naw]

tempo (primo ~)	tempo (m)	['tẽpu]
intervallo (m)	intervalo (m)	[ĩter'valu]
doping (m)	doping (m)	['dɔpĩg]
penalizzare (vt)	penalizar (vt)	[penali'zar]
squalificare (vt)	desqualificar (vt)	[dʒiskwalifi'kar]
attrezzatura (f)	aparelho, aparato (m)	[apa'reʎu], [apa'ratu]
giavellotto (m)	dardo (m)	['dardu]

| peso (m) (sfera metallica) | peso (m) | ['pezu] |
| biglia (f) (palla) | bola (f) | ['bɔla] |

obiettivo (m)	alvo (m)	['awvu]
bersaglio (m)	alvo (m)	['awvu]
sparare (vi)	disparar, atirar (vi)	[dʒispa'rar], [atʃi'rar]
preciso (agg)	preciso	[pre'sizu]

allenatore (m)	treinador (m)	[trejna'dor]
allenare (vt)	treinar (vt)	[trej'nar]
allenarsi (vr)	treinar-se (vr)	[trej'narsi]
allenamento (m)	treino (m)	['trejnu]

palestra (f)	academia (f) de ginástica	[akade'mia de ʒi'nastʃika]
esercizio (m)	exercício (m)	[ezer'sisju]
riscaldamento (m)	aquecimento (m)	[akesi'mẽtu]

Istruzione

142. Scuola

scuola (f)	escola (f)	[is'kɔla]
direttore (m) di scuola	diretor (m) de escola	[dʒire'tor de is'kɔla]
allievo (m)	aluno (m)	[a'lunu]
allieva (f)	aluna (f)	[a'luna]
scolaro (m)	estudante (m)	[istu'dãtʃi]
scolara (f)	estudante (f)	[istu'dãtʃi]
insegnare (qn)	ensinar (vt)	[ẽsi'nar]
imparare (una lingua)	aprender (vt)	[aprẽ'der]
imparare a memoria	decorar (vt)	[deko'rar]
studiare (vi)	estudar (vi)	[istu'dar]
frequentare la scuola	estar na escola	[is'tar na is'kɔla]
andare a scuola	ir à escola	[ir a is'kɔla]
alfabeto (m)	alfabeto (m)	[awfa'bɛtu]
materia (f)	disciplina (f)	[dʒisi'plina]
classe (f)	sala (f) de aula	['sala de 'awla]
lezione (f)	lição, aula (f)	[li'sãw], ['awla]
ricreazione (f)	recreio (m)	[he'kreju]
campanella (f)	toque (m)	['tɔki]
banco (m)	classe (f)	['klasi]
lavagna (f)	quadro (m) negro	['kwadru 'negru]
voto (m)	nota (f)	['nɔta]
voto (m) alto	boa nota (f)	['boa 'nɔta]
voto (m) basso	nota (f) baixa	['nɔta 'baɪʃa]
dare un voto	dar uma nota	[dar 'uma 'nɔta]
errore (m)	erro (m)	['ehu]
fare errori	errar (vi)	[e'har]
correggere (vt)	corrigir (vt)	[kohi'ʒir]
bigliettino (m)	cola (f)	['kɔla]
compiti (m pl)	dever (m) de casa	[de'ver de 'kaza]
esercizio (m)	exercício (m)	[ezer'sisju]
essere presente	estar presente	[is'tar pre'zẽtʃi]
essere assente	estar ausente	[is'tar aw'zẽtʃi]
mancare le lezioni	faltar às aulas	[faw'tar as 'awlas]
punire (vt)	punir (vt)	[pu'nir]
punizione (f)	punição (f)	[puni'sãw]
comportamento (m)	comportamento (m)	[kõporta'mẽtu]

pagella (f)	boletim (m) escolar	[bole'tʃi isko'lar]
matita (f)	lápis (m)	['lapis]
gomma (f) per cancellare	borracha (f)	[bo'haʃa]
gesso (m)	giz (m)	[ʒiz]
astuccio (m) portamatite	porta-lápis (m)	['pɔrta-'lapis]

cartella (f)	mala, pasta, mochila (f)	['mala], ['pasta], [mo'ʃila]
penna (f)	caneta (f)	[ka'neta]
quaderno (m)	caderno (m)	[ka'dɛrnu]
manuale (m)	livro (m) didático	['livru dʒi'datʃiku]
compasso (m)	compasso (m)	[kõ'pasu]

| disegnare (tracciare) | traçar (vt) | [tra'sar] |
| disegno (m) tecnico | desenho (m) técnico | [de'zɛɲu 'tɛkniku] |

poesia (f)	poesia (f)	[poe'zia]
a memoria	de cor	[de kɔr]
imparare a memoria	decorar (vt)	[deko'rar]

vacanze (f pl) scolastiche	férias (f pl)	['fɛrjas]
essere in vacanza	estar de férias	[is'tar de 'fɛrjas]
passare le vacanze	passar as férias	[pa'sar as 'fɛrjas]

prova (f) scritta	teste (m), prova (f)	['tɛstʃi], ['prɔva]
composizione (f)	redação (f)	[heda'sãw]
dettato (m)	ditado (m)	[dʒi'tadu]
esame (m)	exame (m), prova (f)	[e'zami], ['prɔva]
sostenere un esame	fazer prova	[fa'zer 'prɔva]
esperimento (m)	experiência (f)	[ispe'rjẽsja]

143. Istituto superiore. Università

accademia (f)	academia (f)	[akade'mia]
università (f)	universidade (f)	[universi'dadʒi]
facoltà (f)	faculdade (f)	[fakuw'dadʒi]

studente (m)	estudante (m)	[istu'dãtʃi]
studentessa (f)	estudante (f)	[istu'dãtʃi]
docente (m, f)	professor (m)	[profe'sor]

| aula (f) | auditório (m) | [awdʒi'tɔrju] |
| diplomato (m) | graduado (m) | [gra'dwadu] |

| diploma (m) | diploma (m) | [dʒip'lɔma] |
| tesi (f) | tese (f) | ['tɛzi] |

| ricerca (f) | estudo (m) | [is'tudu] |
| laboratorio (m) | laboratório (m) | [labora'tɔrju] |

| lezione (f) | palestra (f) | [pa'lɛstra] |
| compagno (m) di corso | colega (m) de curso | [ko'lɛga de 'kursu] |

| borsa (f) di studio | bolsa (f) de estudos | ['bowsa de is'tudus] |
| titolo (m) accademico | grau (m) acadêmico | ['graw aka'demiku] |

144. Scienze. Discipline

matematica (f)	matemática (f)	[mate'matʃika]
algebra (f)	álgebra (f)	['awʒebra]
geometria (f)	geometria (f)	[ʒeome'tria]

astronomia (f)	astronomia (f)	[astrono'mia]
biologia (f)	biologia (f)	[bjolo'ʒia]
geografia (f)	geografia (f)	[ʒeogra'fia]
geologia (f)	geologia (f)	[ʒeolo'ʒia]
storia (f)	história (f)	[is'tɔrja]

medicina (f)	medicina (f)	[medʒi'sina]
pedagogia (f)	pedagogia (f)	[pedago'ʒia]
diritto (m)	direito (m)	[dʒi'rejtu]

fisica (f)	física (f)	['fizika]
chimica (f)	química (f)	['kimika]
filosofia (f)	filosofia (f)	[filozo'fia]
psicologia (f)	psicologia (f)	[psikolo'ʒia]

145. Sistema di scrittura. Ortografia

grammatica (f)	gramática (f)	[gra'matʃika]
lessico (m)	vocabulário (m)	[vokabu'larju]
fonetica (f)	fonética (f)	[fo'nɛtʃika]

sostantivo (m)	substantivo (m)	[substã'tʃivu]
aggettivo (m)	adjetivo (m)	[adʒe'tʃivu]
verbo (m)	verbo (m)	['vɛrbu]
avverbio (m)	advérbio (m)	[adʒi'vɛrbju]

pronome (m)	pronome (m)	[pro'nɔmi]
interiezione (f)	interjeição (f)	[ĩterʒej'sãw]
preposizione (f)	preposição (f)	[prepozi'sãw]

radice (f)	raiz (f)	[ha'iz]
desinenza (f)	terminação (f)	[termina'sãw]
prefisso (m)	prefixo (m)	[pre'fiksu]
sillaba (f)	sílaba (f)	['silaba]
suffisso (m)	sufixo (m)	[su'fiksu]

accento (m)	acento (m)	[a'sẽtu]
apostrofo (m)	apóstrofo (m)	[a'pɔstrofu]

punto (m)	ponto (m)	['põtu]
virgola (f)	vírgula (f)	['virgula]
punto (m) e virgola	ponto e vírgula (m)	['põtu e 'virgula]
due punti	dois pontos (m pl)	['dojs 'põtus]
puntini di sospensione	reticências (f pl)	[hetʃi'sẽsjas]

punto (m) interrogativo	ponto (m) de interrogação	['põtu de ĩtehoga'sãw]
punto (m) esclamativo	ponto (m) de exclamação	['põtu de isklama'sãw]

virgolette (f pl)	aspas (f pl)	['aspas]
tra virgolette	entre aspas	[ẽtri 'aspas]
parentesi (f pl)	parênteses (m pl)	[pa'rẽtezis]
tra parentesi	entre parênteses	[ẽtri pa'rẽtezis]

trattino (m)	hífen (m)	['ifẽ]
lineetta (f)	travessão (m)	[trave'sãw]
spazio (m) (tra due parole)	espaço (m)	[is'pasu]

| lettera (f) | letra (f) | ['letra] |
| lettera (f) maiuscola | letra (f) maiúscula | ['letra ma'juskula] |

| vocale (f) | vogal (f) | [vo'gaw] |
| consonante (f) | consoante (f) | [kõso'ãtʃi] |

proposizione (f)	frase (f)	['frazi]
soggetto (m)	sujeito (m)	[su'ʒejtu]
predicato (m)	predicado (m)	[predʒi'kadu]

riga (f)	linha (f)	['liɲa]
a capo	em uma nova linha	[ẽ 'uma 'nɔva 'liɲa]
capoverso (m)	parágrafo (m)	[pa'ragrafu]

parola (f)	palavra (f)	[pa'lavra]
gruppo (m) di parole	grupo (m) de palavras	['grupu de pa'lavras]
espressione (f)	expressão (f)	[ispre'sãw]
sinonimo (m)	sinônimo (m)	[si'nonimu]
antonimo (m)	antônimo (m)	[ã'tonimu]

regola (f)	regra (f)	['hɛgra]
eccezione (f)	exceção (f)	[ese'sãw]
giusto (corretto)	correto	[ko'hɛtu]

coniugazione (f)	conjugação (f)	[kõʒuga'sãw]
declinazione (f)	declinação (f)	[deklina'sãw]
caso (m) nominativo	caso (m)	['kazu]
domanda (f)	pergunta (f)	[per'gũta]
sottolineare (vt)	sublinhar (vt)	[subli'ɲar]
linea (f) tratteggiata	linha (f) pontilhada	['liɲa põtʃi'ʎada]

146. Lingue straniere

lingua (f)	língua (f)	['lĩgwa]
straniero (agg)	estrangeiro	[istrã'ʒejru]
lingua (f) straniera	língua (f) estrangeira	['lĩgwa istrã'ʒejra]
studiare (vt)	estudar (vt)	[istu'dar]
imparare (una lingua)	aprender (vt)	[aprẽ'der]

leggere (vi, vt)	ler (vt)	[ler]
parlare (vi, vt)	falar (vi)	[fa'lar]
capire (vt)	entender (vt)	[ẽtẽ'der]
scrivere (vi, vt)	escrever (vt)	[iskre'ver]
rapidamente	rapidamente	[hapida'mẽtʃi]
lentamente	lentamente	[lẽta'mẽtʃi]

correntemente	fluentemente	[fluẽte'mẽtʃi]
regole (f pl)	regras (f pl)	['hɛgras]
grammatica (f)	gramática (f)	[gra'matʃika]
lessico (m)	vocabulário (m)	[vokabu'larju]
fonetica (f)	fonética (f)	[fo'nɛtʃika]

manuale (m)	livro (m) didático	['livru dʒi'datʃiku]
dizionario (m)	dicionário (m)	[dʒisjo'narju]
manuale (m) autodidattico	manual (m) autodidático	[ma'nwaw awtɔdʒi'datʃiku]
frasario (m)	guia (m) de conversação	['gia de kõversa'sãw]

cassetta (f)	fita (f) cassete	['fita ka'sɛtʃi]
videocassetta (f)	videoteipe (m)	[vidʒju'tejpi]
CD (m)	CD, disco (m) compacto	['sede], ['dʒisku kõ'paktu]
DVD (m)	DVD (m)	[deve'de]

alfabeto (m)	alfabeto (m)	[awfa'bɛtu]
compitare (vt)	soletrar (vt)	[sole'trar]
pronuncia (f)	pronúncia (f)	[pro'nũsja]

accento (m)	sotaque (m)	[so'taki]
con un accento	com sotaque	[kõ so'taki]
senza accento	sem sotaque	[sẽ so'taki]

vocabolo (m)	palavra (f)	[pa'lavra]
significato (m)	sentido (m)	[sẽ'tʃidu]

corso (m) (~ di francese)	curso (m)	['kursu]
iscriversi (vr)	inscrever-se (vr)	[ĩskre'verse]
insegnante (m, f)	professor (m)	[profe'sor]

traduzione (f) (fare una ~)	tradução (f)	[tradu'sãw]
traduzione (f) (un testo)	tradução (f)	[tradu'sãw]
traduttore (m)	tradutor (m)	[tradu'tor]
interprete (m)	intérprete (m)	[ĩ'tɛrpretʃi]

poliglotta (m)	poliglota (m)	[pɔli'glɔta]
memoria (f)	memória (f)	[me'mɔrja]

147. Personaggi delle fiabe

Babbo Natale (m)	Papai Noel (m)	[pa'paj nɔ'ɛl]
Cenerentola (f)	Cinderela (f)	[sĩde'rɛla]
sirena (f)	sereia (f)	[se'reja]
Nettuno (m)	Netuno (m)	[ne'tunu]

mago (m)	bruxo, feiticeiro (m)	['bruʃu], [fejtʃi'sejru]
fata (f)	fada (f)	['fada]
magico (agg)	mágico	['maʒiku]
bacchetta (f) magica	varinha (f) mágica	[va'riɲa 'maʒika]

fiaba (f), favola (f)	conto (m) de fadas	['kõtu de 'fadas]
miracolo (m)	milagre (m)	[mi'lagri]
nano (m)	anão (m)	[a'nãw]

trasformarsi in ...	transformar-se em ...	[trãsfor'marsi ẽ]
fantasma (m)	fantasma (m)	[fã'tazma]
spettro (m)	fantasma (m)	[fã'tazma]
mostro (m)	monstro (m)	['mõstru]
drago (m)	dragão (m)	[dra'gãw]
gigante (m)	gigante (m)	[ʒi'gãtʃi]

148. Segni zodiacali

Ariete (m)	Áries (f)	['aris]
Toro (m)	Touro (m)	['toru]
Gemelli (m pl)	Gêmeos (m pl)	['ʒemjus]
Cancro (m)	Câncer (m)	['kãser]
Leone (m)	Leão (m)	[le'ãw]
Vergine (f)	Virgem (f)	['virʒẽ]

Bilancia (f)	Libra (f)	['libra]
Scorpione (m)	Escorpião (m)	[iskorpi'ãw]
Sagittario (m)	Sagitário (m)	[saʒi'tarju]
Capricorno (m)	Capricórnio (m)	[kapri'kɔrnju]
Acquario (m)	Aquário (m)	[a'kwarju]
Pesci (m pl)	Peixes (pl)	['pejʃis]

carattere (m)	caráter (m)	[ka'rater]
tratti (m pl) del carattere	traços (m pl) do caráter	['trasus du ka'rater]
comportamento (m)	comportamento (m)	[kõporta'mẽtu]
predire il futuro	prever a sorte	[pre'ver a 'sɔrtʃi]
cartomante (f)	adivinha (f)	[adʒi'viɲa]
oroscopo (m)	horóscopo (m)	[o'rɔskopu]

Arte

149. Teatro

Italiano	Portoghese	Pronuncia
teatro (m)	teatro (m)	['tʃjatru]
opera (f)	ópera (f)	['ɔpera]
operetta (f)	opereta (f)	[ope'reta]
balletto (m)	balé (m)	[ba'lɛ]
cartellone (m)	cartaz (m)	[kar'taz]
compagnia (f) teatrale	companhia (f) de teatro	[kõpa'ɲia de 'tʃjatru]
tournée (f)	turnê (f)	[tur'ne]
andare in tourn?e	estar em turnê	[is'tar ẽ tur'ne]
fare le prove	ensaiar (vt)	[ẽsa'jar]
prova (f)	ensaio (m)	[ẽ'saju]
repertorio (m)	repertório (m)	[heper'tɔrju]
rappresentazione (f)	apresentação (f)	[aprezẽta'sãw]
spettacolo (m)	espetáculo (m)	[ispe'takulu]
opera (f) teatrale	peça (f)	['pɛsa]
biglietto (m)	entrada (m)	[ẽ'trada]
botteghino (m)	bilheteira (f)	[biʎe'tejra]
hall (f)	hall (m)	[hɔw]
guardaroba (f)	vestiário (m)	[ves'tʃjarju]
cartellino (m) del guardaroba	senha (f) numerada	['sɐɲa nume'rada]
binocolo (m)	binóculo (m)	[bi'nɔkulu]
maschera (f)	lanterninha (m, f)	[lãter'niɲa]
platea (f)	plateia (f)	[pla'tɛja]
balconata (f)	balcão (m)	[baw'kãw]
prima galleria (f)	primeiro balcão (m)	[pri'mejru baw'kãw]
palco (m)	camarote (m)	[kama'rɔtʃi]
fila (f)	fila (f)	['fila]
posto (m)	assento (m)	[a'sẽtu]
pubblico (m)	público (m)	['publiku]
spettatore (m)	espectador (m)	[ispekta'dor]
battere le mani	aplaudir (vt)	[aplaw'dʒir]
applauso (m)	aplauso (m)	[a'plawzu]
ovazione (f)	ovação (f)	[ova'sãw]
palcoscenico (m)	palco (m)	['pawku]
sipario (m)	cortina (f)	[kor'tʃina]
scenografia (f)	cenário (m)	[se'narju]
quinte (f pl)	bastidores (m pl)	[bastʃi'doris]
scena (f) (l'ultima ~)	cena (f)	['sɛna]
atto (m)	ato (m)	['atu]
intervallo (m)	intervalo (m)	[ĩter'valu]

150. Cinema

attore (m)	ator (m)	[a'tor]
attrice (f)	atriz (f)	[a'triz]
cinema (m) (industria)	cinema (m)	[si'nɛma]
film (m)	filme (m)	['fiwmi]
puntata (f)	episódio (m)	[epi'zɔdʒu]
film (m) giallo	filme (m) policial	['fiwmi poli'sjaw]
film (m) d'azione	filme (m) de ação	['fiwmi de a'sãw]
film (m) d'avventure	filme (m) de aventuras	['fiwmi de avẽ'turas]
film (m) di fantascienza	filme (m) de ficção científica	['fiwmi de fik'sãw sjẽ'tʃifika]
film (m) d'orrore	filme (m) de horror	['fiwmi de o'hor]
film (m) comico	comédia (f)	[ko'mɛdʒja]
melodramma (m)	melodrama (m)	[melo'drama]
dramma (m)	drama (m)	['drama]
film (m) a soggetto	filme (m) de ficção	['fiwmi de fik'sãw]
documentario (m)	documentário (m)	[dokumẽ'tarju]
cartoni (m pl) animati	desenho (m) animado	[de'zɛɲu ani'madu]
cinema (m) muto	cinema (m) mudo	[si'nɛma 'mudu]
parte (f)	papel (m)	[pa'pɛw]
parte (f) principale	papel (m) principal	[pa'pɛw prĩsi'paw]
recitare (vi, vt)	representar (vt)	[heprezẽ'tar]
star (f), stella (f)	estrela (f) de cinema	[is'trela de si'nɛma]
noto (agg)	conhecido	[koɲe'sidu]
famoso (agg)	famoso	[fa'mozu]
popolare (agg)	popular	[popu'lar]
sceneggiatura (m)	roteiro (m)	[ho'tejru]
sceneggiatore (m)	roteirista (m)	[hotej'rista]
regista (m)	diretor (m) de cinema	[dʒire'tor de si'nɛma]
produttore (m)	produtor (m)	[produ'tor]
assistente (m)	assistente (m)	[asis'tẽtʃi]
cameraman (m)	diretor (m) de fotografia	[dʒire'tor de fotogra'fia]
cascatore (m)	dublê (m)	[du'ble]
controfigura (f)	dublê (m) de corpo	[du'ble de korpu]
girare un film	filmar (vt)	[fiw'mar]
provino (m)	audição (f)	[awdʒi'sãw]
ripresa (f)	filmagem (f)	[fiw'maʒẽ]
troupe (f) cinematografica	equipe (f) de filmagem	[e'kipi de fiw'maʒẽ]
set (m)	set (m) de filmagem	['sɛtʃi de fiw'maʒẽ]
cinepresa (f)	câmera (f)	['kamera]
cinema (m) (~ all'aperto)	cinema (m)	[si'nɛma]
schermo (m)	tela (f)	['tɛla]
proiettare un film	exibir um filme	[ezi'bir ũ 'fiwmi]
colonna (f) sonora	trilha (f) sonora	['triʎa so'nɔra]
effetti (m pl) speciali	efeitos (m pl) especiais	[e'fejtus ispe'sjajs]

sottotitoli (m pl)	legendas (f pl)	[le'ӡẽdas]
titoli (m pl) di coda	crédito (m)	['krɛʤitu]
traduzione (f)	tradução (f)	[tradu'sãw]

151. Pittura

arte (f)	arte (f)	['artʃi]
belle arti (f pl)	belas-artes (f pl)	[bɛlaz 'artʃis]
galleria (f) d'arte	galeria (f) de arte	[gale'ria de 'artʃi]
mostra (f)	exibição (f) de arte	[ezibi'sãw de 'artʃi]

pittura (f)	pintura (f)	[pĩ'tura]
grafica (f)	arte (f) gráfica	['artʃis 'grafikas]
astrattismo (m)	arte (f) abstrata	['artʃi abs'trata]
impressionismo (m)	impressionismo (m)	[ĩpresjo'nizmu]

quadro (m)	pintura (f), quadro (m)	[pĩ'tura], ['kwadru]
disegno (m)	desenho (m)	[de'zɛɲu]
cartellone, poster (m)	pôster (m)	['poster]

illustrazione (f)	ilustração (f)	[ilustra'sãw]
miniatura (f)	miniatura (f)	[minja'tura]
copia (f)	cópia (f)	['kɔpja]
riproduzione (f)	reprodução (f)	[heprodu'sãw]

mosaico (m)	mosaico (m)	[mo'zajku]
vetrata (f)	vitral (m)	[vi'traw]
affresco (m)	afresco (m)	[a'fresku]
incisione (f)	gravura (f)	[gra'vura]

busto (m)	busto (m)	['bustu]
scultura (f)	escultura (f)	[iskuw'tura]
statua (f)	estátua (f)	[is'tatwa]
gesso (m)	gesso (m)	['ӡesu]
in gesso	em gesso	[ẽ 'ӡesu]

ritratto (m)	retrato (m)	[he'tratu]
autoritratto (m)	autorretrato (m)	[awtohe'tratu]
paesaggio (m)	paisagem (f)	[paj'zaӡẽ]
natura (f) morta	natureza (f) morta	[natu'reza 'mɔrta]
caricatura (f)	caricatura (f)	[karika'tura]
abbozzo (m)	esboço (m)	[iz'bosu]

colore (m)	tinta (f)	[tʃĩta]
acquerello (m)	aquarela (f)	[akwa'rɛla]
olio (m)	tinta (f) a óleo	[tʃĩta a 'ɔlju]
matita (f)	lápis (m)	['lapis]
inchiostro (m) di china	tinta (f) nanquim	[tʃĩta nã'kĩ]
carbone (m)	carvão (m)	[kar'vãw]

disegnare (a matita)	desenhar (vt)	[deze'ɲar]
dipingere (un quadro)	pintar (vt)	[pĩ'tar]
posare (vi)	posar (vi)	[po'zar]
modello (m)	modelo (m)	[mo'delu]

modella (f)	modelo (f)	[mo'delu]
pittore (m)	pintor (m)	[pĩ'tor]
opera (f) d'arte	obra (f)	['ɔbra]
capolavoro (m)	obra-prima (f)	['ɔbra 'prima]
laboratorio (m) (di artigiano)	estúdio (m)	[is'tudʒu]

tela (f)	tela (f)	['tɛla]
cavalletto (m)	cavalete (m)	[kava'letʃi]
tavolozza (f)	paleta (f)	[pa'leta]

cornice (f) (~ di un quadro)	moldura (f)	[mow'dura]
restauro (m)	restauração (f)	[hestawra'sãw]
restaurare (vt)	restaurar (vt)	[hestaw'rar]

152. Letteratura e poesia

letteratura (f)	literatura (f)	[litera'tura]
autore (m)	autor (m)	[aw'tor]
pseudonimo (m)	pseudônimo (m)	[psew'donimu]

libro (m)	livro (m)	['livru]
volume (m)	volume (m)	[vo'lumi]
sommario (m), indice (m)	índice (m)	['indʒisi]
pagina (f)	página (f)	['paʒina]
protagonista (m)	protagonista (m)	[protago'nista]
autografo (m)	autógrafo (m)	[aw'tɔgrafu]

racconto (m)	conto (m)	['kõtu]
romanzo (m) breve	novela (f)	[no'vɛla]
romanzo (m)	romance (m)	[ho'mãsi]
opera (f) (~ letteraria)	obra (f)	['ɔbra]
favola (f)	fábula (m)	['fabula]
giallo (m)	romance (m) policial	[ho'mãsi poli'sjaw]

verso (m)	verso (m)	['vɛrsu]
poesia (f) (~ lirica)	poesia (f)	[poe'zia]
poema (m)	poema (m)	['pwema]
poeta (m)	poeta (m)	['pwɛta]

narrativa (f)	ficção (f)	[fik'sãw]
fantascienza (f)	ficção (f) científica	[fik'sãw sjë'tʃifika]
avventure (f pl)	aventuras (f pl)	[avë'turas]
letteratura (f) formativa	literatura (f) didática	[litera'tura dʒi'datʃika]
libri (m pl) per l'infanzia	literatura (f) infantil	[litera'tura ĩfã'tʃiw]

153. Circo

circo (m)	circo (m)	['sirku]
tendone (m) del circo	circo (m) ambulante	['sirku ãbu'lãtʃi]
programma (m)	programa (m)	[pro'grama]
spettacolo (m)	apresentação (f)	[aprezëta'sãw]
numero (m)	número (m)	['numeru]

arena (f)	picadeiro (f)	[pika'dejru]
pantomima (m)	pantomima (f)	[pãto'mima]
pagliaccio (m)	palhaço (m)	[pa'ʎasu]

acrobata (m)	acrobata (m)	[akro'bata]
acrobatica (f)	acrobacia (f)	[akroba'sia]
ginnasta (m)	ginasta (m)	[ʒi'nasta]
ginnastica (m)	ginástica (f)	[ʒi'nastʃika]
salto (m) mortale	salto (m) mortal	['sawtu mor'taw]

forzuto (m)	homem (m) forte	['omẽ 'fɔrtʃi]
domatore (m)	domador (m)	[doma'dor]
cavallerizzo (m)	cavaleiro (m) equilibrista	[kava'lejru ekili'brista]
assistente (m)	assistente (m)	[asis'tẽtʃi]

acrobazia (f)	truque (m)	['truki]
gioco (m) di prestigio	truque (m) de mágica	['truki de 'maʒika]
prestigiatore (m)	ilusionista (m)	[iluzjo'nista]

giocoliere (m)	malabarista (m)	[malaba'rista]
giocolare (vi)	fazer malabarismos	[fa'zer malaba'rizmus]
ammaestratore (m)	adestrador (m)	[adestra'dɔr]
ammaestramento (m)	adestramento (m)	[adestra'mẽtu]
ammaestrare (vt)	adestrar (vt)	[ades'trar]

154. Musica. Musica pop

musica (f)	música (f)	['muzika]
musicista (m)	músico (m)	['muziku]
strumento (m) musicale	instrumento (m) musical	[ĩstru'mẽtu muzi'kaw]
suonare ...	tocar ...	[to'kar]

chitarra (f)	guitarra (f)	[gi'taha]
violino (m)	violino (m)	[vjo'linu]
violoncello (m)	violoncelo (m)	[vjolõ'sɛlu]
contrabbasso (m)	contrabaixo (m)	[kõtra'baɪʃu]
arpa (f)	harpa (f)	['arpa]

pianoforte (m)	piano (m)	['pjanu]
pianoforte (m) a coda	piano (m) de cauda	['pjanu de 'kawda]
organo (m)	órgão (m)	['ɔrgãw]

strumenti (m pl) a fiato	instrumentos (m pl) de sopro	[ĩstru'mẽtus de 'sopru]
oboe (m)	oboé (m)	[o'bwɛ]
sassofono (m)	saxofone (m)	[sakso'fɔni]
clarinetto (m)	clarinete (m)	[klari'netʃi]
flauto (m)	flauta (f)	['flawta]
tromba (f)	trompete (m)	[trõ'pɛte]

fisarmonica (f)	acordeão (m)	[akor'dʒjãw]
tamburo (m)	tambor (m)	[tã'bor]

duetto (m)	dueto (m)	['dwetu]
trio (m)	trio (m)	['triu]

quartetto (m)	quarteto (m)	[kwar'tetu]
coro (m)	coro (m)	['koru]
orchestra (f)	orquestra (f)	[or'kɛstra]
musica (f) pop	música (f) pop	['muzika 'pɔpi]
musica (f) rock	música (f) rock	['muzika 'hɔki]
gruppo (m) rock	grupo (m) de rock	['grupu de 'hɔki]
jazz (m)	jazz (m)	[dʒɛz]
idolo (m)	ídolo (m)	['idolu]
ammiratore (m)	fã, admirador (m)	[fã], [adʒimira'dor]
concerto (m)	concerto (m)	[kõ'sertu]
sinfonia (f)	sinfonia (f)	[sĩfo'nia]
composizione (f)	composição (f)	[kõpozi'sãw]
comporre (vt), scrivere (vt)	compor (vt)	[kõ'por]
canto (m)	canto (m)	['kãtu]
canzone (f)	canção (f)	[kã'sãw]
melodia (f)	melodia (f)	[melo'dʒia]
ritmo (m)	ritmo (m)	['hitʃmu]
blues (m)	blues (m)	[bluz]
note (f pl)	notas (f pl)	['nɔtas]
bacchetta (f)	batuta (f)	[ba'tuta]
arco (m)	arco (m)	['arku]
corda (f)	corda (f)	['kɔrda]
custodia (f) (~ della chitarra)	estojo (m)	[is'toʒu]

137

Ristorante. Intrattenimento. Viaggi

155. Escursione. Viaggio

turismo (m)	**turismo** (m)	[tu'rizmu]
turista (m)	**turista** (m)	[tu'rista]
viaggio (m) (all'estero)	**viagem** (f)	['vjaʒẽ]
avventura (f)	**aventura** (f)	[avẽ'tura]
viaggio (m) (corto)	**viagem** (f)	['vjaʒẽ]
vacanza (f)	**férias** (f pl)	['fɛrjas]
essere in vacanza	**estar de férias**	[is'tar de 'fɛrjas]
riposo (m)	**descanso** (m)	[dʒis'kãsu]
treno (m)	**trem** (m)	[trẽj]
in treno	**de trem**	[de trẽj]
aereo (m)	**avião** (m)	[a'vjãw]
in aereo	**de avião**	[de a'vjãw]
in macchina	**de carro**	[de 'kaho]
in nave	**de navio**	[de na'viu]
bagaglio (m)	**bagagem** (f)	[ba'gaʒẽ]
valigia (f)	**mala** (f)	['mala]
carrello (m)	**carrinho** (m)	[ka'hiɲu]
passaporto (m)	**passaporte** (m)	[pasa'pɔrtʃi]
visto (m)	**visto** (m)	['vistu]
biglietto (m)	**passagem** (f)	[pa'saʒẽ]
biglietto (m) aereo	**passagem** (f) **aérea**	[pa'saʒẽ a'erja]
guida (f)	**guia** (m) **de viagem**	['gia de vi'aʒẽ]
carta (f) geografica	**mapa** (m)	['mapa]
località (f)	**área** (f)	['arja]
luogo (m)	**lugar** (m)	[lu'gar]
ogetti (m pl) esotici	**exotismo** (m)	[ezo'tʃizmu]
esotico (agg)	**exótico**	[e'zɔtʃiku]
sorprendente (agg)	**surpreendente**	[surprjẽ'dẽtʃi]
gruppo (m)	**grupo** (m)	['grupu]
escursione (f)	**excursão** (f)	[iskur'sãw]
guida (f) (cicerone)	**guia** (m)	['gia]

156. Hotel

albergo (m)	**hotel** (m)	[o'tɛw]
motel (m)	**motel** (m)	[mo'tɛw]
tre stelle	**três estrelas**	['tres is'trelas]

| cinque stelle | cinco estrelas | ['sĩku is'trelas] |
| alloggiare (vi) | ficar (vi, vt) | [fi'kar] |

camera (f)	quarto (m)	['kwartu]
camera (f) singola	quarto (m) individual	['kwartu ĩʤivi'dwaw]
camera (f) doppia	quarto (m) duplo	['kwartu 'duplu]
prenotare una camera	reservar um quarto	[hezer'var ũ 'kwartu]

| mezza pensione (f) | meia pensão (f) | ['meja pẽ'sãw] |
| pensione (f) completa | pensão (f) completa | [pẽ'sãw kõ'plɛta] |

con bagno	com banheira	[kõ ba'ɲejra]
con doccia	com chuveiro	[kõ ʃu'vejru]
televisione (f) satellitare	televisão (m) por satélite	[televi'zãw por sa'tɛlitʃi]
condizionatore (m)	ar (m) condicionado	[ar kõʤisjo'nadu]
asciugamano (m)	toalha (f)	[to'aʎa]
chiave (f)	chave (f)	['ʃavi]

amministratore (m)	administrador (m)	[aʤiministra'dor]
cameriera (f)	camareira (f)	[kama'rejra]
portabagagli (m)	bagageiro (m)	[baga'ʒejru]
portiere (m)	porteiro (m)	[por'tejru]

ristorante (m)	restaurante (m)	[hestaw'rãtʃi]
bar (m)	bar (m)	[bar]
colazione (f)	café (m) da manhã	[ka'fɛ da ma'ɲã]
cena (f)	jantar (m)	[ʒã'tar]
buffet (m)	bufê (m)	[bu'fe]

| hall (f) (atrio d'ingresso) | saguão (m) | [sa'gwãw] |
| ascensore (m) | elevador (m) | [eleva'dor] |

| NON DISTURBARE | NÃO PERTURBE | ['nãw per'turbi] |
| VIETATO FUMARE! | PROIBIDO FUMAR! | [proi'bidu fu'mar] |

157. Libri. Lettura

libro (m)	livro (m)	['livru]
autore (m)	autor (m)	[aw'tor]
scrittore (m)	escritor (m)	[iskri'tor]
scrivere (vi, vt)	escrever (vt)	[iskre'ver]

lettore (m)	leitor (m)	[lej'tor]
leggere (vi, vt)	ler (vt)	[ler]
lettura (f) (sala di ~)	leitura (f)	[lej'tura]

| in silenzio (leggere ~) | para si | ['para si] |
| ad alta voce | em voz alta | [ẽ vɔz 'awta] |

pubblicare (vt)	publicar (vt)	[publi'kar]
pubblicazione (f)	publicação (f)	[publika'sãw]
editore (m)	editor (m)	[eʤi'tor]
casa (f) editrice	editora (f)	[eʤi'tora]
uscire (vi)	sair (vi)	[sa'ir]

| uscita (f) | lançamento (m) | [lãsa'mẽtu] |
| tiratura (f) | tiragem (f) | [tʃi'raʒẽ] |

| libreria (f) | livraria (f) | [livra'ria] |
| biblioteca (f) | biblioteca (f) | [bibljo'tɛka] |

romanzo (m) breve	novela (f)	[no'vɛla]
racconto (m)	conto (m)	['kõtu]
romanzo (m)	romance (m)	[ho'mãsi]
giallo (m)	romance (m) policial	[ho'mãsi poli'sjaw]

memorie (f pl)	memórias (f pl)	[me'mɔrias]
leggenda (f)	lenda (f)	['lẽda]
mito (m)	mito (m)	['mitu]

poesia (f), versi (m pl)	poesia (f)	[poe'zia]
autobiografia (f)	autobiografia (f)	[awtobjogra'fia]
opere (f pl) scelte	obras (f pl) escolhidas	['ɔbraʃ isko'ʎidas]
fantascienza (f)	ficção (f) científica	[fik'sãw sjẽ'tʃifika]

titolo (m)	título (m)	['tʃitulu]
introduzione (f)	introdução (f)	[ĩtrodu'sãw]
frontespizio (m)	folha (f) de rosto	['foʎa de 'hostu]

capitolo (m)	capítulo (m)	[ka'pitulu]
frammento (m)	excerto (m)	[e'sɛrtu]
episodio (m)	episódio (m)	[epi'zɔdʒu]

soggetto (m)	enredo (m)	[ẽ'hedu]
contenuto (m)	conteúdo (m)	[kõte'udu]
sommario (m)	índice (m)	['ĩdʒisi]
protagonista (m)	protagonista (m)	[protago'nista]

volume (m)	volume (m)	[vo'lumi]
copertina (f)	capa (f)	['kapa]
rilegatura (f)	encadernação (f)	[ẽkaderna'sãw]
segnalibro (m)	marcador (m) de página	[marka'dor de 'paʒina]

pagina (f)	página (f)	['paʒina]
sfogliare (~ le pagine)	folhear (vt)	[fo'ʎjar]
margini (m pl)	margem (f)	['marʒẽ]
annotazione (f)	anotação (f)	[anota'sãw]
nota (f) (a fondo pagina)	nota (f) de rodapé	['nɔta de hoda'pɛ]

testo (m)	texto (m)	['testu]
carattere (m)	fonte (f)	['fõtʃi]
refuso (m)	falha (f) de impressão	['faʎa de impre'sãw]

traduzione (f)	tradução (f)	[tradu'sãw]
tradurre (vt)	traduzir (vt)	[tradu'zir]
originale (m) (leggere l'~)	original (m)	[oriʒi'naw]

famoso (agg)	famoso	[fa'mozu]
sconosciuto (agg)	desconhecido	[dʒiskoɲe'sidu]
interessante (agg)	interessante	[ĩtere'sãtʃi]
best seller (m)	best-seller (m)	[bɛst'sɛler]

dizionario (m)	dicionário (m)	[dʒisjo'narju]
manuale (m)	livro (m) didático	['livru dʒi'datʃiku]
enciclopedia (f)	enciclopédia (f)	[ẽsiklo'pɛdʒja]

158. Caccia. Pesca

caccia (f)	caça (f)	['kasa]
cacciare (vt)	caçar (vi)	[ka'sar]
cacciatore (m)	caçador (m)	[kasa'dor]

sparare (vi)	disparar, atirar (vi)	[dʒispa'rar], [atʃi'rar]
fucile (m)	rifle (m)	['hifli]
cartuccia (f)	cartucho (m)	[kar'tuʃu]
pallini (m pl) da caccia	chumbo (m) de caça	['ʃũbu de 'kasa]

tagliola (f) (~ per orsi)	armadilha (f)	arma'dʒiʎa]
trappola (f) (~ per uccelli)	armadilha (f)	arma'dʒiʎa]
cadere in trappola	cair na armadilha	[ka'ir na arma'dʒiʎa]
tendere una trappola	pôr a armadilha	['por a arma'dʒiʎa]

bracconiere (m)	caçador (m) furtivo	[kasa'dor fur'tʃivu]
cacciagione (m)	caça (f)	['kasa]
cane (m) da caccia	cão (m) de caça	['kãw de 'kasa]
safari (m)	safári (m)	[sa'fari]
animale (m) impagliato	animal (m) empalhado	[ani'maw ẽpa'ʎadu]

pescatore (m)	pescador (m)	[peska'dor]
pesca (f)	pesca (f)	['pɛska]
pescare (vi)	pescar (vt)	[pes'kar]

canna (f) da pesca	vara (f) de pesca	['vara de 'pɛska]
lenza (f)	linha (f) de pesca	['liɲa de 'pɛska]
amo (m)	anzol (m)	[ã'zɔw]

| galleggiante (m) | boia (f), flutuador (m) | ['bɔja], [flutwa'dor] |
| esca (f) | isca (f) | ['iska] |

| lanciare la canna | lançar a linha | [lã'sar a 'liɲa] |
| abboccare (pesce) | morder (vt) | [mor'der] |

| pescato (m) | pesca (f) | ['pɛska] |
| buco (m) nel ghiaccio | buraco (m) no gelo | [bu'raku nu 'ʒelu] |

| rete (f) | rede (f) | ['hedʒi] |
| barca (f) | barco (m) | ['barku] |

prendere con la rete	pescar com rede	[pes'kar kõ 'hedʒi]
gettare la rete	lançar a rede	[lã'sar a 'hedʒi]
tirare le reti	puxar a rede	[pu'ʃar a 'hedʒi]
cadere nella rete	cair na rede	[ka'ir na 'hedʒi]

baleniere (m)	baleeiro (m)	[bale'ejro]
baleniera (f) (nave)	baleeira (f)	[bale'ejra]
rampone (m)	arpão (m)	[ar'pãw]

159. Ciochi. Biliardo

biliardo (m)	bilhar (m)	[bi'ʎar]
sala (f) da biliardo	sala (f) de bilhar	['sala de bi'ʎar]
bilia (f)	bola (f) de bilhar	['bɔla de bi'ʎar]
imbucare (vt)	embolsar uma bola	[ẽbow'sar 'uma 'bɔla]
stecca (f) da biliardo	taco (m)	['taku]
buca (f)	caçapa (f)	[ka'sapa]

160. Giochi. Carte da gioco

quadri (m pl)	ouros (m pl)	['orus]
picche (f pl)	espadas (f pl)	[is'padas]
cuori (m pl)	copas (f pl)	['kɔpas]
fiori (m pl)	paus (m pl)	['paws]
asso (m)	ás (m)	[ajs]
re (m)	rei (m)	[hej]
donna (f)	dama (f), rainha (f)	['dama], [ha'iɲa]
fante (m)	valete (m)	[va'lɛtʃi]
carta (f) da gioco	carta (f) de jogar	['karta de ʒo'gar]
carte (f pl)	cartas (f pl)	['kartas]
briscola (f)	trunfo (m)	['trũfu]
mazzo (m) di carte	baralho (m)	[ba'raʎu]
punto (m)	ponto (m)	['põtu]
dare le carte	dar, distribuir (vt)	[dar], [dʒistri'bwir]
mescolare (~ le carte)	embaralhar (vt)	[ẽbara'ʎar]
turno (m)	vez, jogada (f)	[vez], [ʒo'gada]
baro (m)	trapaceiro (m)	[trapa'sejru]

161. Casinò. Roulette

casinò (m)	cassino (m)	[ka'sinu]
roulette (f)	roleta (f)	[ho'leta]
puntata (f)	aposta (f)	[a'pɔsta]
puntare su ...	apostar (vt)	[apos'tar]
rosso (m)	vermelho (m)	[ver'meʎu]
nero (m)	preto (m)	['pretu]
puntare sul rosso	apostar no vermelho	[apos'tar nu ver'meʎu]
puntare sul nero	apostar no preto	[apos'tar nu 'pretu]
croupier (m)	croupier (m, f)	[kru'pje]
regole (f pl) del gioco	regras (f pl) do jogo	['hɛgras du 'ʒogu]
fiche (f)	ficha (f)	['fiʃa]
vincere (vi, vt)	ganhar (vi, vt)	[ga'ɲar]
vincita (f)	ganho (m)	['gaɲu]

| perdere (vt) | perder (vt) | [per'der] |
| perdita (f) | perda (f) | ['perda] |

giocatore (m)	jogador (m)	[ʒoga'dor]
black jack (m)	blackjack, vinte-e-um (m)	[blɛk'ʒɛk], ['vĩtʃi-ɛ-ũ]
gioco (m) dei dadi	jogo (m) de dados	['ʒogu de 'dadus]
dadi (m pl)	dados (m pl)	['dadus]
slot machine (f)	caça-níqueis (m)	['kasa 'nikews]

162. Riposo. Giochi. Varie

passeggiare (vi)	passear (vi)	[pa'sjar]
passeggiata (f)	passeio (m)	[pa'seju]
gita (f)	viagem (f) de carro	['vjaʒẽ de 'kaho]
avventura (f)	aventura (f)	[avẽ'tura]
picnic (m)	piquenique (m)	[piki'niki]

gioco (m)	jogo (m)	['ʒogu]
giocatore (m)	jogador (m)	[ʒoga'dor]
partita (f) (~ a scacchi)	partida (f)	[par'tʃida]

collezionista (m)	colecionador (m)	[kolesjona'dor]
collezionare (vt)	colecionar (vt)	[kolesjo'nar]
collezione (f)	coleção (f)	[kole'sãw]

cruciverba (m)	palavras (f pl) cruzadas	[pa'lavras kru'zadas]
ippodromo (m)	hipódromo (m)	[i'pɔdromu]
discoteca (f)	discoteca (f)	[dʒisko'tɛka]

| sauna (f) | sauna (f) | ['sawna] |
| lotteria (f) | loteria (f) | [lote'ria] |

campeggio (m)	campismo (m)	[kã'pizmu]
campo (m)	acampamento (m)	[akãpa'mẽtu]
tenda (f) da campeggio	barraca (f)	[ba'haka]
bussola (f)	bússola (f)	['busola]
campeggiatore (m)	campista (m)	[kã'pista]

guardare (~ un film)	ver (vt), assistir à ...	[ver], [asis'tʃir a]
telespettatore (m)	telespectador (m)	[telespekta'dor]
trasmissione (f)	programa (m) de TV	[pro'grama de te've]

163. Fotografia

| macchina (f) fotografica | máquina (f) fotográfica | ['makina foto'grafika] |
| fotografia (f) | foto, fotografia (f) | ['fɔtu], [fotogra'fia] |

fotografo (m)	fotógrafo (m)	[fo'tɔgrafu]
studio (m) fotografico	estúdio (m) fotográfico	[is'tudʒu foto'grafiku]
album (m) di fotografie	álbum (m) de fotografias	['awbũ de fotogra'fias]
obiettivo (m)	lente (f) fotográfica	['lẽtʃi foto'grafika]
teleobiettivo (m)	lente (f) teleobjetiva	['lẽtʃi teleobʒe'tʃiva]

| filtro (m) | filtro (m) | ['fiwtru] |
| lente (f) | lente (f) | ['lētʃi] |

ottica (f)	ótica (f)	['ɔtʃika]
diaframma (m)	abertura (f)	[aber'tura]
tempo (m) di esposizione	exposição (f)	[ispozi'sãw]
mirino (m)	visor (m)	[vi'zor]

fotocamera (f) digitale	câmera (f) digital	['kamera dʒiʒi'taw]
cavalletto (m)	tripé (m)	[tri'pɛ]
flash (m)	flash (m)	[flaʃ]

fotografare (vt)	fotografar (vt)	[fotogra'far]
fare foto	tirar fotos	[tʃi'rar 'fotus]
fotografarsi	fotografar-se (vr)	[fotogra'farse]

fuoco (m)	foco (m)	['fɔku]
mettere a fuoco	focar (vt)	[fo'kar]
nitido (agg)	nítido	['nitʃidu]
nitidezza (f)	nitidez (f)	[nitʃi'dez]

| contrasto (m) | contraste (m) | [kõ'trastʃi] |
| contrastato (agg) | contrastante | [kõtras'tãtʃi] |

foto (f)	retrato (m)	[he'tratu]
negativa (f)	negativo (m)	[nega'tʃivu]
pellicola (f) fotografica	filme (m)	['fiwmi]
fotogramma (m)	fotograma (m)	[foto'grama]
stampare (~ le foto)	imprimir (vt)	[ĩpri'mir]

164. Spiaggia. Nuoto

spiaggia (f)	praia (f)	['praja]
sabbia (f)	areia (f)	[a'reja]
deserto (agg)	deserto	[de'zɛrtu]

abbronzatura (f)	bronzeado (m)	[brõ'zjadu]
abbronzarsi (vr)	bronzear-se (vr)	[brõ'zjarsi]
abbronzato (agg)	bronzeado	[brõ'zjadu]
crema (f) solare	protetor (m) solar	[prute'tor so'lar]

bikini (m)	biquíni (m)	[bi'kini]
costume (m) da bagno	maiô (m)	[ma'jo]
slip (m) da bagno	calção (m) de banho	[kaw'sãw de 'baɲu]

piscina (f)	piscina (f)	[pi'sina]
nuotare (vi)	nadar (vi)	[na'dar]
doccia (f)	chuveiro (m), ducha (f)	[ʃu'vejru], ['duʃa]
cambiarsi (~ i vestiti)	mudar, trocar (vt)	[mu'dar], [tro'kar]
asciugamano (m)	toalha (f)	[to'aʎa]

barca (f)	barco (m)	['barku]
motoscafo (m)	lancha (f)	['lãʃa]
sci (m) nautico	esqui (m) aquático	[is'ki a'kwatʃiku]

pedalò (m)	barco (m) de pedais	['barku de pe'dajs]
surf (m)	surfe (m)	['surfi]
surfista (m)	surfista (m)	[sur'fista]

autorespiratore (m)	equipamento (m) de mergulho	[ekipa'mẽtu de mer'guʎu]
pinne (f pl)	pé (m pl) de pato	[pɛ de 'patu]
maschera (f)	máscara (f)	['maskara]
subacqueo (m)	mergulhador (m)	[merguʎa'dor]
tuffarsi (vr)	mergulhar (vi)	[mergu'ʎar]
sott'acqua	debaixo d'água	[de'baɪʃu 'dagwa]

ombrellone (m)	guarda-sol (m)	['gwarda 'sɔw]
sdraio (f)	espreguiçadeira (f)	[ispregisa'dejra]
occhiali (m pl) da sole	óculos (m pl) de sol	['ɔkulus de 'sɔw]
materasso (m) ad aria	colchão (m) de ar	[kow'ʃãw de 'ar]

| giocare (vi) | brincar (vi) | [brĩ'kar] |
| fare il bagno | ir nadar | [ir na'dar] |

pallone (m)	bola (f) de praia	['bɔla de 'praja]
gonfiare (vt)	encher (vt)	[ẽ'ʃer]
gonfiabile (agg)	inflável	[ĩ'flavew]

onda (f)	onda (f)	['õda]
boa (f)	boia (f)	['boja]
annegare (vi)	afogar-se (vr)	[afo'garse]

salvare (vt)	salvar (vt)	[saw'var]
giubbotto (m) di salvataggio	colete (m) salva-vidas	[ko'letʃi 'sawva 'vidas]
osservare (vt)	observar (vt)	[obser'var]
bagnino (m)	salva-vidas (m)	[sawva-'vidas]

ATTREZZATURA TECNICA. MEZZI DI TRASPORTO

Attrezzatura tecnica

165. Computer

computer (m)	computador (m)	[kõputa'dor]
computer (m) portatile	computador (m) portátil	[kõputa'dɔr por'tatʃiw]
accendere (vt)	ligar (vt)	[li'gar]
spegnere (vt)	desligar (vt)	[dʒizli'gar]
tastiera (f)	teclado (m)	[tɛk'ladu]
tasto (m)	tecla (f)	['tɛkla]
mouse (m)	mouse (m)	['mawz]
tappetino (m) del mouse	tapete (m) para mouse	[ta'petʃi 'para 'mawz]
tasto (m)	botão (m)	[bo'tãw]
cursore (m)	cursor (m)	[kur'sor]
monitor (m)	monitor (m)	[moni'tor]
schermo (m)	tela (f)	['tɛla]
disco (m) rigido	disco (m) rígido	['dʒisku 'hiʒidu]
spazio (m) sul disco rigido	capacidade (f) do disco rígido	[kapasi'dadʒi du 'dʒisku 'hiʒidu]
memoria (f)	memória (f)	[me'mɔrja]
memoria (f) operativa	memória RAM (f)	[me'mɔrja ram]
file (m)	arquivo (m)	[ar'kivu]
cartella (f)	pasta (f)	['pasta]
aprire (vt)	abrir (vt)	[a'brir]
chiudere (vt)	fechar (vt)	[fe'ʃar]
salvare (vt)	salvar (vt)	[saw'var]
eliminare (vt)	deletar (vt)	[dele'tar]
copiare (vt)	copiar (vt)	[ko'pjar]
ordinare (vt)	ordenar (vt)	[orde'nar]
trasferire (vt)	copiar (vt)	[ko'pjar]
programma (m)	programa (m)	[pro'grama]
software (m)	software (m)	[sof'twer]
programmatore (m)	programador (m)	[programa'dor]
programmare (vt)	programar (vt)	[progra'mar]
hacker (m)	hacker (m)	['haker]
password (f)	senha (f)	['sɛɲa]
virus (m)	vírus (m)	['virus]
trovare (un virus, ecc.)	detectar (vt)	[detek'tar]

| byte (m) | byte (m) | ['bajtʃi] |
| megabyte (m) | megabyte (m) | [mega'bajtʃi] |

| dati (m pl) | dados (m pl) | ['dadus] |
| database (m) | base (f) de dados | ['bazi de 'dadus] |

cavo (m)	cabo (m)	['kabu]
sconnettere (vt)	desconectar (vt)	[dezkonek'tar]
collegare (vt)	conectar (vt)	[konek'tar]

166. Internet. Posta elettronica

internet (f)	internet (f)	[ĩter'nɛtʃi]
navigatore (m)	browser (m)	['brawzer]
motore (m) di ricerca	motor (m) de busca	[mo'tor de 'buska]
provider (m)	provedor (m)	[prove'dor]

webmaster (m)	webmaster (m)	[web'master]
sito web (m)	website (m)	[websajt]
pagina web (f)	página web (f)	['paʒina webi]

| indirizzo (m) | endereço (m) | [ẽde'resu] |
| rubrica (f) indirizzi | livro (m) de endereços | ['livru de ẽde'resus] |

casella (f) di posta	caixa (f) de correio	['kaɪʃa de ko'heju]
posta (f)	correio (m)	[ko'heju]
troppo piena (agg)	cheia	['ʃeja]

messaggio (m)	mensagem (f)	[mẽ'saʒẽ]
messaggi (m pl) in arrivo	mensagens (f pl) recebidas	[mẽ'saʒẽs hese'bidas]
messaggi (m pl) in uscita	mensagens (f pl) enviadas	[mẽ'saʒẽs ẽ'vjadas]
mittente (m)	remetente (m)	[heme'tẽtʃi]
inviare (vt)	enviar (vt)	[ẽ'vjar]
invio (m)	envio (m)	[ẽ'viu]

| destinatario (m) | destinatário (m) | [destʃina'tarju] |
| ricevere (vt) | receber (vt) | [hese'ber] |

| corrispondenza (f) | correspondência (f) | [kohespõ'dẽsja] |
| essere in corrispondenza | corresponder-se (vr) | [kohespõ'dersi] |

file (m)	arquivo (m)	[ar'kivu]
scaricare (vt)	fazer o download, baixar (vt)	[fa'zer u dawn'load], [baj'ʃar]
creare (vt)	criar (vt)	[krjar]
eliminare (vt)	deletar (vt)	[dele'tar]
eliminato (agg)	deletado	[dele'tadu]

connessione (f)	conexão (f)	[konek'sãw]
velocità (f)	velocidade (f)	[velosi'dadʒi]
modem (m)	modem (m)	['modẽ]
accesso (m)	acesso (m)	[a'sɛsu]
porta (f)	porta (f)	['porta]
collegamento (m)	conexão (f)	[konek'sãw]
collegarsi a ...	conectar (vi)	[konek'tar]

| scegliere (vt) | escolher (vt) | [isko'ʎer] |
| cercare (vt) | buscar (vt) | [bus'kar] |

167. Elettricità

elettricità (f)	eletricidade (f)	[eletrisi'dadʒi]
elettrico (agg)	elétrico	[e'lɛtriku]
centrale (f) elettrica	planta (f) elétrica	['plãta e'lɛtrika]
energia (f)	energia (f)	[ener'ʒia]
energia (f) elettrica	energia (f) elétrica	[ener'ʒia e'lɛtrika]

lampadina (f)	lâmpada (f)	['lãpada]
torcia (f) elettrica	lanterna (f)	[lã'tɛrna]
lampione (m)	poste (m) de iluminação	['pɔstʃi de ilumina'sãw]

luce (f)	luz (f)	[luz]
accendere (luce)	ligar (vt)	[li'gar]
spegnere (vt)	desligar (vt)	[dʒizli'gar]
spegnere la luce	apagar a luz	[apa'gar a luz]

fulminarsi (vr)	queimar (vi)	[kej'mar]
corto circuito (m)	curto-circuito (m)	['kurtu sir'kwitu]
rottura (f) (~ di un cavo)	ruptura (f)	[hup'tura]
contatto (m)	contato (m)	[kõ'tatu]

interruttore (m)	interruptor (m)	[ĩtehup'tor]
presa (f) elettrica	tomada (f)	[to'mada]
spina (f)	plugue (m)	['plugi]
prolunga (f)	extensão (f)	[istẽ'sãw]

fusibile (m)	fusível (m)	[fu'zivew]
filo (m)	fio, cabo (m)	['fiu], ['kabu]
impianto (m) elettrico	instalação (f) elétrica	[ĩstala'sãw e'lɛtrika]

ampere (m)	ampère (m)	[ã'pɛri]
intensità di corrente	amperagem (f)	[ãpe'raʒẽ]
volt (m)	volt (m)	['vɔwtʃi]
tensione (f)	voltagem (f)	[vow'taʒẽ]

| apparecchio (m) elettrico | aparelho (m) elétrico | [apa'reʎu e'lɛtriku] |
| indicatore (m) | indicador (m) | [ĩdʒika'dor] |

elettricista (m)	eletricista (m)	[eletri'sista]
saldare (vt)	soldar (vt)	[sow'dar]
saldatoio (m)	soldador (m)	[sɔwda'dor]
corrente (f)	corrente (f) elétrica	[ko'hẽtʃi e'lɛtrika]

168. Utensili

utensile (m)	ferramenta (f)	[feha'mẽta]
utensili (m pl)	ferramentas (f pl)	[feha'mẽtas]
impianto (m)	equipamento (m)	[ekipa'mẽtu]

martello (m)	martelo (m)	[mar'tɛlu]
giravite (m)	chave (f) de fenda	['ʃavi de 'fẽda]
ascia (f)	machado (m)	[ma'ʃadu]

sega (f)	serra (f)	['sɛha]
segare (vt)	serrar (vt)	[se'har]
pialla (f)	plaina (f)	['plajna]
piallare (vt)	aplainar (vt)	[aplaj'nar]
saldatoio (m)	soldador (m)	[sɔwda'dor]
saldare (vt)	soldar (vt)	[sow'dar]

lima (f)	lima (f)	['lima]
tenaglie (f pl)	tenaz (f)	[te'najz]
pinza (f) a punte piatte	alicate (m)	[ali'katʃi]
scalpello (m)	formão (m)	[for'mãw]

punta (f) da trapano	broca (f)	['brɔka]
trapano (m) elettrico	furadeira (f) elétrica	[fura'dejra e'lɛtrika]
trapanare (vt)	furar (vt)	[fu'rar]

coltello (m)	faca (f)	['faka]
lama (f)	lâmina (f)	['lamina]

affilato (coltello ~)	afiado	[a'fjadu]
smussato (agg)	cego	['sɛgu]
smussarsi (vr)	embotar-se (vr)	[ẽbo'tarsi]
affilare (vt)	afiar, amolar (vt)	[a'fjar], [amo'lar]

bullone (m)	parafuso (m)	[para'fuzu]
dado (m)	porca (f)	['pɔrka]
filettatura (f)	rosca (f)	['hoska]
vite (f)	parafuso (m)	[para'fuzu]

chiodo (m)	prego (m)	['prɛgu]
testa (f) di chiodo	cabeça (f) do prego	[ka'besa du 'prɛgu]

regolo (m)	régua (f)	['hɛgwa]
nastro (m) metrico	fita (f) métrica	['fita 'mɛtrika]
livella (f)	nível (m)	['nivew]
lente (f) d'ingradimento	lupa (f)	['lupa]

strumento (m) di misurazione	medidor (m)	[medʒi'dor]
misurare (vt)	medir (vt)	[me'dʒir]
scala (f) graduata	escala (f)	[is'kala]
lettura, indicazione (f)	indicação (f), registro (m)	[indʒika'sãw], [he'ʒistru]

compressore (m)	compressor (m)	[kõpre'sor]
microscopio (m)	microscópio (m)	[mikro'skɔpju]

pompa (f) (~ dell'acqua)	bomba (f)	['bõba]
robot (m)	robô (m)	[ho'bo]
laser (m)	laser (m)	['lɛjzer]

chiave (f)	chave (f) de boca	['ʃavi de 'boka]
nastro (m) adesivo	fita (f) adesiva	['fita ade'ziva]
colla (f)	cola (f)	['kɔla]

carta (f) smerigliata	**lixa** (f)	['liʃa]
molla (f)	**mola** (f)	['mɔla]
magnete (m)	**ímã** (m)	['imã]
guanti (m pl)	**luva** (f)	['luva]

corda (f)	**corda** (f)	['kɔrda]
cordone (m)	**corda** (f)	['kɔrda]
filo (m) (~ del telefono)	**fio** (m)	['fiu]
cavo (m)	**cabo** (m)	['kabu]

mazza (f)	**marreta** (f)	[ma'hɛta]
palanchino (m)	**pé de cabra** (m)	[pɛ de 'kabra]
scala (f) a pioli	**escada** (f) **de mão**	[is'kada de 'mãw]
scala (m) a libretto	**escada** (m)	[is'kada]

avvitare (stringere)	**enroscar** (vt)	[ẽhos'kar]
svitare (vt)	**desenroscar** (vt)	[dezẽhos'kar]
stringere (vt)	**apertar** (vt)	[aper'tar]
incollare (vt)	**colar** (vt)	[ko'lar]
tagliare (vt)	**cortar** (vt)	[kor'tar]

guasto (m)	**falha** (f)	['faʎa]
riparazione (f)	**conserto** (m)	[kõ'sɛrtu]
riparare (vt)	**consertar, reparar** (vt)	[kõser'tar], [hepa'rar]
regolare (~ uno strumento)	**regular, ajustar** (vt)	[hegu'lar], [aʒus'tar]

verificare (ispezionare)	**verificar** (vt)	[verifi'kar]
controllo (m)	**verificação** (f)	[verifika'sãw]
lettura, indicazione (f)	**indicação** (f), **registro** (m)	[indʒika'sãw], [he'ʒistru]

sicuro (agg)	**seguro**	[se'guru]
complesso (agg)	**complicado**	[kõpli'kadu]

arrugginire (vi)	**enferrujar** (vi)	[ẽfehu'ʒar]
arrugginito (agg)	**enferrujado**	[ẽfehu'ʒadu]
ruggine (f)	**ferrugem** (f)	[fe'huʒẽ]

Mezzi di trasporto

169. Aeroplano

aereo (m)	avião (m)	[a'vjãw]
biglietto (m) aereo	passagem (f) aérea	[pa'saʒẽ a'erja]
compagnia (f) aerea	companhia (f) aérea	[kõpa'ɲia a'erja]
aeroporto (m)	aeroporto (m)	[aero'portu]
supersonico (agg)	supersônico	[super'soniku]
comandante (m)	comandante (m) do avião	[komã'dãtʃi du a'vjãw]
equipaggio (m)	tripulação (f)	[tripula'sãw]
pilota (m)	piloto (m)	[pi'lotu]
hostess (f)	aeromoça (f)	[aero'mosa]
navigatore (m)	copiloto (m)	[kopi'lotu]
ali (f pl)	asas (f pl)	['azas]
coda (f)	cauda (f)	['kawda]
cabina (f)	cabine (f)	[ka'bini]
motore (m)	motor (m)	[mo'tor]
carrello (m) d'atterraggio	trem (m) de pouso	[trẽj de 'pozu]
turbina (f)	turbina (f)	[tur'bina]
elica (f)	hélice (f)	['ɛlisi]
scatola (f) nera	caixa-preta (f)	['kaɪʃa 'preta]
barra (f) di comando	coluna (f) de controle	[ko'luna de kõ'troli]
combustibile (m)	combustível (m)	[kõbus'tʃivew]
safety card (f)	instruções (f pl) de segurança	[ĩstru'sõjs de segu'rãsa]
maschera (f) ad ossigeno	máscara (f) de oxigênio	['maskara de oksi'ʒenju]
uniforme (f)	uniforme (m)	[uni'fɔrmi]
giubbotto (m) di salvataggio	colete (m) salva-vidas	[ko'letʃi 'sawva 'vidas]
paracadute (m)	paraquedas (m)	[para'kɛdas]
decollo (m)	decolagem (f)	[deko'laʒẽ]
decollare (vi)	descolar (vi)	[dʒisko'lar]
pista (f) di decollo	pista (f) de decolagem	['pista de deko'laʒẽ]
visibilità (f)	visibilidade (f)	[vizibili'dadʒi]
volo (m)	voo (m)	['vou]
altitudine (f)	altura (f)	[aw'tura]
vuoto (m) d'aria	poço (m) de ar	['posu de 'ar]
posto (m)	assento (m)	[a'sẽtu]
cuffia (f)	fone (m) de ouvido	['foni de o'vidu]
tavolinetto (m) pieghevole	mesa (f) retrátil	['meza he'tratʃiw]
oblò (m), finestrino (m)	janela (f)	[ʒa'nɛla]
corridoio (m)	corredor (m)	[kohe'dor]

170. Treno

treno (m)	trem (m)	[trẽj]
elettrotreno (m)	trem (m) elétrico	[trẽj e'lɛtriku]
treno (m) rapido	trem (m)	[trẽj]
locomotiva (f) diesel	locomotiva (f) diesel	[lokomo'tʃiva 'dʒizew]
locomotiva (f) a vapore	locomotiva (f) a vapor	[lokomo'tʃiva a va'por]
carrozza (f)	vagão (f) de passageiros	[va'gãw de pasa'ʒejrus]
vagone (m) ristorante	vagão-restaurante (m)	[va'gãw-hestaw'rãtʃi]
rotaie (f pl)	carris (m pl)	[ka'his]
ferrovia (f)	estrada (f) de ferro	[is'trada de 'fɛhu]
traversa (f)	travessa (f)	[tra'vɛsa]
banchina (f) (~ ferroviaria)	plataforma (f)	[plata'forma]
binario (m) (~ 1, 2)	linha (f)	['liɲa]
semaforo (m)	semáforo (m)	[se'maforu]
stazione (f)	estação (f)	[ista'sãw]
macchinista (m)	maquinista (m)	[maki'nista]
portabagagli (m)	bagageiro (m)	[baga'ʒejru]
cuccettista (m, f)	hospedeiro, -a (m, f)	[ospe'dejru, -a]
passeggero (m)	passageiro (m)	[pasa'ʒejru]
controllore (m)	revisor (m)	[hevi'zor]
corridoio (m)	corredor (m)	[kohe'dor]
freno (m) di emergenza	freio (m) de emergência	['freju de imer'ʒẽsja]
scompartimento (m)	compartimento (m)	[kõpartʃi'mẽtu]
cuccetta (f)	cama (f)	['kama]
cuccetta (f) superiore	cama (f) de cima	['kama de 'sima]
cuccetta (f) inferiore	cama (f) de baixo	['kama de 'baɪʃu]
biancheria (f) da letto	roupa (f) de cama	['hopa de 'kama]
biglietto (m)	passagem (f)	[pa'saʒẽ]
orario (m)	horário (m)	[o'rarju]
tabellone (m) orari	painel (m) de informação	[paj'nɛw de ĩforma'sãw]
partire (vi)	partir (vt)	[par'tʃir]
partenza (f)	partida (f)	[par'tʃida]
arrivare (di un treno)	chegar (vi)	[ʃe'gar]
arrivo (m)	chegada (f)	[ʃe'gada]
arrivare con il treno	chegar de trem	[ʃe'gar de trẽj]
salire sul treno	pegar o trem	[pe'gar u trẽj]
scendere dal treno	descer de trem	[de'ser de trẽj]
deragliamento (m)	acidente (m) ferroviário	[asi'dẽtʃi feho'vjarju]
deragliare (vi)	descarrilar (vi)	[dʒiskahi'ʎar]
locomotiva (f) a vapore	locomotiva (f) a vapor	[lokomo'tʃiva a va'por]
fuochista (m)	foguista (m)	[fo'gista]
forno (m)	fornalha (f)	[for'naʎa]
carbone (m)	carvão (m)	[kar'vãw]

171. Nave

nave (f)	navio (m)	[na'viu]
imbarcazione (f)	embarcação (f)	[ẽbarka'sãw]
piroscafo (m)	barco (m) a vapor	['barku a va'por]
barca (f) fluviale	barco (m) fluvial	['barku flu'vjaw]
transatlantico (m)	transatlântico (m)	[trãzat'lãtʃiku]
incrociatore (m)	cruzeiro (m)	[kru'zejru]
yacht (m)	iate (m)	['jatʃi]
rimorchiatore (m)	rebocador (m)	[heboka'dor]
chiatta (f)	barcaça (f)	[bar'kasa]
traghetto (m)	ferry (m), balsa (f)	['fɛʀi], ['balsa]
veliero (m)	veleiro (m)	[ve'lejru]
brigantino (m)	bergantim (m)	[behgã'tʃĩ]
rompighiaccio (m)	quebra-gelo (m)	['kɛbra 'ʒelu]
sottomarino (m)	submarino (m)	[subma'rinu]
barca (f)	bote, barco (m)	['botʃi], ['barku]
scialuppa (f)	baleeira (f)	[bale'ejra]
scialuppa (f) di salvataggio	bote (m) salva-vidas	['botʃi 'sawva 'vidas]
motoscafo (m)	lancha (f)	['lãʃa]
capitano (m)	capitão (m)	[kapi'tãw]
marittimo (m)	marinheiro (m)	[mari'ɲejru]
marinaio (m)	marujo (m)	[ma'ruʒu]
equipaggio (m)	tripulação (f)	[tripula'sãw]
nostromo (m)	contramestre (m)	[kõtra'mɛstri]
mozzo (m) di nave	grumete (m)	[gru'mɛtʃi]
cuoco (m)	cozinheiro (m) de bordo	[kozi'ɲejru de 'bordu]
medico (m) di bordo	médico (m) de bordo	['mɛdʒiku de 'bordu]
ponte (m)	convés (m)	[kõ'vɛs]
albero (m)	mastro (m)	['mastru]
vela (f)	vela (f)	['vɛla]
stiva (f)	porão (m)	[po'rãw]
prua (f)	proa (f)	['proa]
poppa (f)	popa (f)	['popa]
remo (m)	remo (m)	['hɛmu]
elica (f)	hélice (f)	['ɛlisi]
cabina (f)	cabine (m)	[ka'bini]
quadrato (m) degli ufficiali	sala (f) dos oficiais	['sala dus ofi'sjajs]
sala (f) macchine	sala (f) das máquinas	['sala das 'makinas]
ponte (m) di comando	ponte (m) de comando	['põtʃi de ko'mãdu]
cabina (f) radiotelegrafica	sala (f) de comunicações	['sala de komunika'sõjs]
onda (f)	onda (f)	['õda]
giornale (m) di bordo	diário (m) de bordo	['dʒjarju de 'bordu]
cannocchiale (m)	luneta (f)	[lu'neta]
campana (f)	sino (m)	['sinu]

bandiera (f)	bandeira (f)	[bã'dejra]
cavo (m) (~ d'ormeggio)	cabo (m)	['kabu]
nodo (m)	nó (m)	[nɔ]

ringhiera (f)	corrimão (m)	[kohi'mãw]
passerella (f)	prancha (f) de embarque	['prãʃa de ẽ'barki]

ancora (f)	âncora (f)	['ãkora]
levare l'ancora	recolher a âncora	[heko'ʎer a 'ãkora]
gettare l'ancora	jogar a âncora	[ʒo'gar a 'ãkora]
catena (f) dell'ancora	amarra (f)	[a'maha]

porto (m)	porto (m)	['portu]
banchina (f)	cais, amarradouro (m)	[kajs], [amaha'doru]
ormeggiarsi (vr)	atracar (vi)	[atra'kar]
salpare (vi)	desatracar (vi)	[dʒizatra'kar]

viaggio (m)	viagem (f)	['vjaʒẽ]
crociera (f)	cruzeiro (m)	[kru'zejru]
rotta (f)	rumo (m)	['humu]
itinerario (m)	itinerário (m)	[itʃine'rarju]

tratto (m) navigabile	canal (m) de navegação	[ka'naw de navega'sãw]
secca (f)	banco (m) de areia	['bãku de a'reja]
arenarsi (vr)	encalhar (vt)	[ẽka'ʎar]

tempesta (f)	tempestade (f)	[tẽpes'tadʒi]
segnale (m)	sinal (m)	[si'naw]
affondare (andare a fondo)	afundar-se (vr)	[afũ'darse]
Uomo in mare!	Homem ao mar!	['ɔmẽ aw mah]
SOS	SOS	[ɛseo'ɛsi]
salvagente (m) anulare	boia (f) salva-vidas	['bɔja 'sawva 'vidas]

172. Aeroporto

aeroporto (m)	aeroporto (m)	[aero'portu]
aereo (m)	avião (m)	[a'vjãw]
compagnia (f) aerea	companhia (f) aérea	[kõpa'ɲia a'erja]
controllore (m) di volo	controlador (m) de tráfego aéreo	[kõtrola'dor de 'trafegu a'erju]

partenza (f)	partida (f)	[par'tʃida]
arrivo (m)	chegada (f)	[ʃe'gada]
arrivare (vi)	chegar (vi)	[ʃe'gar]

ora (f) di partenza	hora (f) de partida	['ɔra de par'tʃida]
ora (f) di arrivo	hora (f) de chegada	['ɔra de ʃe'gada]

essere ritardato	estar atrasado	[is'tar atra'zadu]
volo (m) ritardato	atraso (m) de voo	[a'trazu de 'vou]

tabellone (m) orari	painel (m) de informação	[paj'nɛw de ĩforma'sãw]
informazione (f)	informação (f)	[ĩforma'sãw]
annunciare (vt)	anunciar (vt)	[anũ'sjar]

volo (m)	voo (m)	['vou]
dogana (f)	alfândega (f)	[aw'fãdʒiga]
doganiere (m)	funcionário (m) da alfândega	[fũsjo'narju da aw'fãdʒiga]

dichiarazione (f)	declaração (f) alfandegária	[deklara'sãw awfãde'garja]
riempire	preencher (vt)	[preẽ'ʃer]
(~ una dichiarazione)		
riempire una dichiarazione	preencher a declaração	[preẽ'ʃer a deklara'sãw]
controllo (m) passaporti	controle (m) de passaporte	[kõ'troli de pasa'portʃi]

bagaglio (m)	bagagem (f)	[ba'gaʒẽ]
bagaglio (m) a mano	bagagem (f) de mão	[ba'gaʒẽ de 'mãw]
carrello (m)	carrinho (m)	[ka'hiɲu]

atterraggio (m)	pouso (m)	['pozu]
pista (f) di atterraggio	pista (f) de pouso	['pista de 'pozu]
atterrare (vi)	aterrissar (vi)	[atehi'sar]
scaletta (f) dell'aereo	escada (f) de avião	[is'kada de a'vjãw]

check-in (m)	check-in (m)	[ʃɛ'kin]
banco (m) del check-in	balcão (m) do check-in	[baw'kãw du ʃɛ'kin]
fare il check-in	fazer o check-in	[fa'zer u ʃɛ'kin]
carta (f) d'imbarco	cartão (m) de embarque	[kar'tãw de ẽ'barki]
porta (f) d'imbarco	portão (m) de embarque	[por'tãw de ẽ'barki]

transito (m)	trânsito (m)	['trãzitu]
aspettare (vt)	esperar (vt)	[ispe'rar]
sala (f) d'attesa	sala (f) de espera	['sala de is'pɛra]
accompagnare (vt)	despedir-se de ...	[dʒispe'dʒirsi de]
congedarsi (vr)	despedir-se (vr)	[dʒispe'dʒirsi]

173. Bicicletta. Motocicletta

bicicletta (f)	bicicleta (f)	[bisi'klɛta]
motorino (m)	lambreta (f)	[lã'breta]
motocicletta (f)	moto (f)	['mɔtu]

andare in bicicletta	ir de bicicleta	[ir de bisi'klɛta]
manubrio (m)	guidão (m)	[gi'dãw]
pedale (m)	pedal (m)	[pe'daw]
freni (m pl)	freios (m pl)	['frejus]
sellino (m)	banco, selim (m)	['bãku], [se'lĩ]

pompa (f)	bomba (f)	['bõba]
portabagagli (m)	bagageiro (m) de teto	[baga'ʒejru de tɛtu]
fanale (m) anteriore	lanterna (f)	[lã'tɛrna]
casco (m)	capacete (m)	[kapa'setʃi]

ruota (f)	roda (f)	['hɔda]
parafango (m)	para-choque (m)	[para'ʃɔki]
cerchione (m)	aro (m)	['aru]
raggio (m)	raio (m)	['haju]

Automobili

174. Tipi di automobile

automobile (f)	carro, automóvel (m)	['kaho], [awto'mɔvew]
auto (f) sportiva	carro (m) esportivo	['kaho ispor'tʃivu]
limousine (f)	limusine (f)	[limu'zini]
fuoristrada (m)	todo o terreno (m)	['todu u te'hɛnu]
cabriolet (m)	conversível (m)	[kõver'sivew]
pulmino (m)	minibus (m)	['minibus]
ambulanza (f)	ambulância (f)	[ãbu'lãsja]
spazzaneve (m)	limpa-neve (m)	['lĩpa 'nɛvi]
camion (m)	caminhão (m)	[kami'ɲãw]
autocisterna (f)	caminhão-tanque (m)	[kami'ɲãw-'tãki]
furgone (m)	perua, van (f)	[pe'rua], [van]
motrice (f)	caminhão-trator (m)	[kami'ɲãw-tra'tor]
rimorchio (m)	reboque (m)	[he'bɔki]
confortevole (agg)	confortável	[kõfor'tavew]
di seconda mano	usado	[u'zadu]

175. Automobili. Carrozzeria

cofano (m)	capô (m)	[ka'po]
parafango (m)	para-choque (m)	[para'ʃɔki]
tetto (m)	teto (m)	['tɛtu]
parabrezza (m)	para-brisa (m)	[para'briza]
retrovisore (m)	retrovisor (m)	[hetrovi'zor]
lavacristallo (m)	esguicho (m)	[iʃ'giʃu]
tergicristallo (m)	limpadores (m) de para-brisas	[lĩpa'dores de para'brizas]
finestrino (m) laterale	vidro (m) lateral	['vidru late'raw]
alzacristalli (m)	elevador (m) do vidro	[eleva'dor du 'vidru]
antenna (f)	antena (f)	[ã'tɛna]
tettuccio (m) apribile	teto (m) solar	['tɛtu so'lar]
paraurti (m)	para-choque (m)	[para'ʃɔki]
bagagliaio (m)	porta-malas (f)	[pɔrta-'malas]
portapacchi (m)	bagageira (f)	[baga'ʒejra]
portiera (f)	porta (f)	['pɔrta]
maniglia (f)	maçaneta (f)	[masa'neta]
serratura (f)	fechadura (f)	[feʃa'dura]
targa (f)	placa (f)	['plaka]

marmitta (f)	silenciador (m)	[silẽsja'dor]
serbatoio (m) della benzina	tanque (m) de gasolina	['tãki de gazo'lina]
tubo (m) di scarico	tubo (m) de exaustão	['tubu de ezaw'stãw]

acceleratore (m)	acelerador (m)	[aselera'dor]
pedale (m)	pedal (m)	[pe'daw]
pedale (m) dell'acceleratore	pedal (m) do acelerador	[pe'daw du aselera'dor]

freno (m)	freio (m)	['freju]
pedale (m) del freno	pedal (m) do freio	[pe'daw du 'freju]
frenare (vi)	frear (vt)	[fre'ar]
freno (m) a mano	freio (m) de mão	['freju de mãw]

frizione (f)	embreagem (f)	[ẽb'rjaʒẽ]
pedale (m) della frizione	pedal (m) da embreagem	[pe'daw da ẽb'rjaʒẽ]
disco (m) della frizione	disco (m) de embreagem	['dʒisku de ẽb'rjaʒẽ]
ammortizzatore (m)	amortecedor (m)	[amortese'dor]

ruota (f)	roda (f)	['hɔda]
ruota (f) di scorta	pneu (m) estepe	['pnew is'tɛpi]
pneumatico (m)	pneu (m)	['pnew]
copriruota (m)	calota (f)	[ka'lɔta]

ruote (f pl) motrici	rodas (f pl) motrizes	['hɔdas muo'trizis]
a trazione anteriore	de tração dianteira	[de tra'sãw dʒjã'tejra]
a trazione posteriore	de tração traseira	[de tra'sãw tra'zejra]
a trazione integrale	de tração às 4 rodas	[de tra'sãw as 'kwatru 'hɔdas]

scatola (f) del cambio	caixa (f) de mudanças	['kaɪʃa de mu'dãsas]
automatico (agg)	automático	[awto'matʃiku]
meccanico (agg)	mecânico	[me'kaniku]
leva (f) del cambio	alavanca (f) de câmbio	[ala'vãka de 'kãbju]

| faro (m) | farol (m) | [fa'rɔw] |
| luci (f pl), fari (m pl) | faróis (m pl) | [fa'rɔis] |

luci (f pl) anabbaglianti	farol (m) baixo	[fa'rɔw 'baɪʃu]
luci (f pl) abbaglianti	farol (m) alto	[fa'rɔw 'altu]
luci (f pl) di arresto	luzes (f pl) de parada	['luzes de pa'rada]

luci (f pl) di posizione	luzes (f pl) de posição	['luzes de pozi'sãw]
luci (f pl) di emergenza	luzes (f pl) de emergência	['luzes de emer'ʒẽsia]
fari (m pl) antinebbia	faróis (m pl) de neblina	[fa'rɔis de ne'blina]
freccia (f)	pisca-pisca (m)	[piska-'piska]
luci (f pl) di retromarcia	luz (f) de marcha ré	[luz de 'marʃa hɛ]

176. Automobili. Vano passeggeri

abitacolo (m)	interior (m) do carro	[ĩte'rjor du 'kaho]
di pelle	de couro	[de 'koru]
in velluto	de veludo	[de ve'ludu]
rivestimento (m)	estofamento (m)	[istofa'mẽtu]
strumento (m) di bordo	indicador (m)	[ĩdʒika'dor]
cruscotto (m)	painel (m)	[paj'nɛw]

| tachimetro (m) | velocímetro (m) | [velo'simetru] |
| lancetta (f) | ponteiro (m) | [põ'tejru] |

contachilometri (m)	hodômetro, odômetro (m)	[o'dometru]
indicatore (m)	indicador (m)	[ĩdʒika'dor]
livello (m)	nível (m)	['nivew]
spia (f) luminosa	luz (f) de aviso	[luz de a'vizu]

volante (m)	volante (m)	[vo'lãtʃi]
clacson (m)	buzina (f)	[bu'zina]
pulsante (m)	botão (m)	[bo'tãw]
interruttore (m)	interruptor (m)	[ĩtehup'tor]

sedile (m)	assento (m)	[a'sẽtu]
spalliera (f)	costas (f pl) do assento	['kɔstas du a'sẽtu]
appoggiatesta (m)	cabeceira (f)	[kabe'sejra]
cintura (f) di sicurezza	cinto (m) de segurança	['sĩtu de segu'rãsa]
allacciare la cintura	apertar o cinto	[aper'tar u 'sĩtu]
regolazione (f)	ajuste (m)	[a'ʒustʃi]

| airbag (m) | airbag (m) | [ɛr'bɛgi] |
| condizionatore (m) | ar (m) condicionado | [ar kõdʒisjo'nadu] |

radio (f)	rádio (m)	['hadʒju]
lettore (m) CD	leitor (m) de CD	[lej'tor de 'sede]
accendere (vt)	ligar (vt)	[li'gar]
antenna (f)	antena (f)	[ã'tɛna]
vano (m) portaoggetti	porta-luvas (m)	['pɔrta-'luvas]
portacenere (m)	cinzeiro (m)	[sĩ'zejru]

177. Automobili. Motore

motore (m)	motor (m)	[mo'tor]
a diesel	a diesel	[a 'dʒizew]
a benzina	a gasolina	[a gazo'lina]

cilindrata (f)	cilindrada (f)	[silĩ'drada]
potenza (f)	potência (f)	[po'tẽsja]
cavallo vapore (m)	cavalo (m) de potência	[ka'valu de po'tẽsja]
pistone (m)	pistão (m)	[pis'tãw]
cilindro (m)	cilindro (m)	[si'lĩdru]
valvola (f)	válvula (f)	['vawvula]

iniettore (m)	injetor (m)	[ĩʒɛ'tor]
generatore (m)	gerador (m)	[ʒera'dor]
carburatore (m)	carburador (m)	[karbura'dor]
olio (m) motore	óleo (m) de motor	['ɔlju de mo'tor]

radiatore (m)	radiador (m)	[hadʒja'dor]
liquido (m) di raffreddamento	líquido (m) de arrefecimento	['likidu de ahefesi'mẽtu]
ventilatore (m)	ventilador (m)	[vẽtʃila'dor]

| batteria (m) | bateria (f) | [bate'ria] |
| motorino (m) d'avviamento | dispositivo (m) de arranque | [dʒispozi'tʃivu de a'hãki] |

| accensione (f) | ignição (f) | [igni'sãw] |
| candela (f) d'accensione | vela (f) de ignição | ['vɛla de igni'sãw] |

morsetto (m)	terminal (m)	[termi'naw]
più (m)	terminal (m) positivo	[termi'naw pozi'tʃivu]
meno (m)	terminal (m) negativo	[termi'naw nega'tʃivu]
fusibile (m)	fusível (m)	[fu'zivew]

filtro (m) dell'aria	filtro (m) de ar	['fiwtru de ar]
filtro (m) dell'olio	filtro (m) de óleo	['fiwtru de 'ɔlju]
filtro (m) del carburante	filtro (m) de combustível	['fiwtru de kõbus'tʃivew]

178. Automobili. Incidente. Riparazione

incidente (m)	acidente (m) de carro	[asi'dẽtʃi de 'kaho]
incidente (m) stradale	acidente (m) rodoviário	[asi'dẽtʃi hodo'vjarju]
sbattere contro ...	bater ...	[ba'ter]
avere un incidente	sofrer um acidente	[so'frer ũ asi'dẽtʃi]
danno (m)	dano (m)	['danu]
illeso (agg)	intato	[ĩ'tatu]

guasto (m), avaria (f)	pane (f)	['pani]
essere rotto	avariar (vi)	[ava'rjar]
cavo (m) di rimorchio	cabo (m) de reboque	['kabu de he'bɔki]

foratura (f)	furo (m)	['furu]
essere a terra	estar furado	[is'tar fu'radu]
gonfiare (vt)	encher (vt)	[ẽ'ʃer]
pressione (f)	pressão (f)	[pre'sãw]
controllare (verificare)	verificar (vt)	[verifi'kar]

riparazione (f)	reparo (m)	[he'paru]
officina (f) meccanica	oficina (f) automotiva	[ɔfi'sina awtɔmo'tʃiva]
pezzo (m) di ricambio	peça (f) de reposição	['pɛsa de hepozi'sãw]
pezzo (m)	peça (f)	['pɛsa]

bullone (m)	parafuso (m)	[para'fuzu]
bullone (m) a vite	parafuso (m)	[para'fuzu]
dado (m)	porca (f)	['pɔrka]
rondella (f)	arruela (f)	[a'hwɛla]
cuscinetto (m)	rolamento (m)	[hola'mẽtu]

tubo (m)	tubo (m)	['tubu]
guarnizione (f)	junta, gaxeta (f)	['ʒũta], [ga'ʃɛta]
filo (m), cavo (m)	fio, cabo (m)	['fiu], ['kabu]

cric (m)	macaco (m)	[ma'kaku]
chiave (f)	chave (f) de boca	['ʃavi de 'boka]
martello (m)	martelo (m)	[mar'tɛlu]
pompa (f)	bomba (f)	['bõba]
giravite (m)	chave (f) de fenda	['ʃavi de 'fẽda]

| estintore (m) | extintor (m) | [istĩ'tor] |
| triangolo (m) di emergenza | triângulo (m) de emergência | ['trjãgulu de imer'ʒẽsja] |

spegnersi (vr)	morrer (vi)	[mo'her]
spegnimento (m) motore	paragem (f)	[pa'raʒẽ]
essere rotto	estar quebrado	[is'tar ke'bradu]

surriscaldarsi (vr)	superaquecer-se (vr)	[superake'sersi]
intasarsi (vr)	entupir-se (vr)	[ẽtu'pirsi]
ghiacciarsi (di tubi, ecc.)	congelar-se (vr)	[kõʒe'larsi]
spaccarsi (vr)	rebentar (vi)	[hebẽ'tar]

pressione (f)	pressão (f)	[pre'sãw]
livello (m)	nível (m)	['nivew]
lento (cinghia ~a)	frouxo	['froʃu]

ammaccatura (f)	batida (f)	[ba'tʃida]
battito (m) (nel motore)	ruído (m)	['hwidu]
fessura (f)	fissura (f)	[fi'sura]
graffiatura (f)	arranhão (m)	[aha'ɲãw]

179. Automobili. Strada

strada (f)	estrada (f)	[is'trada]
autostrada (f)	autoestrada (f)	[awtois'trada]
superstrada (f)	rodovia (f)	[hodo'via]
direzione (f)	direção (f)	[dʒire'sãw]
distanza (f)	distância (f)	[dʒis'tãsja]

ponte (m)	ponte (f)	['põtʃi]
parcheggio (m)	parque (m) de estacionamento	['parki de istasjona'mẽtu]
piazza (f)	praça (f)	['prasa]
svincolo (m)	nó (m) rodoviário	[nɔ hodo'vjarju]
galleria (f), tunnel (m)	túnel (m)	['tunew]

distributore (m) di benzina	posto (m) de gasolina	['postu de gazo'lina]
parcheggio (m)	parque (m) de estacionamento	['parki de istasjona'mẽtu]
pompa (f) di benzina	bomba (f) de gasolina	['bõba de gazo'lina]
officina (f) meccanica	oficina (f) automotiva	[ɔfi'sina awtɔmo'tʃiva]
fare benzina	abastecer (vt)	[abaste'ser]
carburante (m)	combustível (m)	[kõbus'tʃivew]
tanica (f)	galão (m) de gasolina	[ga'lãw de gazo'lina]

asfalto (m)	asfalto (m)	[as'fawtu]
segnaletica (f) stradale	marcação (f) de estradas	[marka'sãw de is'tradas]
cordolo (m)	meio-fio (m)	['meju-'fiu]
barriera (f) di sicurezza	guard-rail (m)	[gward-'hejl]
fosso (m)	valeta (f)	[va'leta]
ciglio (m) della strada	acostamento (m)	[akosta'mẽtu]
lampione (m)	poste (m) de luz	['postʃi de luz]

guidare (~ un veicolo)	dirigir (vt)	[dʒiri'ʒir]
girare (~ a destra)	virar (vi)	[vi'rar]
fare un'inversione a U	dar retorno	[dar he'tornu]
retromarcia (m)	ré (f)	[hɛ]

suonare il clacson	**buzinar** (vi)	[buzi'nar]
colpo (m) di clacson	**buzina** (f)	[bu'zina]
incastrarsi (vr)	**atolar-se** (vr)	[ato'larsi]
impantanarsi (vr)	**patinar** (vi)	[patʃi'nar]
spegnere (~ il motore)	**desligar** (vt)	[dʒizli'gar]

velocità (f)	**velocidade** (f)	[velosi'dadʒi]
superare i limiti di velocità	**exceder a velocidade**	[ese'der a velosi'dadʒi]
multare (vt)	**multar** (vt)	[muw'tar]
semaforo (m)	**semáforo** (m)	[se'maforu]
patente (f) di guida	**carteira** (f) **de motorista**	[kar'tejra de moto'rista]

passaggio (m) a livello	**passagem** (f) **de nível**	[pa'saʒẽ de 'nivew]
incrocio (m)	**cruzamento** (m)	[kruza'mẽtu]
passaggio (m) pedonale	**faixa** (f)	['fajʃa]
curva (f)	**curva** (f)	['kurva]
zona (f) pedonale	**zona** (f) **de pedestres**	['zɔna de pe'dɛstris]

180. Segnaletica stradale

codice (m) stradale	**código** (m) **de trânsito**	['kɔdʒigu de 'trãzitu]
segnale (m) stradale	**sinal** (m) **de trânsito**	[si'naw de 'trãzitu]
sorpasso (m)	**ultrapassagem** (f)	[uwtrapa'saʒẽ]
curva (f)	**curva** (f)	['kurva]
inversione ad U	**retorno** (m)	[he'tornu]
rotatoria (f)	**rotatória** (f)	['hota'tɔrja]

divieto d'accesso	**sentido proibido**	[sẽ'tʃidu proi'bidu]
divieto di transito	**trânsito proibido**	['trãzitu proi'bidu]
divieto di sorpasso	**proibido de ultrapassar**	[proi'bidu de uwtrapa'sar]
divieto di sosta	**estacionamento proibido**	[istasjona'mẽtu proi'bidu]
divieto di fermata	**paragem proibida**	[pa'raʒẽ proi'bida]

curva (f) pericolosa	**curva** (f) **perigosa**	['kurva peri'gɔza]
discesa (f) ripida	**descida** (f) **perigosa**	[de'sida peri'gɔza]
senso (m) unico	**trânsito de sentido único**	['trãzitu de sẽ'tʃidu 'uniku]
passaggio (m) pedonale	**faixa** (f)	['fajʃa]
strada (f) scivolosa	**pavimento** (m) **escorregadio**	[pavi'mẽtu iskohega'dʒiu]
dare la precedenza	**conceder passagem**	[kõse'der pa'saʒẽ]

GENTE. SITUAZIONI QUOTIDIANE

Situazioni quotidiane

181. Vacanze. Evento

festa (f)	festa (f)	['fɛsta]
festa (f) nazionale	feriado (m) nacional	[fe'rjadu nasjo'naw]
festività (f) civile	feriado (m)	[fe'rjadu]
festeggiare (vt)	festejar (vt)	[feste'ʒar]

avvenimento (m)	evento (m)	[e'vẽtu]
evento (m) (organizzare un ~)	evento (m)	[e'vẽtu]
banchetto (m)	banquete (m)	[bã'ketʃi]
ricevimento (m)	recepção (f)	[hesep'sãw]
festino (m)	festim (m)	[fes'tʃĩ]

anniversario (m)	aniversário (m)	[aniver'sarju]
giubileo (m)	jubileu (m)	[ʒubi'lew]
festeggiare (vt)	celebrar (vt)	[sele'brar]

Capodanno (m)	Ano (m) Novo	['anu 'novu]
Buon Anno!	Feliz Ano Novo!	[fe'liz 'anu 'novu]
Babbo Natale (m)	Papai Noel (m)	[pa'paj nɔ'ɛl]

Natale (m)	Natal (m)	[na'taw]
Buon Natale!	Feliz Natal!	[fe'liz na'taw]
Albero (m) di Natale	árvore (f) de Natal	['arvori de na'taw]
fuochi (m pl) artificiali	fogos (m pl) de artifício	['fogus de artʃi'fisju]

nozze (f pl)	casamento (m)	[kaza'mẽtu]
sposo (m)	noivo (m)	['nojvu]
sposa (f)	noiva (f)	['nojva]

| invitare (vt) | convidar (vt) | [kõvi'dar] |
| invito (m) | convite (m) | [kõ'vitʃi] |

ospite (m)	convidado (m)	[kõvi'dadu]
andare a trovare	visitar (vt)	[vizi'tar]
accogliere gli invitati	receber os convidados	[hese'ber us kõvi'dadus]

regalo (m)	presente (m)	[pre'zẽtʃi]
offrire (~ un regalo)	oferecer, dar (vt)	[ofere'ser], [dar]
ricevere i regali	receber presentes	[hese'ber pre'zẽtʃis]
mazzo (m) di fiori	buquê (m) de flores	[bu'ke de 'floris]

auguri (m pl)	felicitações (f pl)	[felisita'sõjs]
augurare (vt)	felicitar (vt)	[felisi'tar]
cartolina (f)	cartão (m) de parabéns	[kar'tãw de para'bẽjs]

mandare una cartolina	enviar um cartão postal	[ẽ'vjar ũ kart'ãw pos'taw]
ricevere una cartolina	receber um cartão postal	[hese'ber ũ kart'ãw pos'taw]

brindisi (m)	brinde (m)	['brĩdʒi]
offrire (~ qualcosa da bere)	oferecer (vt)	[ofere'ser]
champagne (m)	champanhe (m)	[ʃã'paɲi]

divertirsi (vr)	divertir-se (vr)	[dʒiver'tʃirsi]
allegria (f)	diversão (f)	[dʒiver'sãw]
gioia (f)	alegria (f)	[ale'gria]

danza (f), ballo (m)	dança (f)	['dãsa]
ballare (vi, vt)	dançar (vi)	[dã'sar]

valzer (m)	valsa (f)	['vawsa]
tango (m)	tango (m)	['tãgu]

182. Funerali. Sepoltura

cimitero (m)	cemitério (m)	[semi'tɛrju]
tomba (f)	sepultura (f), túmulo (m)	[sepuw'tura], ['tumulu]
croce (f)	cruz (f)	[kruz]
pietra (f) tombale	lápide (f)	['lapidʒi]
recinto (m)	cerca (f)	['serka]
cappella (f)	capela (f)	[ka'pɛla]

morte (f)	morte (f)	['mɔrtʃi]
morire (vi)	morrer (vi)	[mo'her]
defunto (m)	defunto (m)	[de'fũtu]
lutto (m)	luto (m)	['lutu]

seppellire (vt)	enterrar, sepultar (vt)	[ẽte'har], [sepuw'tar]
sede (f) di pompe funebri	casa (f) funerária	['kaza fune'raria]
funerale (m)	funeral (m)	[fune'raw]

corona (f) di fiori	coroa (f) de flores	[ko'roa de 'flɔris]
bara (f)	caixão (m)	[kaɪ'ʃãw]
carro (m) funebre	carro (m) funerário	['kaho fune'rarju]
lenzuolo (m) funebre	mortalha (f)	[mor'taʎa]

corteo (m) funebre	procissão (f) funerária	[prosi'sãw fune'rarja]
urna (f) funeraria	urna (f) funerária	['urna fune'rarja]
crematorio (m)	crematório (m)	[krema'tɔrju]

necrologio (m)	obituário (m), necrologia (f)	[obi'twarju], [nekrolo'ʒia]
piangere (vi)	chorar (vi)	[ʃo'rar]
singhiozzare (vi)	soluçar (vi)	[solu'sar]

183. Guerra. Soldati

plotone (m)	pelotão (m)	[pelo'tãw]
compagnia (f)	companhia (f)	[kõpa'ɲia]

reggimento (m)	regimento (m)	[heʒi'mẽtu]
esercito (m)	exército (m)	[e'zɛrsitu]
divisione (f)	divisão (f)	[dʒivi'zãw]
distaccamento (m)	esquadrão (m)	[iskwa'drãw]
armata (f)	hoste (f)	['ɔste]
soldato (m)	soldado (m)	[sow'dadu]
ufficiale (m)	oficial (m)	[ofi'sjaw]
soldato (m) semplice	soldado (m) raso	[sow'dadu 'hazu]
sergente (m)	sargento (m)	[sar'ʒẽtu]
tenente (m)	tenente (m)	[te'nẽtʃi]
capitano (m)	capitão (m)	[kapi'tãw]
maggiore (m)	major (m)	[ma'ʒɔr]
colonnello (m)	coronel (m)	[koro'nɛw]
generale (m)	general (m)	[ʒene'raw]
marinaio (m)	marujo (m)	[ma'ruʒu]
capitano (m)	capitão (m)	[kapi'tãw]
nostromo (m)	contramestre (m)	[kõtra'mɛstri]
artigliere (m)	artilheiro (m)	[artʃi'ʎejru]
paracadutista (m)	soldado (m) paraquedista	[sow'dadu parake'dʒista]
pilota (m)	piloto (m)	[pi'lotu]
navigatore (m)	navegador (m)	[navega'dor]
meccanico (m)	mecânico (m)	[me'kaniku]
geniere (m)	sapador-mineiro (m)	[sapa'dor-mi'nejru]
paracadutista (m)	paraquedista (m)	[parake'dʒista]
esploratore (m)	explorador (m)	[isplora'dor]
cecchino (m)	atirador (m) de tocaia	[atʃira'dor de to'kaja]
pattuglia (f)	patrulha (f)	[pa'truʎa]
pattugliare (vt)	patrulhar (vt)	[patru'ʎar]
sentinella (f)	sentinela (f)	[sẽtʃi'nɛla]
guerriero (m)	guerreiro (m)	[ge'hejru]
patriota (m)	patriota (m)	[pa'trjɔta]
eroe (m)	herói (m)	[e'rɔj]
eroina (f)	heroína (f)	[ero'ina]
traditore (m)	traidor (m)	[traj'dor]
tradire (vt)	trair (vt)	[tra'ir]
disertore (m)	desertor (m)	[dezer'tor]
disertare (vi)	desertar (vt)	[deser'tar]
mercenario (m)	mercenário (m)	[merse'narju]
recluta (f)	recruta (m)	[he'kruta]
volontario (m)	voluntário (m)	[volũ'tarju]
ucciso (m)	morto (m)	['mortu]
ferito (m)	ferido (m)	[fe'ridu]
prigioniero (m) di guerra	prisioneiro (m) de guerra	[prizjo'nejru de 'gɛha]

184. Guerra. Azioni militari. Parte 1

guerra (f)	guerra (f)	['gɛha]
essere in guerra	guerrear (vt)	[ge'hjar]
guerra (f) civile	guerra (f) civil	['gɛha si'viw]

perfidamente	perfidamente	[perfida'mẽtʃi]
dichiarazione (f) di guerra	declaração (f) de guerra	[deklara'sãw de 'gɛha]
dichiarare (~ guerra)	declarar guerra	[dekla'rar 'gɛha]
aggressione (f)	agressão (f)	[agre'sãw]
attaccare (vt)	atacar (vt)	[ata'kar]

invadere (vt)	invadir (vt)	[ĩva'dʒir]
invasore (m)	invasor (m)	[ĩva'zor]
conquistatore (m)	conquistador (m)	[kõkista'dor]

difesa (f)	defesa (f)	[de'feza]
difendere (~ un paese)	defender (vt)	[defẽ'der]
difendersi (vr)	defender-se (vr)	[defẽ'dersi]

nemico (m)	inimigo (m)	[ini'migu]
avversario (m)	adversário (m)	[adʒiver'sarju]
ostile (agg)	inimigo	[ini'migu]

strategia (f)	estratégia (f)	[istra'tɛʒa]
tattica (f)	tática (f)	['tatʃika]

ordine (m)	ordem (f)	['ordẽ]
comando (m)	comando (m)	[ko'mãdu]
ordinare (vt)	ordenar (vt)	[orde'nar]
missione (f)	missão (f)	[mi'sãw]
segreto (agg)	secreto	[se'krɛtu]

battaglia (f)	batalha (f)	[ba'taʎa]
combattimento (m)	combate (m)	[kõ'batʃi]

attacco (m)	ataque (m)	[a'taki]
assalto (m)	assalto (m)	[a'sawtu]
assalire (vt)	assaltar (vt)	[asaw'tar]
assedio (m)	assédio, sítio (m)	[a'sɛdʒu], ['sitʃu]

offensiva (f)	ofensiva (f)	[ɔfẽ'siva]
passare all'offensiva	tomar à ofensiva	[to'mar a ofẽ'siva]

ritirata (f)	retirada (f)	[hetʃi'rada]
ritirarsi (vr)	retirar-se (vr)	[hetʃi'rarse]

accerchiamento (m)	cerco (m)	['serku]
accerchiare (vt)	cercar (vt)	[ser'kar]

bombardamento (m)	bombardeio (m)	[bõbar'deju]
lanciare una bomba	lançar uma bomba	[lã'sar 'uma 'bõba]
bombardare (vt)	bombardear (vt)	[bõbar'dʒjar]
esplosione (f)	explosão (f)	[isplo'zãw]
sparo (m)	tiro (m)	['tʃiru]

sparare un colpo	dar um tiro	[dar ũ 'tʃiru]
sparatoria (f)	tiroteio (m)	[tʃiro'teju]

puntare su ...	apontar para ...	[apõ'tar 'para]
puntare (~ una pistola)	apontar (vt)	[apõ'tar]
colpire (~ il bersaglio)	acertar (vt)	[aser'tar]

affondare (mandare a fondo)	afundar (vt)	[afũ'dar]
falla (f)	brecha (f)	['brɛʃa]
affondare (andare a fondo)	afundar-se (vr)	[afũ'darse]

fronte (m) (~ di guerra)	frente (m)	['frẽtʃi]
evacuazione (f)	evacuação (f)	[evakwa'sãw]
evacuare (vt)	evacuar (vt)	[eva'kwar]

trincea (f)	trincheira (f)	[trĩ'ʃejra]
filo (m) spinato	arame (m) enfarpado	[a'rami ẽfar'padu]
sbarramento (m)	barreira (f) anti-tanque	[ba'hejra ãtʃi-'tãki]
torretta (f) di osservazione	torre (f) de vigia	['tohi de vi'ʒia]

ospedale (m) militare	hospital (m) militar	[ospi'taw mili'tar]
ferire (vt)	ferir (vt)	[fe'rir]
ferita (f)	ferida (f)	[fe'rida]
ferito (m)	ferido (m)	[fe'ridu]
rimanere ferito	ficar ferido	[fi'kar fe'ridu]
grave (ferita ~)	grave	['gravi]

185. Guerra. Azioni militari. Parte 2

prigionia (f)	cativeiro (m)	[katʃi'vejru]
fare prigioniero	capturar (vt)	[kaptu'rar]
essere prigioniero	estar em cativeiro	[is'tar ẽ katʃi'vejru]
essere fatto prigioniero	ser aprisionado	[ser aprizjo'nadu]

campo (m) di concentramento	campo (m) de concentração	['kãpu de kõsẽtra'sãw]
prigioniero (m) di guerra	prisioneiro (m) de guerra	[prizjo'nejru de 'gɛha]
fuggire (vi)	escapar (vi)	[iska'par]

tradire (vt)	trair (vt)	[tra'ir]
traditore (m)	traidor (m)	[traj'dor]
tradimento (m)	traição (f)	[traj'sãw]

fucilare (vt)	fuzilar, executar (vt)	[fuzi'lar], [ezeku'tar]
fucilazione (f)	fuzilamento (m)	[fuzila'mẽtu]

divisa (f) militare	equipamento (m)	[ekipa'mẽtu]
spallina (f)	insígnia (f) de ombro	[ĩ'signia de 'õbru]
maschera (f) antigas	máscara (f) de gás	['maskara de gajs]

radiotrasmettitore (m)	rádio (m)	['hadʒju]
codice (m)	cifra (f), código (m)	['sifra], ['kɔdʒigu]
complotto (m)	conspiração (f)	[kõspira'sãw]
parola (f) d'ordine	senha (f)	['sɛɲa]
mina (f)	mina (f)	['mina]

minare (~ la strada)	minar (vt)	[mi'nar]
campo (m) minato	campo (m) minado	['kãpu mi'nadu]

allarme (m) aereo	alarme (m) aéreo	[a'larmi a'erju]
allarme (m)	alarme (m)	[a'larmi]
segnale (m)	sinal (m)	[si'naw]
razzo (m) di segnalazione	sinalizador (m)	[sinaliza'dor]

quartier (m) generale	quartel-general (m)	[kwar'tɛw ʒene'raw]
esplorazione (m)	reconhecimento (m)	[hekoɲesi'mẽtu]
situazione (f)	situação (f)	[sitwa'sãw]
rapporto (m)	relatório (m)	[hela'tɔrju]
agguato (m)	emboscada (f)	[ẽbos'kada]
rinforzo (m)	reforço (m)	[he'forsu]

bersaglio (m)	alvo (m)	['awvu]
terreno (m) di caccia	campo (m) de tiro	['kãpu de 'tʃiru]
manovre (f pl)	manobras (f pl)	[ma'nɔbras]

panico (m)	pânico (m)	['paniku]
devastazione (f)	devastação (f)	[devasta'sãw]
distruzione (m)	ruínas (f pl)	['hwinas]
distruggere (vt)	destruir (vt)	[dʒis'trwir]

sopravvivere (vi, vt)	sobreviver (vi)	[sobrivi'ver]
disarmare (vt)	desarmar (vt)	[dʒizar'mar]
maneggiare (una pistola, ecc.)	manusear (vt)	[manu'zjar]

Attenti!	Sentido!	[sẽ'tʃidu]˙
Riposo!	Descansar!	[dʒiskã'sar]

atto (m) eroico	façanha (f)	[fa'saɲa]
giuramento (m)	juramento (m)	[ʒura'mẽtu]
giurare (vi)	jurar (vi)	[ʒu'rar]

decorazione (f)	condecoração (f)	[kõdekora'sãw]
decorare (qn)	condecorar (vt)	[kõdeko'rar]
medaglia (f)	medalha (f)	[me'daʎa]
ordine (m) (~ al Merito)	ordem (f)	['ordẽ]

vittoria (f)	vitória (f)	[vi'tɔrja]
sconfitta (m)	derrota (f)	[de'hɔta]
armistizio (m)	armistício (m)	[armis'tʃisju]

bandiera (f)	bandeira (f)	[bã'dejra]
gloria (f)	glória (f)	['glɔrja]
parata (f)	parada (f)	[pa'rada]
marciare (in parata)	marchar (vi)	[mar'ʃar]

186. Armi

armi (f pl)	arma (f)	['arma]
arma (f) da fuoco	arma (f) de fogo	['arma de 'fogu]

arma (f) bianca	arma (f) branca	['arma 'brăka]
armi (f pl) chimiche	arma (f) química	['arma 'kimika]
nucleare (agg)	nuclear	[nu'kljar]
armi (f pl) nucleari	arma (f) nuclear	['arma nu'kljar]

| bomba (f) | bomba (f) | ['bŏba] |
| bomba (f) atomica | bomba (f) atômica | ['bŏba a'tomika] |

pistola (f)	pistola (f)	[pis'tɔla]
fucile (m)	rifle (m)	['hifli]
mitra (m)	semi-automática (f)	[semi-awto'matʃika]
mitragliatrice (f)	metralhadora (f)	[metraʎa'dora]

bocca (f)	boca (f)	['boka]
canna (f)	cano (m)	['kanu]
calibro (m)	calibre (m)	[ka'libri]

grilletto (m)	gatilho (m)	[ga'tʃiʎu]
mirino (m)	mira (f)	['mira]
caricatore (m)	carregador (m)	[kahega'dor]
calcio (m)	coronha (f)	[ko'rɔɲa]

| bomba (f) a mano | granada (f) de mão | [gra'nada de mãw] |
| esplosivo (m) | explosivo (m) | [isplo'zivu] |

pallottola (f)	bala (f)	['bala]
cartuccia (f)	cartucho (m)	[kar'tuʃu]
carica (f)	carga (f)	['karga]
munizioni (f pl)	munições (f pl)	[muni'sõjs]

bombardiere (m)	bombardeiro (m)	[bŏbar'dejru]
aereo (m) da caccia	avião (m) de caça	[a'vjãw de 'kasa]
elicottero (m)	helicóptero (m)	[eli'kɔpteru]

cannone (m) antiaereo	canhão (m) antiaéreo	[ka'ɲãw ãtʃja'ɛrju]
carro (m) armato	tanque (m)	['tãki]
cannone (m)	canhão (m)	[ka'ɲãw]

artiglieria (f)	artilharia (f)	[artʃiʎa'ria]
cannone (m)	canhão (m)	[ka'ɲãw]
mirare a …	fazer a pontaria	[fa'zer a pŏta'ria]

proiettile (m)	projétil (m)	[pro'ʒɛtʃiw]
granata (f) da mortaio	granada (f) de morteiro	[gra'nada de mor'tejru]
mortaio (m)	morteiro (m)	[mor'tejru]
scheggia (f)	estilhaço (m)	[istʃi'ʎasu]

sottomarino (m)	submarino (m)	[subma'rinu]
siluro (m)	torpedo (m)	[tor'pedu]
missile (m)	míssil (m)	['misiw]

caricare (~ una pistola)	carregar (vt)	[kahe'gar]
sparare (vi)	disparar, atirar (vi)	[dʒispa'rar], [atʃi'rar]
puntare su …	apontar para …	[apõ'tar 'para]
baionetta (f)	baioneta (f)	[bajo'neta]
spada (f)	espada (f)	[is'pada]

sciabola (f)	sabre (m)	['sabri]
lancia (f)	lança (f)	['lãsa]
arco (m)	arco (m)	['arku]
freccia (f)	flecha (f)	['flɛʃa]
moschetto (m)	mosquete (m)	[mos'ketʃi]
balestra (f)	besta (f)	['besta]

187. Gli antichi

primitivo (agg)	primitivo	[primi'tʃivu]
preistorico (agg)	pré-histórico	[prɛ-is'tɔriku]
antico (agg)	antigo	[ã'tʃigu]

Età (f) della pietra	Idade (f) da Pedra	[i'dadʒi da 'pɛdra]
Età (f) del bronzo	Idade (f) do Bronze	[i'dadʒi du 'brõzi]
epoca (f) glaciale	Era (f) do Gelo	['ɛra du 'ʒelu]

tribù (f)	tribo (f)	['tribu]
cannibale (m)	canibal (m)	[kani'baw]
cacciatore (m)	caçador (m)	[kasa'dor]
cacciare (vt)	caçar (vi)	[ka'sar]
mammut (m)	mamute (m)	[ma'mutʃi]

caverna (f), grotta (f)	caverna (f)	[ka'vɛrna]
fuoco (m)	fogo (m)	['fogu]
falò (m)	fogueira (f)	[fo'gejra]
pittura (f) rupestre	pintura (f) rupestre	[pĩ'tura hu'pɛstri]

strumento (m) di lavoro	ferramenta (f)	[feha'mẽta]
lancia (f)	lança (f)	['lãsa]
ascia (f) di pietra	machado (m) de pedra	[ma'ʃadu de 'pɛdra]
essere in guerra	guerrear (vt)	[ge'hjar]
addomesticare (vt)	domesticar (vt)	[domestʃi'kar]

idolo (m)	ídolo (m)	['idolu]
idolatrare (vt)	adorar, venerar (vt)	[ado'rar], [vene'rar]

superstizione (f)	superstição (f)	[superstʃi'sãw]
rito (m)	ritual (m)	[hi'twaw]

evoluzione (f)	evolução (f)	[evolu'sãw]
sviluppo (m)	desenvolvimento (m)	[dʒizẽvowvi'mẽtu]

estinzione (f)	extinção (f)	[istʃĩ'sãw]
adattarsi (vr)	adaptar-se (vr)	[adap'tarse]

archeologia (f)	arqueologia (f)	[arkjolo'ʒia]
archeologo (m)	arqueólogo (m)	[ar'kjɔlogu]
archeologico (agg)	arqueológico	[arkjo'lɔʒiku]

sito (m) archeologico	escavação (f)	[iskava'sãw]
scavi (m pl)	escavações (f pl)	[iskava'sõjs]
reperto (m)	achado (m)	[a'ʃadu]
frammento (m)	fragmento (m)	[frag'mẽtu]

188. Il Medio Evo

popolo (m)	povo (m)	['povu]
popoli (m pl)	povos (m pl)	['pɔvus]
tribù (f)	tribo (f)	['tribu]
tribù (f pl)	tribos (f pl)	['tribus]

barbari (m pl)	bárbaros (pl)	['barbarus]
galli (m pl)	gauleses (pl)	[gaw'lezes]
goti (m pl)	godos (pl)	['godus]
slavi (m pl)	eslavos (pl)	[iʃ'lavus]
vichinghi (m pl)	viquingues (pl)	['vikĩgis]

romani (m pl)	romanos (pl)	[ho'manus]
romano (agg)	romano	[ho'manu]

bizantini (m pl)	bizantinos (pl)	[bizã'tʃinus]
Bisanzio (m)	Bizâncio	[bi'zãsju]
bizantino (agg)	bizantino	[bizã'tʃinu]

imperatore (m)	imperador (m)	[ĩpera'dor]
capo (m)	líder (m)	['lider]
potente (un re ~)	poderoso	[pode'rozu]
re (m)	rei (m)	[hej]
governante (m) (sovrano)	governante (m)	[gover'nãtʃi]

cavaliere (m)	cavaleiro (m)	[kava'lejru]
feudatario (m)	senhor feudal (m)	[se'ɲor few'daw]
feudale (agg)	feudal	[few'daw]
vassallo (m)	vassalo (m)	[va'salu]

duca (m)	duque (m)	['duki]
conte (m)	conde (m)	['kõdʒi]
barone (m)	barão (m)	[ba'rãw]
vescovo (m)	bispo (m)	['bispu]

armatura (f)	armadura (f)	[arma'dura]
scudo (m)	escudo (m)	[is'kudu]
spada (f)	espada (f)	[is'pada]
visiera (f)	viseira (f)	[vi'zejra]
cotta (f) di maglia	cota (f) de malha	['kɔta de 'maʎa]

crociata (f)	cruzada (f)	[kru'zada]
crociato (m)	cruzado (m)	[kru'zadu]

territorio (m)	território (m)	[tehi'tɔrju]
attaccare (vt)	atacar (vt)	[ata'kar]
conquistare (vt)	conquistar (vt)	[kõkis'tar]
occupare (invadere)	ocupar, invadir (vt)	[oku'parsi], [ĩva'dʒir]

assedio (m)	assédio, sítio (m)	[a'sɛdʒu], ['sitʃju]
assediato (agg)	sitiado	[si'tʃjadu]
assediare (vt)	assediar, sitiar (vt)	[ase'dʒjar], [si'tʃjar]
inquisizione (f)	inquisição (f)	[ĩkizi'sãw]
inquisitore (m)	inquisidor (m)	[ĩkizi'dor]

tortura (f)	tortura (f)	[tor'tura]
crudele (agg)	cruel	[kru'ɛw]
eretico (m)	herege (m)	[e'reʒi]
eresia (f)	heresia (f)	[ere'zia]

navigazione (f)	navegação (f) marítima	[navega'sãu ma'ritʃima]
pirata (m)	pirata (m)	[pi'rata]
pirateria (f)	pirataria (f)	[pirata'ria]
arrembaggio (m)	abordagem (f)	[abor'daʒẽ]
bottino (m)	presa (f), butim (m)	['preza], [bu'tʃĩ]
tesori (m)	tesouros (m pl)	[te'zorus]

scoperta (f)	descobrimento (m)	[dʒiskobri'mẽtu]
scoprire (~ nuove terre)	descobrir (vt)	[dʒisko'brir]
spedizione (f)	expedição (f)	[ispedʒi'sãw]

moschettiere (m)	mosqueteiro (m)	[moske'tejru]
cardinale (m)	cardeal (m)	[kar'dʒjaw]
araldica (f)	heráldica (f)	[e'rawdʒika]
araldico (agg)	heráldico	[e'rawdʒiku]

189. Leader. Capo. Le autorità

re (m)	rei (m)	[hej]
regina (f)	rainha (f)	[ha'iɲa]
reale (agg)	real	[he'aw]
regno (m)	reino (m)	['hejnu]

| principe (m) | príncipe (m) | ['prĩsipi] |
| principessa (f) | princesa (f) | [prĩ'seza] |

presidente (m)	presidente (m)	[prezi'dẽtʃi]
vicepresidente (m)	vice-presidente (m)	['visi-prezi'dẽtʃi]
senatore (m)	senador (m)	[sena'dor]

monarca (m)	monarca (m)	[mo'narka]
governante (m) (sovrano)	governante (m)	[gover'nãtʃi]
dittatore (m)	ditador (m)	[dʒita'dor]
tiranno (m)	tirano (m)	[tʃi'ranu]
magnate (m)	magnata (m)	[mag'nata]

direttore (m)	diretor (m)	[dʒire'tor]
capo (m)	chefe (m)	['ʃɛfi]
dirigente (m)	gerente (m)	[ʒe'rẽtʃi]
capo (m)	patrão (m)	[pa'trãw]
proprietario (m)	dono (m)	['donu]

capo (m) (~ delegazione)	chefe (m)	['ʃɛfi]
autorità (f pl)	autoridades (f pl)	[awtori'dadʒis]
superiori (m pl)	superiores (m pl)	[supe'rjores]

governatore (m)	governador (m)	[governa'dor]
console (m)	cônsul (m)	['kõsuw]
diplomatico (m)	diplomata (m)	[dʒiplo'mata]

| sindaco (m) | Presidente (m) da Câmara | [prezi'dɛtʃi da 'kamara] |
| sceriffo (m) | xerife (m) | [ʃe'rifi] |

imperatore (m)	imperador (m)	[ĩpera'dor]
zar (m)	czar (m)	['kzar]
faraone (m)	faraó (m)	[fara'ɔ]
khan (m)	cã, khan (m)	[kã]

190. Strada. Via. Indicazioni

| strada (f) | estrada (f) | [is'trada] |
| cammino (m) | via (f) | ['via] |

superstrada (f)	rodovia (f)	[hodo'via]
autostrada (f)	autoestrada (f)	[awtois'trada]
strada (f) statale	estrada (f) nacional	[is'trada nasjo'naw]

| strada (f) principale | estrada (f) principal | [is'trada prĩsi'paw] |
| strada (f) sterrata | estrada (f) de terra | [is'trada de 'tɛha] |

| viottolo (m) | trilha (f) | ['triʎa] |
| sentiero (m) | vereda (f) | [ve'reda] |

Dove? (~ è?)	Onde?	['õdʒi]
Dove? (~ vai?)	Para onde?	['para 'õdʒi]
Di dove?, Da dove?	De onde?	[de 'õdʒi]

| direzione (f) | direção (f) | [dʒire'sãw] |
| indicare (~ la strada) | indicar (vt) | [ĩdʒi'kar] |

a sinistra (girare ~)	para a esquerda	['para a is'kerda]
a destra (girare ~)	para a direita	['para a dʒi'rejta]
dritto (avv)	em frente	[ẽ 'frẽtʃi]
indietro (tornare ~)	para trás	['para trajs]

curva (f)	curva (f)	['kurva]
girare (~ a destra)	virar (vi)	[vi'rar]
fare un'inversione a U	dar retorno	[dar he'tornu]

| essere visibile | estar visível | [is'tar vi'zivew] |
| apparire (vi) | aparecer (vi) | [apare'ser] |

sosta (f) (breve fermata)	paragem (f)	[pa'raʒẽ]
riposarsi, fermarsi (vr)	descansar (vi)	[dʒiskã'sar]
riposo (m)	descanso, repouso (m)	[dʒis'kãsu], [he'pozu]

perdersi (vr)	perder-se (vr)	[per'dersi]
portare verso …	conduzir a …	[kõdu'zir a]
raggiungere (arrivare a)	chegar a …	[ʃe'gar a]
tratto (m) di strada	trecho (m)	['treʃu]

asfalto (m)	asfalto (m)	[as'fawtu]
cordolo (m)	meio-fio (m)	['meju-'fiu]
fosso (m)	valeta (f)	[va'leta]

tombino (m)	tampa (f) de esgoto	['tãpa de iz'gotu]
ciglio (m) della strada	acostamento (m)	[akosta'mẽtu]
buca (f)	buraco (m)	[bu'raku]

andare (a piedi)	ir (vi)	[ir]
sorpassare (vt)	ultrapassar (vt)	[uwtrapa'sar]

passo (m)	passo (m)	['pasu]
a piedi	a pé	[a pɛ]

sbarrare (~ la strada)	bloquear (vt)	[blo'kjar]
sbarra (f)	cancela (f)	[kã'sɛla]
vicolo (m) cieco	beco (m) sem saída	['beku sẽ sa'ida]

191. Infrangere la legge. Criminali. Parte 1

bandito (m)	bandido (m)	[bã'dʒidu]
delitto (m)	crime (m)	['krimi]
criminale (m)	criminoso (m)	[krimi'nozu]

ladro (m)	ladrão (m)	[la'drãw]
rubare (vi, vt)	roubar (vt)	[ho'bar]
ruberia (f)	furto (m)	['furtu]
reato (m) di furto	furto (m)	['furtu]

rapire (vt)	raptar, sequestrar (vt)	[hap'tar], [sekwes'trar]
rapimento (m)	sequestro (m)	[se'kwɛstru]
rapitore (m)	sequestrador (m)	[sekwestra'dor]

riscatto (m)	resgate (m)	[hez'gatʃi]
chiedere il riscatto	pedir resgate	[pe'dʒir hez'gatʃi]

rapinare (vt)	roubar (vt)	[ho'bar]
rapina (f)	assalto, roubo (m)	[a'sawtu], ['hobu]
rapinatore (m)	assaltante (m)	[asaw'tãtʃi]

estorcere (vt)	extorquir (vt)	[istor'kir]
estorsore (m)	extorsionário (m)	[istorsjo'narju]
estorsione (f)	extorsão (f)	[istor'sãw]

uccidere (vt)	matar, assassinar (vt)	[ma'tar], [asasi'nar]
assassinio (m)	homicídio (m)	[omi'sidʒju]
assassino (m)	homicida, assassino (m)	[ɔmi'sida], [asa'sinu]

sparo (m)	tiro (m)	['tʃiru]
tirare un colpo	dar um tiro	[dar ũ 'tʃiru]
abbattere (con armi da fuoco)	matar a tiro	[ma'tar a 'tʃiru]
sparare (vi)	disparar, atirar (vi)	[dʒispa'rar], [atʃi'rar]
sparatoria (f)	tiroteio (m)	[tʃiro'teju]

incidente (m) (rissa, ecc.)	incidente (m)	[ĩsi'dẽtʃi]
rissa (f)	briga (f)	['briga]
Aiuto!	Socorro!	[so'kohu]
vittima (f)	vítima (f)	['vitʃima]

danneggiare (vt)	danificar (vt)	[danifi'kar]
danno (m)	dano (m)	['danu]
cadavere (m)	cadáver (m)	[ka'daver]
grave (reato ~)	grave	['gravi]

aggredire (vt)	atacar (vt)	[ata'kar]
picchiare (vt)	bater (vt)	[ba'ter]
malmenare (picchiare)	espancar (vt)	[ispã'kar]
sottrarre (vt)	tirar (vt)	[tʃi'rar]
accoltellare a morte	esfaquear (vt)	[isfaki'ar]
mutilare (vt)	mutilar (vt)	[mutʃi'lar]
ferire (vt)	ferir (vt)	[fe'rir]

ricatto (m)	chantagem (f)	[ʃã'taʒẽ]
ricattare (vt)	chantagear (vt)	[ʃãta'ʒjar]
ricattatore (m)	chantagista (m)	[ʃãta'ʒista]

estorsione (f)	extorsão (f)	[istor'sãw]
estortore (m)	extorsionário (m)	[istorsjo'narju]
gangster (m)	gângster (m)	['gãŋster]
mafia (f)	máfia (f)	['mafja]

borseggiatore (m)	punguista (m)	[pũ'gista]
scassinatore (m)	assaltante, ladrão (m)	[asaw'tãtʃi], [la'drãw]
contrabbando (m)	contrabando (m)	[kõtra'bãdu]
contrabbandiere (m)	contrabandista (m)	[kõtrabã'dʒista]

falsificazione (f)	falsificação (f)	[fawsifika'sãw]
falsificare (vt)	falsificar (vt)	[fawsifi'kar]
falso, falsificato (agg)	falsificado	[fawsifi'kadu]

192. Infrangere la legge. Criminali. Parte 2

stupro (m)	estupro (m)	[is'tupru]
stuprare (vt)	estuprar (vt)	[istu'prar]
stupratore (m)	estuprador (m)	[istupra'dor]
maniaco (m)	maníaco (m)	[ma'niaku]

prostituta (f)	prostituta (f)	[prostʃi'tuta]
prostituzione (f)	prostituição (f)	[prostʃitwi'sãw]
magnaccia (m)	cafetão (m)	[kafe'tãw]

drogato (m)	drogado (m)	[dro'gadu]
trafficante (m) di droga	traficante (m)	[trafi'kãtʃi]

far esplodere	explodir (vt)	[isplo'dʒir]
esplosione (f)	explosão (f)	[isplo'zãw]
incendiare (vt)	incendiar (vt)	[ĩsẽ'dʒjar]
incendiario (m)	incendiário (m)	[ĩsẽ'dʒjarju]

terrorismo (m)	terrorismo (m)	[teho'rizmu]
terrorista (m)	terrorista (m)	[teho'rista]
ostaggio (m)	refém (m)	[he'fẽ]
imbrogliare (vt)	enganar (vt)	[ẽga'nar]

| imbroglio (m) | engano (m) | [ẽ'gãnu] |
| imbroglione (m) | vigarista (m) | [viga'rista] |

corrompere (vt)	subornar (vt)	[subor'nar]
corruzione (f)	suborno (m)	[su'bornu]
bustarella (f)	suborno (m)	[su'bornu]

veleno (m)	veneno (m)	[ve'nɛnu]
avvelenare (vt)	envenenar (vt)	[ẽvene'nar]
avvelenarsi (vr)	envenenar-se (vr)	[ẽvene'narsi]

| suicidio (m) | suicídio (m) | [swi'siʤu] |
| suicida (m) | suicida (m) | [swi'sida] |

minacciare (vt)	ameaçar (vt)	[amea'sar]
minaccia (f)	ameaça (f)	[ame'asa]
attentare (vi)	atentar contra a vida de ...	[atẽ'tar 'kõtra a 'vida de]
attentato (m)	atentado (m)	[atẽ'tadu]

| rubare (~ una macchina) | roubar (vt) | [ho'bar] |
| dirottare (~ un aereo) | sequestrar (vt) | [sekwes'trar] |

| vendetta (f) | vingança (f) | [vĩ'gãsa] |
| vendicare (vt) | vingar (vt) | [vĩ'gar] |

torturare (vt)	torturar (vt)	[tortu'rar]
tortura (f)	tortura (f)	[tor'tura]
maltrattare (vt)	atormentar (vt)	[atormẽ'tar]

pirata (m)	pirata (m)	[pi'rata]
teppista (m)	desordeiro (m)	[ʤizor'dejru]
armato (agg)	armado	[ar'madu]
violenza (f)	violência (f)	[vjo'lẽsja]
illegale (agg)	ilegal	[ile'gaw]

| spionaggio (m) | espionagem (f) | [ispio'naʒẽ] |
| spiare (vi) | espionar (vi) | [ispjo'nar] |

193. Polizia. Legge. Parte 1

| giustizia (f) | justiça (f) | [ʒus'tʃisa] |
| tribunale (m) | tribunal (m) | [tribu'naw] |

giudice (m)	juiz (m)	[ʒwiz]
giurati (m)	jurados (m pl)	[ʒu'radus]
processo (m) con giuria	tribunal (m) do júri	[tribu'naw du 'ʒuri]
giudicare (vt)	julgar (vt)	[ʒuw'gar]

avvocato (m)	advogado (m)	[aʤivo'gadu]
imputato (m)	réu (m)	['hɛw]
banco (m) degli imputati	banco (m) dos réus	['bãku dus hɛws]

| accusa (f) | acusação (f) | [akuza'sãw] |
| accusato (m) | acusado (m) | [aku'zadu] |

condanna (f)	sentença (f)	[sẽ'tẽsa]
condannare (vt)	sentenciar (vt)	[sẽtẽ'sjar]

colpevole (m)	culpado (m)	[kuw'padu]
punire (vt)	punir (vt)	[pu'nir]
punizione (f)	punição (f)	[puni'sãw]

multa (f), ammenda (f)	multa (f)	['muwta]
ergastolo (m)	prisão (f) perpétua	[pri'zãw per'pɛtwa]
pena (f) di morte	pena (f) de morte	['pena de 'mɔrtʃi]
sedia (f) elettrica	cadeira (f) elétrica	[ka'dejra e'lɛtrika]
impiccagione (f)	forca (f)	['forka]

giustiziare (vt)	executar (vt)	[ezeku'tar]
esecuzione (f)	execução (f)	[ezeku'sãw]

prigione (f)	prisão (f)	[pri'zãw]
cella (f)	cela (f) de prisão	['sɛla de pri'zãw]

scorta (f)	escolta (f)	[is'kɔwta]
guardia (f) carceraria	guarda (m) prisional	['gwarda prizjo'naw]
prigioniero (m)	preso (m)	['prezu]

manette (f pl)	algemas (f pl)	[aw'ʒɛmas]
mettere le manette	algemar (vt)	[awʒe'mar]

fuga (f)	fuga, evasão (f)	['fuga], [eva'zãw]
fuggire (vi)	fugir (vi)	[fu'ʒir]
scomparire (vi)	desaparecer (vi)	[dʒizapare'ser]
liberare (vt)	soltar, libertar (vt)	[sow'tar], [liber'tar]
amnistia (f)	anistia (f)	[anis'tʃia]

polizia (f)	polícia (f)	[po'lisja]
poliziotto (m)	polícia (m)	[po'lisja]
commissariato (m)	delegacia (f) de polícia	[delega'sia de po'lisja]
manganello (m)	cassetete (m)	[kase'tɛtʃi]
altoparlante (m)	megafone (m)	[mega'foni]

macchina (f) di pattuglia	carro (m) de patrulha	['kaho de pa'truʎa]
sirena (f)	sirene (f)	[si'rɛni]
mettere la sirena	ligar a sirene	[li'gar a si'rɛni]
suono (m) della sirena	toque (m) da sirene	['tɔki da si'rɛni]

luogo (m) del crimine	cena (f) do crime	['sɛna du 'krimi]
testimone (m)	testemunha (f)	[teste'muɲa]
libertà (f)	liberdade (f)	[liber'dadʒi]
complice (m)	cúmplice (m)	['kũplisi]
fuggire (vi)	escapar (vi)	[iska'par]
traccia (f)	traço (m)	['trasu]

194. Polizia. Legge. Parte 2

ricerca (f) (~ di un criminale)	procura (f)	[pro'kura]
cercare (vt)	procurar (vt)	[proku'rar]

sospetto (m)	suspeita (f)	[sus'pejta]
sospetto (agg)	suspeito	[sus'pejtu]
fermare (vt)	parar (vt)	[pa'rar]
arrestare (qn)	deter (vt)	[de'ter]

causa (f)	caso (m)	['kazu]
inchiesta (f)	investigação (f)	[ĩvestʃiga'sãw]
detective (m)	detetive (m)	[dete'tʃivi]
investigatore (m)	investigador (m)	[ĩvestʃiga'dor]
versione (f)	versão (f)	[ver'sãw]

movente (m)	motivo (m)	[mo'tʃivu]
interrogatorio (m)	interrogatório (m)	[ĩtehoga'tɔrju]
interrogare (sospetto)	interrogar (vt)	[ĩteho'gar]
interrogare (vicini)	questionar (vt)	[kestʃjo'nar]
controllo (m) (~ di polizia)	verificação (f)	[verifika'sãw]

retata (f)	batida (f) policial	[ba'tʃida poli'sjaw]
perquisizione (f)	busca (f)	['buska]
inseguimento (m)	perseguição (f)	[persegi'sãw]
inseguire (vt)	perseguir (vt)	[perse'gir]
essere sulle tracce	seguir, rastrear (vt)	[se'gir], [has'trjar]

arresto (m)	prisão (f)	[pri'zãw]
arrestare (qn)	prender (vt)	[prẽ'der]
catturare (~ un ladro)	pegar, capturar (vt)	[pe'gar], [kaptu'rar]
cattura (f)	captura (f)	[kap'tura]

documento (m)	documento (m)	[doku'mẽtu]
prova (f), reperto (m)	prova (f)	['prɔva]
provare (vt)	provar (vt)	[pro'var]
impronta (f) del piede	pegada (f)	[pe'gada]
impronte (f pl) digitali	impressões (f pl) digitais	[impre'sõjs dʒiʒi'tajs]
elemento (m) di prova	prova (f)	['prɔva]

alibi (m)	álibi (m)	['alibi]
innocente (agg)	inocente	[ino'sẽtʃi]
ingiustizia (f)	injustiça (f)	[ĩʒus'tʃisa]
ingiusto (agg)	injusto	[ĩ'ʒustu]

criminale (agg)	criminal	[krimi'naw]
confiscare (vt)	confiscar (vt)	[kõfis'kar]
droga (f)	droga (f)	['drɔga]
armi (f pl)	arma (f)	['arma]
disarmare (vt)	desarmar (vt)	[dʒizar'mar]
ordinare (vt)	ordenar (vt)	[orde'nar]
sparire (vi)	desaparecer (vi)	[dʒizapare'ser]

legge (f)	lei (f)	[lej]
legale (agg)	legal	[le'gaw]
illegale (agg)	ilegal	[ile'gaw]

| responsabilità (f) | responsabilidade (f) | [hespõsabili'dadʒi] |
| responsabile (agg) | responsável | [hespõ'savew] |

LA NATURA

La Terra. Parte 1

195. L'Universo

cosmo (m)	espaço, cosmo (m)	[is'pasu], ['kɔzmu]
cosmico, spaziale (agg)	espacial, cósmico	[ispa'sjaw], ['kɔzmiku]
spazio (m) cosmico	espaço (m) cósmico	[is'pasu 'kɔzmiku]
mondo (m)	mundo (m)	['mũdu]
universo (m)	universo (m)	[uni'vɛrsu]
galassia (f)	galáxia (f)	[ga'laksja]
stella (f)	estrela (f)	[is'trela]
costellazione (f)	constelação (f)	[kõstela'sãw]
pianeta (m)	planeta (m)	[pla'neta]
satellite (m)	satélite (m)	[sa'tɛlitʃi]
meteorite (m)	meteorito (m)	[meteo'ritu]
cometa (f)	cometa (m)	[ko'meta]
asteroide (m)	asteroide (m)	[aste'rɔjdʒi]
orbita (f)	órbita (f)	['ɔrbita]
ruotare (vi)	girar (vi)	[ʒi'rar]
atmosfera (f)	atmosfera (f)	[atmos'fɛra]
il Sole	Sol (m)	[sɔw]
sistema (m) solare	Sistema (m) Solar	[sis'tɛma so'lar]
eclisse (f) solare	eclipse (m) solar	[e'klipsi so'lar]
la Terra	Terra (f)	['tɛha]
la Luna	Lua (f)	['lua]
Marte (m)	Marte (m)	['martʃi]
Venere (f)	Vênus (f)	['venus]
Giove (m)	Júpiter (m)	['ʒupiter]
Saturno (m)	Saturno (m)	[sa'turnu]
Mercurio (m)	Mercúrio (m)	[mer'kurju]
Urano (m)	Urano (m)	[u'ranu]
Nettuno (m)	Netuno (m)	[ne'tunu]
Plutone (m)	Plutão (m)	[plu'tãw]
Via (f) Lattea	Via Láctea (f)	['via 'laktja]
Orsa (f) Maggiore	Ursa Maior (f)	[ursa ma'jɔr]
Stella (f) Polare	Estrela Polar (f)	[is'trela po'lar]
marziano (m)	marciano (m)	[mar'sjanu]
extraterrestre (m)	extraterrestre (m)	[estrate'hɛstri]

| alieno (m) | alienígena (m) | [alje'niʒena] |
| disco (m) volante | disco (m) voador | ['dʒisku vwa'dor] |

nave (f) spaziale	nave (f) espacial	['navi ispa'sjaw]
stazione (f) spaziale	estação (f) orbital	[eʃta'sãw orbi'taw]
lancio (m)	lançamento (m)	[lãsa'mẽtu]

motore (m)	motor (m)	[mo'tor]
ugello (m)	bocal (m)	[bo'kaw]
combustibile (m)	combustível (m)	[kõbus'tʃivew]

cabina (f) di pilotaggio	cabine (f)	[ka'bini]
antenna (f)	antena (f)	[ã'tɛna]
oblò (m)	vigia (f)	[vi'ʒia]
batteria (f) solare	bateria (f) solar	[bate'ria so'lar]
scafandro (m)	traje (m) espacial	['traʒi ispa'sjaw]

| imponderabilità (f) | imponderabilidade (f) | [ĩpõderabili'dadʒi] |
| ossigeno (m) | oxigênio (m) | [oksi'ʒenju] |

| aggancio (m) | acoplagem (f) | [ako'plaʒẽ] |
| agganciarsi (vr) | fazer uma acoplagem | [fa'zer 'uma ako'plaʒẽ] |

osservatorio (m)	observatório (m)	[observa'tɔrju]
telescopio (m)	telescópio (m)	[tele'skɔpju]
osservare (vt)	observar (vt)	[obser'var]
esplorare (vt)	explorar (vt)	[isplo'rar]

196. La Terra

la Terra	Terra (f)	['tɛha]
globo (m) terrestre	globo (m) terrestre	['globu te'hɛstri]
pianeta (m)	planeta (m)	[pla'neta]

atmosfera (f)	atmosfera (f)	[atmos'fɛra]
geografia (f)	geografia (f)	[ʒeogra'fia]
natura (f)	natureza (f)	[natu'reza]

mappamondo (m)	globo (m)	['globu]
carta (f) geografica	mapa (m)	['mapa]
atlante (m)	atlas (m)	['atlas]

| Europa (f) | Europa (f) | [ew'rɔpa] |
| Asia (f) | Ásia (f) | ['azja] |

| Africa (f) | África (f) | ['afrika] |
| Australia (f) | Austrália (f) | [aws'tralja] |

America (f)	América (f)	[a'mɛrika]
America (f) del Nord	América (f) do Norte	[a'mɛrika du 'nɔrtʃi]
America (f) del Sud	América (f) do Sul	[a'mɛrika du suw]

| Antartide (f) | Antártida (f) | [ã'tartʃida] |
| Artico (m) | Ártico (m) | ['artʃiku] |

197. Punti cardinali

nord (m)	norte (m)	['nɔrtʃi]
a nord	para norte	['para 'nɔrtʃi]
al nord	no norte	[nu 'nɔrtʃi]
del nord (agg)	do norte	[du 'nɔrtʃi]
sud (m)	sul (m)	[suw]
a sud	para sul	['para suw]
al sud	no sul	[nu suw]
del sud (agg)	do sul	[du suw]
ovest (m)	oeste, ocidente (m)	['wɛstʃi], [osi'dẽtʃi]
a ovest	para oeste	['para 'wɛstʃi]
all'ovest	no oeste	[nu 'wɛstʃi]
dell'ovest, occidentale	ocidental	[osidẽ'taw]
est (m)	leste, oriente (m)	['lɛstʃi], [o'rjẽtʃi]
a est	para leste	['para 'lɛstʃi]
all'est	no leste	[nu 'lɛstʃi]
dell'est, orientale	oriental	[orjẽ'taw]

198. Mare. Oceano

mare (m)	mar (m)	[mah]
oceano (m)	oceano (m)	[o'sjanu]
golfo (m)	golfo (m)	['gowfu]
stretto (m)	estreito (m)	[is'trejtu]
terra (f) (terra firma)	terra (f) firme	['tɛha 'firmi]
continente (m)	continente (m)	[kõtʃi'nẽtʃi]
isola (f)	ilha (f)	['iʎa]
penisola (f)	península (f)	[pe'nĩsula]
arcipelago (m)	arquipélago (m)	[arki'pɛlagu]
baia (f)	baía (f)	[ba'ia]
porto (m)	porto (m)	['portu]
laguna (f)	lagoa (f)	[la'goa]
capo (m)	cabo (m)	['kabu]
atollo (m)	atol (m)	[a'tɔw]
scogliera (f)	recife (m)	[he'sifi]
corallo (m)	coral (m)	[ko'raw]
barriera (f) corallina	recife (m) de coral	[he'sifi de ko'raw]
profondo (agg)	profundo	[pro'fũdu]
profondità (f)	profundidade (f)	[profũdʒi'dadʒi]
abisso (m)	abismo (m)	[a'bizmu]
fossa (f) (~ delle Marianne)	fossa (f) oceânica	['fɔsa o'sjanika]
corrente (f)	corrente (f)	[ko'hẽtʃi]
circondare (vt)	banhar (vt)	[ba'ɲar]
litorale (m)	litoral (m)	lito'raw]

costa (f)	costa (f)	['kɔsta]
alta marea (f)	maré (f) alta	[ma'rɛ 'awta]
bassa marea (f)	refluxo (m)	[he'fluksu]
banco (m) di sabbia	restinga (f)	[hes'tʃĩga]
fondo (m)	fundo (m)	['fũdu]
onda (f)	onda (f)	['õda]
cresta (f) dell'onda	crista (f) da onda	['krista da 'õda]
schiuma (f)	espuma (f)	[is'puma]
tempesta (f)	tempestade (f)	[tẽpes'tadʒi]
uragano (m)	furacão (m)	[fura'kãw]
tsunami (m)	tsunami (m)	[tsu'nami]
bonaccia (f)	calmaria (f)	[kawma'ria]
tranquillo (agg)	calmo	['kawmu]
polo (m)	polo (m)	['pɔlu]
polare (agg)	polar	[po'lar]
latitudine (f)	latitude (f)	[latʃi'tudʒi]
longitudine (f)	longitude (f)	[lõʒi'tudʒi]
parallelo (m)	paralela (f)	[para'lɛla]
equatore (m)	equador (m)	[ekwa'dor]
cielo (m)	céu (m)	[sɛw]
orizzonte (m)	horizonte (m)	[ori'zõtʃi]
aria (f)	ar (m)	[ar]
faro (m)	farol (m)	[fa'rɔw]
tuffarsi (vr)	mergulhar (vi)	[mergu'ʎar]
affondare (andare a fondo)	afundar-se (vr)	[afũ'darse]
tesori (m)	tesouros (m pl)	[te'zorus]

199. Nomi dei mari e degli oceani

Oceano (m) Atlantico	Oceano (m) Atlântico	[o'sjanu at'lãtʃiku]
Oceano (m) Indiano	Oceano (m) Índico	[o'sjanu 'ĩdiku]
Oceano (m) Pacifico	Oceano (m) Pacífico	[o'sjanu pa'sifiku]
mar (m) Glaciale Artico	Oceano (m) Ártico	[o'sjanu 'artʃiku]
mar (m) Nero	Mar (m) Negro	[mah 'negru]
mar (m) Rosso	Mar (m) Vermelho	[mah ver'meʎu]
mar (m) Giallo	Mar (m) Amarelo	[mah ama'rɛlu]
mar (m) Bianco	Mar (m) Branco	[mah 'brãku]
mar (m) Caspio	Mar (m) Cáspio	[mah 'kaspju]
mar (m) Morto	Mar (m) Morto	[mah 'mortu]
mar (m) Mediterraneo	Mar (m) Mediterrâneo	[mah medʒite'hanju]
mar (m) Egeo	Mar (m) Egeu	[mah e'ʒew]
mar (m) Adriatico	Mar (m) Adriático	[mah a'drjatʃiku]
mar (m) Arabico	Mar (m) Arábico	[mah a'rabiku]
mar (m) del Giappone	Mar (m) do Japão	[mah du ʒa'pãw]

| mare (m) di Bering | Mar (m) de Bering | [mah de berĩgi] |
| mar (m) Cinese meridionale | Mar (m) da China Meridional | [mah da 'ʃina meridʒjo'naw] |

mar (m) dei Coralli	Mar (m) de Coral	[mah de ko'raw]
mar (m) di Tasman	Mar (m) de Tasman	[mah de tazman]
mar (m) dei Caraibi	Mar (m) do Caribe	[mah du ka'ribi]

| mare (m) di Barents | Mar (m) de Barents | [mah de barẽts] |
| mare (m) di Kara | Mar (m) de Kara | [mah de 'kara] |

mare (m) del Nord	Mar (m) do Norte	[mah du 'nɔrtʃi]
mar (m) Baltico	Mar (m) Báltico	[mah 'bawtʃiku]
mare (m) di Norvegia	Mar (m) da Noruega	[mah da nor'wɛga]

200. Montagne

monte (m), montagna (f)	montanha (f)	[mõ'taɲa]
catena (f) montuosa	cordilheira (f)	[kordʒi'ʎejra]
crinale (m)	serra (f)	['sɛha]

cima (f)	cume (m)	['kumi]
picco (m)	pico (m)	['piku]
piedi (m pl)	pé (m)	[pɛ]
pendio (m)	declive (m)	[de'klivi]

vulcano (m)	vulcão (m)	[vuw'kãw]
vulcano (m) attivo	vulcão (m) ativo	[vuw'kãw a'tʃivu]
vulcano (m) inattivo	vulcão (m) extinto	[vuw'kãw is'tʃĩtu]

eruzione (f)	erupção (f)	[erup'sãw]
cratere (m)	cratera (f)	[kra'tɛra]
magma (m)	magma (m)	['magma]
lava (f)	lava (f)	['lava]
fuso (lava ~a)	fundido	[fũ'dʒidu]

canyon (m)	cânion, desfiladeiro (m)	['kanjon], [dʒisfila'dejru]
gola (f)	garganta (f)	[gar'gãta]
crepaccio (m)	fenda (f)	['fẽda]
precipizio (m)	precipício (m)	[presi'pisju]

passo (m), valico (m)	passo, colo (m)	['pasu], ['kɔlu]
altopiano (m)	planalto (m)	[pla'nawtu]
falesia (f)	falésia (f)	[fa'lɛzja]
collina (f)	colina (f)	[ko'lina]

ghiacciaio (m)	geleira (f)	[ʒe'lejra]
cascata (f)	cachoeira (f)	[kaʃ'wejra]
geyser (m)	gêiser (m)	['ʒɛjzer]
lago (m)	lago (m)	['lagu]

pianura (f)	planície (f)	[pla'nisi]
paesaggio (m)	paisagem (f)	[paj'zaʒẽ]
eco (f)	eco (m)	['ɛku]
alpinista (m)	alpinista (m)	[awpi'nista]

scalatore (m)	**escalador** (m)	[iskala'dor]
conquistare (~ una cima)	**conquistar** (vt)	[kõkis'tar]
scalata (f)	**subida, escalada** (f)	[su'bida], [iska'lada]

201. Nomi delle montagne

Alpi (f pl)	**Alpes** (m pl)	['awpis]
Monte (m) Bianco	**Monte Branco** (m)	['mõtʃi 'brãku]
Pirenei (m pl)	**Pirineus** (m pl)	[piri'news]
Carpazi (m pl)	**Cárpatos** (m pl)	['karpatus]
gli Urali (m pl)	**Urais** (m pl)	[u'rajs]
Caucaso (m)	**Cáucaso** (m)	['kawkazu]
Monte (m) Elbrus	**Elbrus** (m)	[el'brus]
Monti (m pl) Altai	**Altai** (m)	[al'taj]
Tien Shan (m)	**Tian Shan** (m)	[tjan ʃan]
Pamir (m)	**Pamir** (m)	[pa'mir]
Himalaia (m)	**Himalaia** (m)	[ima'laja]
Everest (m)	**monte Everest** (m)	['mõtʃi eve'rest]
Ande (f pl)	**Cordilheira** (f) **dos Andes**	[kordʒi'ʎejra dus 'ãdʒis]
Kilimangiaro (m)	**Kilimanjaro** (m)	[kilimã'ʒaru]

202. Fiumi

fiume (m)	**rio** (m)	['hiu]
fonte (f) (sorgente)	**fonte, nascente** (f)	['fõtʃi], [na'sẽtʃi]
letto (m) (~ del fiume)	**leito** (m) **de rio**	['lejtu de 'hiu]
bacino (m)	**bacia** (f)	[ba'sia]
sfociare nel ...	**desaguar no ...**	[dʒiza'gwar nu]
affluente (m)	**afluente** (m)	[a'flwẽtʃi]
riva (f)	**margem** (f)	['marʒẽ]
corrente (f)	**corrente** (f)	[ko'hẽtʃi]
a valle	**rio abaixo**	['hiu a'baɪʃu]
a monte	**rio acima**	['hiu a'sima]
inondazione (f)	**inundação** (f)	[ĩtrodu'sãw]
piena (f)	**cheia** (f)	['ʃeja]
straripare (vi)	**transbordar** (vi)	[trãzbor'dar]
inondare (vt)	**inundar** (vt)	[inũ'dar]
secca (f)	**banco** (m) **de areia**	['bãku de a'reja]
rapida (f)	**corredeira** (f)	[kohe'dejra]
diga (f)	**barragem** (f)	[ba'haʒẽ]
canale (m)	**canal** (m)	[ka'naw]
bacino (m) di riserva	**reservatório** (m) **de água**	[hezerva'tɔrju de 'agwa]
chiusa (f)	**eclusa** (f)	[e'kluza]
specchio (m) d'acqua	**corpo** (m) **de água**	['korpu de 'agwa]

palude (f)	pântano (m)	['pãtanu]
pantano (m)	lamaçal (m)	[lama'saw]
vortice (m)	rodamoinho (m)	[hodamo'iɲu]

ruscello (m)	riacho (m)	['hjaʃu]
potabile (agg)	potável	[po'tavew]
dolce (di acqua ~)	doce	['dosi]

| ghiaccio (m) | gelo (m) | ['ʒelu] |
| ghiacciarsi (vr) | congelar-se (vr) | [kõʒe'larsi] |

203. Nomi dei fiumi

| Senna (f) | rio Sena (m) | ['hiu 'sɛna] |
| Loira (f) | rio Loire (m) | ['hiu lu'ar] |

Tamigi (m)	rio Tâmisa (m)	['hiu 'tamiza]
Reno (m)	rio Reno (m)	['hiu 'henu]
Danubio (m)	rio Danúbio (m)	['hiu da'nubju]

Volga (m)	rio Volga (m)	['hiu 'vɔlga]
Don (m)	rio Don (m)	['hiu dɔn]
Lena (f)	rio Lena (m)	['hiu 'lena]

Fiume (m) Giallo	rio Amarelo (m)	['hiu ama'rɛlu]
Fiume (m) Azzurro	rio Yangtzé (m)	['hiu jã'gtzɛ]
Mekong (m)	rio Mekong (m)	['hiu mi'kõg]
Gange (m)	rio Ganges (m)	['hiu 'gændʒi:z]

Nilo (m)	rio Nilo (m)	['hiu 'nilu]
Congo (m)	rio Congo (m)	['hiu 'kõgu]
Okavango	rio Cubango (m)	['hiu ku'bãgu]
Zambesi (m)	rio Zambeze (m)	['hiu zã'bezi]
Limpopo (m)	rio Limpopo (m)	['hiu lĩ'popu]
Mississippi (m)	rio Mississippi (m)	['hiu misi'sipi]

204. Foresta

| foresta (f) | floresta (f), bosque (m) | [flo'rɛsta], ['bɔski] |
| forestale (agg) | florestal | [flores'taw] |

foresta (f) fitta	mata (f) fechada	['mata fe'ʃada]
boschetto (m)	arvoredo (m)	[arvo'redu]
radura (f)	clareira (f)	[kla'rejra]

| roveto (m) | matagal (m) | [mata'gaw] |
| boscaglia (f) | mato (m), caatinga (f) | ['matu], [ka'tʃĩga] |

sentiero (m)	trilha, vereda (f)	['triʎa], [ve'reda]
calanco (m)	ravina (f)	[ha'vina]
albero (m)	árvore (f)	['arvori]
foglia (f)	folha (f)	['foʎa]

fogliame (m)	folhagem (f)	[fo'ʎaʒẽ]
caduta (f) delle foglie	queda (f) das folhas	['kɛda das 'foʎas]
cadere (vi)	cair (vi)	[ka'ir]
cima (f)	topo (m)	['topu]

ramo (m), ramoscello (m)	ramo (m)	['hamu]
ramo (m)	galho (m)	['gaʎu]
gemma (f)	botão (m)	[bo'tãw]
ago (m)	agulha (f)	[a'guʎa]
pigna (f)	pinha (f)	['piɲa]

cavità (f)	buraco (m) de árvore	[bu'raku de 'arvori]
nido (m)	ninho (m)	['niɲu]
tana (f) (del fox, ecc.)	toca (f)	['tɔka]

tronco (m)	tronco (m)	['trõku]
radice (f)	raiz (f)	[ha'iz]
corteccia (f)	casca (f) de árvore	['kaska de 'arvori]
musco (m)	musgo (m)	['muzgu]

sradicare (vt)	arrancar pela raiz	[ahã'kar 'pɛla ha'iz]
abbattere (~ un albero)	cortar (vt)	[kor'tar]
disboscare (vt)	desflorestar (vt)	[dʒisflores'tar]
ceppo (m)	toco, cepo (m)	['toku], ['sepu]

falò (m)	fogueira (f)	[fo'gejra]
incendio (m) boschivo	incêndio (m) florestal	['sẽdʒju flores'taw]
spegnere (vt)	apagar (vt)	[apa'gar]

guardia (f) forestale	guarda-parque (m)	['gwarda 'parki]
protezione (f)	proteção (f)	[prote'sãw]
proteggere (~ la natura)	proteger (vt)	[prote'ʒer]
bracconiere (m)	caçador (m) furtivo	[kasa'dor fur'tʃivu]
tagliola (f) (~ per orsi)	armadilha (f)	arma'dʒiʎa]

raccogliere (vt)	colher (vt)	[ko'ʎer]
perdersi (vr)	perder-se (vr)	[per'dersi]

205. Risorse naturali

risorse (f pl) naturali	recursos (m pl) naturais	[he'kursus natu'rajs]
minerali (m pl)	minerais (m pl)	[mine'rajs]
deposito (m) (~ di carbone)	depósitos (m pl)	[de'pɔzitus]
giacimento (m) (~ petrolifero)	jazida (f)	[ʒa'zida]

estrarre (vt)	extrair (vt)	[istra'jir]
estrazione (f)	extração (f)	[istra'sãw]
minerale (m) grezzo	minério (m)	[mi'nɛrju]
miniera (f)	mina (f)	['mina]
pozzo (m) di miniera	poço (m) de mina	['posu de 'mina]
minatore (m)	mineiro (m)	[mi'nejru]

gas (m)	gás (m)	[gajs]
gasdotto (m)	gasoduto (m)	[gazo'dutu]

petrolio (m)	**petróleo** (m)	[pe'trɔlju]
oleodotto (m)	**oleoduto** (m)	[oljo'dutu]
torre (f) di estrazione	**poço** (m) **de petróleo**	['posu de pe'trɔlju]
torre (f) di trivellazione	**torre** (f) **petrolífera**	['tohi petro'lifera]
petroliera (f)	**petroleiro** (m)	[petro'lejru]

sabbia (f)	**areia** (f)	[a'reja]
calcare (m)	**calcário** (m)	[kaw'karju]
ghiaia (f)	**cascalho** (m)	[kas'kaʎu]
torba (f)	**turfa** (f)	['turfa]
argilla (f)	**argila** (f)	[ar'ʒila]
carbone (m)	**carvão** (m)	[kar'vãw]

ferro (m)	**ferro** (m)	['fɛhu]
oro (m)	**ouro** (m)	['oru]
argento (m)	**prata** (f)	['prata]
nichel (m)	**níquel** (m)	['nikew]
rame (m)	**cobre** (m)	['kɔbri]

zinco (m)	**zinco** (m)	['zĩku]
manganese (m)	**manganês** (m)	[mãga'nes]
mercurio (m)	**mercúrio** (m)	[mer'kurju]
piombo (m)	**chumbo** (m)	['ʃũbu]

minerale (m)	**mineral** (m)	[mine'raw]
cristallo (m)	**cristal** (m)	[kris'taw]
marmo (m)	**mármore** (m)	['marmori]
uranio (m)	**urânio** (m)	[u'ranju]

La Terra. Parte 2

206. Tempo

tempo (m)	tempo (m)	['tẽpu]
previsione (f) del tempo	previsão (f) do tempo	[previ'zãw du 'tẽpu]
temperatura (f)	temperatura (f)	[tẽpera'tura]
termometro (m)	termômetro (m)	[ter'mometru]
barometro (m)	barômetro (m)	[ba'rometru]

umido (agg)	úmido	['umidu]
umidità (f)	umidade (f)	[umi'dadʒi]
caldo (m), afa (f)	calor (m)	[ka'lor]
molto caldo (agg)	tórrido	['tɔhidu]
fa molto caldo	está muito calor	[is'ta 'mwĩtu ka'lor]

fa caldo	está calor	[is'ta ka'lor]
caldo, mite (agg)	quente	['kẽtʃi]

fa freddo	está frio	[is'ta 'friu]
freddo (agg)	frio	['friu]

sole (m)	sol (m)	[sɔw]
splendere (vi)	brilhar (vi)	[bri'ʎar]
di sole (una giornata ~)	de sol, ensolarado	[de sɔw], [ẽsola'radu]
sorgere, levarsi (vr)	nascer (vi)	[na'ser]
tramontare (vi)	pôr-se (vr)	['porsi]

nuvola (f)	nuvem (f)	['nuvẽj]
nuvoloso (agg)	nublado	[nu'bladu]
nube (f) di pioggia	nuvem (f) preta	['nuvẽj 'preta]
nuvoloso (agg)	escuro	[is'kuru]

pioggia (f)	chuva (f)	['ʃuva]
piove	está a chover	[is'ta a ʃo'ver]

piovoso (agg)	chuvoso	[ʃu'vozu]
piovigginare (vi)	chuviscar (vi)	[ʃuvis'kar]

pioggia (f) torrenziale	chuva (f) torrencial	['ʃuva tohẽ'sjaw]
acquazzone (m)	aguaceiro (m)	[agwa'sejru]
forte (una ~ pioggia)	forte	['fɔrtʃi]

pozzanghera (f)	poça (f)	['posa]
bagnarsi (~ sotto la pioggia)	molhar-se (vr)	[mo'ʎarsi]

foschia (f), nebbia (f)	nevoeiro (m)	[nevo'ejru]
nebbioso (agg)	de nevoeiro	[de nevu'ejru]
neve (f)	neve (f)	['nɛvi]
nevica	está nevando	[is'ta ne'vãdu]

207. Rigide condizioni metereologiche. Disastri naturali

temporale (m)	trovoada (f)	[tro'vwada]
fulmine (f)	relâmpago (m)	[he'lãpagu]
lampeggiare (vi)	relampejar (vi)	[helãpe'ʒar]
tuono (m)	trovão (m)	[tro'vãw]
tuonare (vi)	trovejar (vi)	[trove'ʒar]
tuona	está trovejando	[is'ta trove'ʒãdu]
grandine (f)	granizo (m)	[gra'nizu]
grandina	está caindo granizo	[is'ta ka'ĩdu gra'nizu]
inondare (vt)	inundar (vt)	[inũ'dar]
inondazione (f)	inundação (f)	[ĩtrodu'sãw]
terremoto (m)	terremoto (m)	[tehe'mɔtu]
scossa (f)	abalo, tremor (m)	[a'balu], [tre'mor]
epicentro (m)	epicentro (m)	[epi'sẽtru]
eruzione (f)	erupção (f)	[erup'sãw]
lava (f)	lava (f)	['lava]
tromba (f) d'aria	tornado (m)	[tor'nadu]
tornado (m)	tornado (m)	[tor'nadu]
tifone (m)	tufão (m)	[tu'fãw]
uragano (m)	furacão (m)	[fura'kãw]
tempesta (f)	tempestade (f)	[tẽpes'tadʒi]
tsunami (m)	tsunami (m)	[tsu'nami]
ciclone (m)	ciclone (m)	[si'klɔni]
maltempo (m)	mau tempo (m)	[maw 'tẽpu]
incendio (m)	incêndio (m)	[ĩ'sẽdʒju]
disastro (m)	catástrofe (f)	[ka'tastrofi]
meteorite (m)	meteorito (m)	[meteo'ritu]
valanga (f)	avalanche (f)	[ava'lãʃi]
slavina (f)	deslizamento (m) de neve	[dʒizliza'mẽtu de 'nɛvi]
tempesta (f) di neve	nevasca (f)	[ne'vaska]
bufera (f) di neve	tempestade (f) de neve	[tẽpes'tadʒi de 'nɛvi]

208. Rumori. Suoni

silenzio (m)	silêncio (m)	[si'lẽsju]
suono (m)	som (m)	[sõ]
rumore (m)	ruído, barulho (m)	['hwidu], [ba'ruʎu]
far rumore	fazer barulho	[fa'zer ba'ruʎu]
rumoroso (agg)	ruidoso, barulhento	[hwi'dozu], [baru'ʎẽtu]
ad alta voce (parlare ~)	alto	['awtu]
alto (voce ~a)	alto	['awtu]
costante (agg)	constante	[kõs'tãtʃi]

grido (m)	grito (m)	['gritu]
gridare (vi)	gritar (vi)	[gri'tar]
sussurro (m)	sussurro (m)	[su'suhu]
sussurrare (vi, vt)	sussurrar (vi, vt)	[susu'har]

| abbaiamento (m) | latido (m) | [la'tʃidu] |
| abbaiare (vi) | latir (vi) | [la'tʃir] |

gemito (m) (~ di dolore)	gemido (m)	[ʒe'midu]
gemere (vi)	gemer (vi)	[ʒe'mer]
tosse (f)	tosse (f)	['tɔsi]
tossire (vi)	tossir (vi)	[to'sir]

fischio (m)	assobio (m)	[aso'biu]
fischiare (vi)	assobiar (vi)	[aso'bjar]
bussata (f)	batida (f)	[ba'tʃida]
bussare (vi)	bater (vi)	[ba'ter]

| crepitare (vi) | estalar (vi) | [ista'lar] |
| crepitio (m) | estalido, estalo (m) | [ista'lidu], [is'talu] |

sirena (f)	sirene (f)	[si'rɛni]
sirena (f) (di fabbrica)	apito (m)	[a'pitu]
emettere un fischio	apitar (vi)	[api'tar]
colpo (m) di clacson	buzina (f)	[bu'zina]
clacsonare (vi)	buzinar (vi)	[buzi'nar]

209. Inverno

inverno (m)	inverno (m)	[ĩ'vɛrnu]
invernale (agg)	de inverno	[de ĩ'vɛrnu]
d'inverno	no inverno	[nu ĩ'vɛrnu]

neve (f)	neve (f)	['nɛvi]
nevica	está nevando	[is'ta ne'vãdu]
nevicata (f)	queda (f) de neve	['kɛda de 'nɛvi]
mucchio (m) di neve	amontoado (m) de neve	[amõ'twadu de 'nɛvi]

fiocco (m) di neve	floco (m) de neve	['flɔku de 'nɛvi]
palla (f) di neve	bola (f) de neve	['bɔla de 'nɛvi]
pupazzo (m) di neve	boneco (m) de neve	[bo'neku de 'nɛvi]
ghiacciolo (m)	sincelo (m)	[sĩ'sɛlu]

dicembre (m)	dezembro (m)	[de'zẽbru]
gennaio (m)	janeiro (m)	[ʒa'nejru]
febbraio (m)	fevereiro (m)	[feve'rejru]

| gelo (m) | gelo (m) | ['ʒelu] |
| gelido (aria ~a) | gelado | [ʒe'ladu] |

sotto zero	abaixo de zero	[a'baɪʃu de 'zɛru]
primi geli (m pl)	primeira geada (f)	[pri'mejra 'ʒjada]
brina (f)	geada (f) branca	['ʒjada 'brãka]
freddo (m)	frio (m)	['friu]

fa freddo	está frio	[is'ta 'friu]
pelliccia (f)	casaco (m) de pele	[kaz'aku de 'pɛli]
manopole (f pl)	mitenes (f pl)	[mi'tɛnes]

ammalarsi (vr)	adoecer (vi)	[adoe'ser]
raffreddore (m)	resfriado (m)	[hes'frjadu]
raffreddarsi (vr)	ficar resfriado	[fi'kar hes'frjadu]

ghiaccio (m)	gelo (m)	['ʒelu]
ghiaccio (m) trasparente	gelo (m) na estrada	['ʒelu na is'trada]
ghiacciarsi (vr)	congelar-se (vr)	[kõʒe'larsi]
banco (m) di ghiaccio	bloco (m) de gelo	['blɔku de 'ʒelu]

sci (m pl)	esqui (m)	[is'ki]
sciatore (m)	esquiador (m)	[iskja'dor]
sciare (vi)	esquiar (vi)	[is'kjar]
pattinare (vi)	patinar (vi)	[patʃi'nar]

Fauna

210. Mammiferi. Predatori

predatore (m)	predador (m)	[preda'dor]
tigre (f)	tigre (m)	['tʃigri]
leone (m)	leão (m)	[le'ãw]
lupo (m)	lobo (m)	['lobu]
volpe (m)	raposa (f)	[ha'pozu]
giaguaro (m)	jaguar (m)	[ʒa'gwar]
leopardo (m)	leopardo (m)	[ljo'pardu]
ghepardo (m)	chita (f)	['ʃita]
pantera (f)	pantera (f)	[pã'tɛra]
puma (f)	puma (m)	['puma]
leopardo (m) delle nevi	leopardo-das-neves (m)	[ljo'pardu das 'nɛvis]
lince (f)	lince (m)	['lĩsi]
coyote (m)	coiote (m)	[ko'jɔtʃi]
sciacallo (m)	chacal (m)	[ʃa'kaw]
iena (f)	hiena (f)	['jena]

211. Animali selvatici

animale (m)	animal (m)	[ani'maw]
bestia (f)	besta (f)	['besta]
scoiattolo (m)	esquilo (m)	[is'kilu]
riccio (m)	ouriço (m)	[o'risu]
lepre (f)	lebre (f)	['lɛbri]
coniglio (m)	coelho (m)	[ko'eʎu]
tasso (m)	texugo (m)	[te'ʃugu]
procione (f)	guaxinim (m)	[gwaʃi'nĩ]
criceto (m)	hamster (m)	['amster]
marmotta (f)	marmota (f)	[mah'mɔta]
talpa (f)	toupeira (f)	[to'pejra]
topo (m)	rato (m)	['hatu]
ratto (m)	ratazana (f)	[hata'zana]
pipistrello (m)	morcego (m)	[mor'segu]
ermellino (m)	arminho (m)	[ar'miɲu]
zibellino (m)	zibelina (f)	[zibe'lina]
martora (f)	marta (f)	['mahta]
donnola (f)	doninha (f)	[dɔ'niɲa]
visone (m)	visom (m)	[vi'zõ]

castoro (m)	castor (m)	[kas'tor]
lontra (f)	lontra (f)	['lõtra]

cavallo (m)	cavalo (m)	[ka'valu]
alce (m)	alce (m)	['awsi]
cervo (m)	veado (m)	['vjadu]
cammello (m)	camelo (m)	[ka'melu]

bisonte (m) americano	bisão (m)	[bi'zãw]
bisonte (m) europeo	auroque (m)	[aw'rɔki]
bufalo (m)	búfalo (m)	['bufalu]

zebra (f)	zebra (f)	['zebra]
antilope (f)	antílope (m)	[ã'tʃilopi]
capriolo (m)	corça (f)	['korsa]
daino (m)	gamo (m)	['gamu]
camoscio (m)	camurça (f)	[ka'mursa]
cinghiale (m)	javali (m)	[ʒava'li]

balena (f)	baleia (f)	[ba'leja]
foca (f)	foca (f)	['fɔka]
tricheco (m)	morsa (f)	['mɔhsa]
otaria (f)	urso-marinho (m)	['ursu ma'riɲu]
delfino (m)	golfinho (m)	[gow'fiɲu]

orso (m)	urso (m)	['ursu]
orso (m) bianco	urso (m) polar	['ursu po'lar]
panda (m)	panda (m)	['pãda]

scimmia (f)	macaco (m)	[ma'kaku]
scimpanzè (m)	chimpanzé (m)	[ʃĩpã'zɛ]
orango (m)	orangotango (m)	[orãgu'tãgu]
gorilla (m)	gorila (m)	[go'rila]
macaco (m)	macaco (m)	[ma'kaku]
gibbone (m)	gibão (m)	[ʒi'bãw]

elefante (m)	elefante (m)	[ele'fãtʃi]
rinoceronte (m)	rinoceronte (m)	[hinose'rõtʃi]
giraffa (f)	girafa (f)	[ʒi'rafa]
ippopotamo (m)	hipopótamo (m)	[ipo'pɔtamu]

canguro (m)	canguru (m)	[kãgu'ru]
koala (m)	coala (m)	['kwala]

mangusta (f)	mangusto (m)	[mã'gustu]
cincillà (f)	chinchila (f)	[ʃĩ'ʃila]
moffetta (f)	cangambá (f)	[kã'gãba]
istrice (m)	porco-espinho (m)	['pɔrku is'piɲu]

212. Animali domestici

gatta (f)	gata (f)	['gata]
gatto (m)	gato (m) macho	['gatu 'maʃu]
cane (m)	cão (m)	['kãw]

cavallo (m)	cavalo (m)	[ka'valu]
stallone (m)	garanhão (m)	[gara'ɲãw]
giumenta (f)	égua (f)	['ɛgwa]

mucca (f)	vaca (f)	['vaka]
toro (m)	touro (m)	['toru]
bue (m)	boi (m)	[boj]

pecora (f)	ovelha (f)	[o'veʎa]
montone (m)	carneiro (m)	[kar'nejru]
capra (f)	cabra (f)	['kabra]
caprone (m)	bode (m)	['bɔdʒi]

| asino (m) | burro (m) | ['buhu] |
| mulo (m) | mula (f) | ['mula] |

porco (m)	porco (m)	['porku]
porcellino (m)	leitão (m)	[lej'tãw]
coniglio (m)	coelho (m)	[ko'eʎu]

| gallina (f) | galinha (f) | [ga'liɲa] |
| gallo (m) | galo (m) | ['galu] |

anatra (f)	pata (f)	['pata]
maschio (m) dell'anatra	pato (m)	['patu]
oca (f)	ganso (m)	['gãsu]

| tacchino (m) | peru (m) | [pe'ru] |
| tacchina (f) | perua (f) | [pe'rua] |

animali (m pl) domestici	animais (m pl) domésticos	[ani'majs do'mɛstʃikus]
addomesticato (agg)	domesticado	[domestʃi'kadu]
addomesticare (vt)	domesticar (vt)	[domestʃi'kar]
allevare (vt)	criar (vt)	[krjar]

fattoria (f)	fazenda (f)	[fa'zẽda]
pollame (m)	aves (f pl) domésticas	['avis do'mɛstʃikas]
bestiame (m)	gado (m)	['gadu]
branco (m), mandria (f)	rebanho (m), manada (f)	[he'baɲu], [ma'nada]

scuderia (f)	estábulo (m)	[is'tabulu]
porcile (m)	chiqueiro (m)	[ʃi'kejru]
stalla (f)	estábulo (m)	[is'tabulu]
conigliera (f)	coelheira (f)	[kue'ʎejra]
pollaio (m)	galinheiro (m)	[gali'ɲejru]

213. Cani. Razze canine

cane (m)	cão (m)	['kãw]
cane (m) da pastore	cão pastor (m)	['kãw pas'tor]
pastore (m) tedesco	pastor-alemão (m)	[pas'tor ale'mãw]
barbone (m)	poodle (m)	['pudw]
bassotto (m)	linguicinha (m)	[lĩgwi'siɲa]
bulldog (m)	buldogue (m)	[buw'dɔgi]

boxer (m)	boxer (m)	['bɔkser]
mastino (m)	mastim (m)	[mas'tʃĩ]
rottweiler (m)	rottweiler (m)	[hɔt'vejler]
dobermann (m)	dóberman (m)	['dɔberman]

bassotto (m)	basset (m)	[ba'sɛt]
bobtail (m)	pastor inglês (m)	[pas'tor ĩ'gles]
dalmata (m)	dálmata (m)	['dalmata]
cocker (m)	cocker spaniel (m)	['kɔker spa'njel]

| terranova (m) | terra-nova (m) | ['tɛha-'nɔva] |
| sanbernardo (m) | são-bernardo (m) | [sãw-ber'nardu] |

husky (m)	husky (m) siberiano	['aski sibe'rjanu]
chow chow (m)	Chow-chow (m)	[ʃou'ʃou]
volpino (m)	spitz alemão (m)	['spits ale'mãw]
carlino (m)	pug (m)	[pug]

214. Versi emessi dagli animali

abbaiamento (m)	latido (m)	[la'tʃidu]
abbaiare (vi)	latir (vi)	[la'tʃir]
miagolare (vi)	miar (vi)	[mjar]
fare le fusa	ronronar (vi)	[hõho'nar]

muggire (vacca)	mugir (vi)	[mu'ʒir]
muggire (toro)	bramir (vi)	[bra'mir]
ringhiare (vi)	rosnar (vi)	[hoz'nar]

ululato (m)	uivo (m)	['wivu]
ululare (vi)	uivar (vi)	[wi'var]
guaire (vi)	ganir (vi)	[ga'nir]

belare (pecora)	balir (vi)	[ba'lih]
grugnire (maiale)	grunhir (vi)	[gru'ɲir]
squittire (vi)	guinchar (vi)	[gĩ'ʃar]

gracidare (rana)	coaxar (vi)	[koa'ʃar]
ronzare (insetto)	zumbir (vi)	[zũ'bir]
frinire (vi)	ziziar (vi)	[zi'zjar]

215. Cuccioli di animali

cucciolo (m)	cria (f), filhote (m)	['kria], [fi'ʎɔtʃi]
micino (m)	filhote de gato, gatinho (m)	[fi'ʎɔtʃi de gatu], [ga'tiɲu]
topolino (m)	ratinho (m)	[ha'tiɲu]
cucciolo (m) di cane	cachorro (m)	[ka'ʃohu]

leprotto (m)	filhote (m) de lebre	[fi'ʎɔtʃi de 'lɛbri]
coniglietto (m)	coelhinho (m)	[kue'ʎiɲu]
cucciolo (m) di lupo	lobinho (m)	[lo'biɲu]
cucciolo (m) di volpe	filhote (m) de raposa	[fi'ʎɔtʃi de ha'pozu]

cucciolo (m) di orso	filhote (m) de urso	[fi'ʎotʃi de 'ursu]
cucciolo (m) di leone	filhote (m) de leão	[fi'ʎotʃi de le'ãw]
cucciolo (m) di tigre	filhote (m) de tigre	[fi'ʎotʃi de 'tʃigri]
elefantino (m)	filhote (m) de elefante	[fi'ʎotʃi de ele'fãtʃi]

porcellino (m)	leitão (m)	[lej'tãw]
vitello (m)	bezerro (m)	[be'zehu]
capretto (m)	cabrito (m)	[ka'britu]
agnello (m)	cordeiro (m)	[kor'dejru]
cerbiatto (m)	filhote (m) de veado	[fi'ʎotʃi de 'vjadu]
cucciolo (m) di cammello	cria (f) de camelo	['kria de ka'melu]

piccolo (m) di serpente	filhote (m) de serpente	[fi'ʎotʃi de ser'pẽtʃi]
piccolo (m) di rana	filhote (m) de rã	[fi'ʎotʃi de hã]

uccellino (m)	cria (f) de ave	['kria de 'avi]
pulcino (m)	pinto (m)	['pĩtu]
anatroccolo (m)	patinho (m)	[pa'tʃiɲu]

216. Uccelli

uccello (m)	pássaro (m), ave (f)	['pasaru], ['avi]
colombo (m), piccione (m)	pombo (m)	['põbu]
passero (m)	pardal (m)	[par'daw]
cincia (f)	chapim-real (m)	[ʃa'pĩ-he'aw]
gazza (f)	pega-rabuda (f)	['pega-ha'buda]

corvo (m)	corvo (m)	['korvu]
cornacchia (f)	gralha-cinzenta (f)	['graʎa sĩ'zẽta]
taccola (f)	gralha-de-nuca-cinzenta (f)	['graʎa de 'nuka sĩ'zẽta]
corvo (m) nero	gralha-calva (f)	['graʎa 'kawvu]

anatra (f)	pato (m)	['patu]
oca (f)	ganso (m)	['gãsu]
fagiano (m)	faisão (m)	[faj'zãw]

aquila (f)	águia (f)	['agja]
astore (m)	açor (m)	[a'sor]
falco (m)	falcão (m)	[faw'kãw]
grifone (m)	abutre (m)	[a'butri]
condor (m)	condor (m)	[kõ'dor]

cigno (m)	cisne (m)	['sizni]
gru (f)	grou (m)	[grow]
cicogna (f)	cegonha (f)	[se'goɲa]

pappagallo (m)	papagaio (m)	[papa'gaju]
colibrì (m)	beija-flor (m)	[bejʒa'flor]
pavone (m)	pavão (m)	[pa'vãw]

struzzo (m)	avestruz (m)	[aves'truz]
airone (m)	garça (f)	['garsa]
fenicottero (m)	flamingo (m)	[fla'mĩgu]
pellicano (m)	pelicano (m)	[peli'kanu]

| usignolo (m) | rouxinol (m) | [hoʃi'nɔw] |
| rondine (f) | andorinha (f) | [ãdo'riɲa] |

tordo (m)	tordo-zornal (m)	['tɔrdu-zor'nal]
tordo (m) sasello	tordo-músico (m)	['tɔrdu-'muziku]
merlo (m)	melro-preto (m)	['mɛwhu 'pretu]

rondone (m)	andorinhão (m)	[ãdori'ɲãw]
allodola (f)	laverca, cotovia (f)	[la'verka], [kutu'via]
quaglia (f)	codorna (f)	[ko'dɔrna]

picchio (m)	pica-pau (m)	['pika 'paw]
cuculo (m)	cuco (m)	['kuku]
civetta (f)	coruja (f)	[ko'ruʒa]
gufo (m) reale	bufo-real (m)	['bufu-he'aw]
urogallo (m)	tetraz-grande (m)	[tɛ'tras-'grãdʒi]
fagiano (m) di monte	tetraz-lira (m)	[tɛ'tras-'lira]
pernice (f)	perdiz-cinzenta (f)	[per'dis sĩ'zẽta]

storno (m)	estorninho (m)	[istor'niɲu]
canarino (m)	canário (m)	[ka'narju]
francolino (m) di monte	galinha-do-mato (f)	[ga'liɲa du 'matu]
fringuello (m)	tentilhão (m)	[tẽtʃi'ʎãw]
ciuffolotto (m)	dom-fafe (m)	[dõ'fafi]

gabbiano (m)	gaivota (f)	[gaj'vɔta]
albatro (m)	albatroz (m)	[alba'trɔs]
pinguino (m)	pinguim (m)	[pĩ'gwĩ]

217. Uccelli. Cinguettio e versi

cantare (vi)	cantar (vi)	[kã'tar]
gridare (vi)	gritar, chamar (vi)	[gri'tar], [ʃa'mar]
cantare (gallo)	cantar (vi)	[kã'tar]
chicchirichì (m)	cocorocó (m)	[kɔkuru'kɔ]

chiocciare (gallina)	cacarejar (vi)	[kakare'ʒar]
gracchiare (vi)	crocitar, grasnar (vi)	[krosi'tar], [graz'nar]
fare qua qua	grasnar (vi)	[graz'nar]
pigolare (vi)	piar (vi)	[pjar]
cinguettare (vi)	chilrear, gorjear (vi)	[ʃiw'hjar], [gor'ʒjar]

218. Pesci. Animali marini

abramide (f)	brema (f)	['brema]
carpa (f)	carpa (f)	['karpa]
perca (f)	perca (f)	['pehka]
pesce (m) gatto	siluro (m)	[si'luru]
luccio (m)	lúcio (m)	['lusju]

| salmone (m) | salmão (m) | [saw'mãw] |
| storione (m) | esturjão (m) | [istur'ʒãw] |

aringa (f)	arenque (m)	[a'rɛ̆ki]
salmone (m)	salmão (m) do Atlântico	[saw'mãw du at'lãtʃiku]
scombro (m)	cavala, sarda (f)	[ka'vala], ['sarda]
sogliola (f)	solha (f), linguado (m)	['soʎa], [lĩ'gwadu]

lucioperca (f)	lúcio perca (m)	['lusju 'perka]
merluzzo (m)	bacalhau (m)	[baka'ʎaw]
tonno (m)	atum (m)	[a'tũ]
trota (f)	truta (f)	['truta]

anguilla (f)	enguia (f)	[ẽ'gia]
torpedine (f)	raia (f) elétrica	['haja e'lɛtrika]
murena (f)	moreia (f)	[mo'reja]
piranha (f)	piranha (f)	[pi'raɲa]

squalo (m)	tubarão (m)	[tuba'rãw]
delfino (m)	golfinho (m)	[gow'fiɲu]
balena (f)	baleia (f)	[ba'leja]

granchio (m)	caranguejo (m)	[karã'geʒu]
medusa (f)	água-viva (f)	['agwa 'viva]
polpo (m)	polvo (m)	['powvu]

stella (f) marina	estrela-do-mar (f)	[is'trela du 'mar]
riccio (m) di mare	ouriço-do-mar (m)	[o'risu du 'mar]
cavalluccio (m) marino	cavalo-marinho (m)	[ka'valu ma'riɲu]

ostrica (f)	ostra (f)	['ostra]
gamberetto (m)	camarão (m)	[kama'rãw]
astice (m)	lagosta (f)	[la'gosta]
aragosta (f)	lagosta (f)	[la'gosta]

219. Anfibi. Rettili

serpente (m)	cobra (f)	['kɔbra]
velenoso (agg)	venenoso	[vene'nozu]

vipera (f)	víbora (f)	['vibora]
cobra (m)	naja (f)	['naʒa]
pitone (m)	píton (m)	['pitɔn]
boa (m)	jiboia (f)	[ʒi'bɔja]

biscia (f)	cobra-de-água (f)	[kɔbra de 'agwa]
serpente (m) a sonagli	cascavel (f)	[kaska'vɛw]
anaconda (f)	anaconda, sucuri (f)	[ana'kõda], [sukuri]

lucertola (f)	lagarto (m)	[la'gartu]
iguana (f)	iguana (f)	[i'gwana]
varano (m)	varano (m)	[va'ranu]
salamandra (f)	salamandra (f)	[sala'mãdra]
camaleonte (m)	camaleão (m)	[kamale'ãu]
scorpione (m)	escorpião (m)	[iskorpi'ãw]
tartaruga (f)	tartaruga (f)	[tarta'ruga]
rana (f)	rã (f)	[hã]

rospo (m)	**sapo** (m)	['sapu]
coccodrillo (m)	**crocodilo** (m)	[kroko'dʒilu]

220. Insetti

insetto (m)	**inseto** (m)	[ĩ'sɛtu]
farfalla (f)	**borboleta** (f)	[borbo'leta]
formica (f)	**formiga** (f)	[for'miga]
mosca (f)	**mosca** (f)	['moska]
zanzara (f)	**mosquito** (m)	[mos'kitu]
scarabeo (m)	**escaravelho** (m)	[iskara'veʎu]

vespa (f)	**vespa** (f)	['vespa]
ape (f)	**abelha** (f)	[a'beʎa]
bombo (m)	**mamangaba** (f)	[mamã'gaba]
tafano (m)	**moscardo** (m)	[mos'kardu]

ragno (m)	**aranha** (f)	[a'raɲa]
ragnatela (f)	**teia** (f) **de aranha**	['teja de a'raɲa]

libellula (f)	**libélula** (f)	[li'bɛlula]
cavalletta (f)	**gafanhoto** (m)	[gafa'ɲotu]
farfalla (f) notturna	**traça** (f)	['trasa]

scarafaggio (m)	**barata** (f)	[ba'rata]
zecca (f)	**carrapato** (m)	[kaha'patu]
pulce (f)	**pulga** (f)	['puwga]
moscerino (m)	**borrachudo** (m)	[boha'ʃudu]

locusta (f)	**gafanhoto-migratório** (m)	[gafa'ɲotu-migra'tɔrju]
lumaca (f)	**caracol** (m)	[kara'kɔw]
grillo (m)	**grilo** (m)	['grilu]
lucciola (f)	**pirilampo, vaga-lume** (m)	[piri'lãpu], [vaga-'lumi]
coccinella (f)	**joaninha** (f)	[ʒwa'niɲa]
maggiolino (m)	**besouro** (m)	[be'zoru]

sanguisuga (f)	**sanguessuga** (f)	[sãgi'suga]
bruco (m)	**lagarta** (f)	[la'garta]
verme (m)	**minhoca** (f)	[mi'ɲɔka]
larva (f)	**larva** (f)	['larva]

221. Animali. Parti del corpo

becco (m)	**bico** (m)	['biku]
ali (f pl)	**asas** (f pl)	['azas]
zampa (f)	**pata** (f)	['pata]
piumaggio (m)	**plumagem** (f)	[plu'maʒẽ]
penna (f), piuma (f)	**pena, pluma** (f)	['pena], ['pluma]
cresta (f)	**crista** (f)	['krista]

branchia (f)	**guelras** (f pl)	['gɛwhas]
uova (f pl)	**ovas** (f pl)	['ɔvas]

larva (f)	**larva** (f)	['larva]
pinna (f)	**barbatana** (f)	[barba'tana]
squama (f)	**escama** (f)	[is'kama]

zanna (f)	**presa** (f)	['preza]
zampa (f)	**pata** (f)	['pata]
muso (m)	**focinho** (m)	[fo'siɲu]
bocca (f)	**boca** (f)	['boka]
coda (f)	**cauda** (f), **rabo** (m)	['kawda], ['habu]
baffi (m pl)	**bigodes** (m pl)	[bi'gɔdʒis]

zoccolo (m)	**casco** (m)	['kasku]
corno (m)	**corno** (m)	['kornu]

carapace (f)	**carapaça** (f)	[kara'pasa]
conchiglia (f)	**concha** (f)	['kõʃa]
guscio (m) dell'uovo	**casca** (f) **de ovo**	['kaska de 'ovu]

pelo (m)	**pelo** (m)	['pelu]
pelle (f)	**pele** (f), **couro** (m)	['pɛli], ['koru]

222. Azioni degli animali

volare (vi)	**voar** (vi)	[vo'ar]
volteggiare (vi)	**dar voltas**	[dar 'vɔwtas]

volare via	**voar** (vi)	[vo'ar]
battere le ali	**bater as asas**	[ba'ter as 'azas]

beccare (vi)	**bicar** (vi)	[bi'kar]
covare (vt)	**incubar** (vt)	[ĩku'bar]

sgusciare (vi)	**sair do ovo**	[sa'ir du 'ovu]
fare il nido	**fazer o ninho**	[fa'zer u 'niɲu]

strisciare (vi)	**rastejar** (vi)	[haste'ʒar]
pungere (insetto)	**picar** (vt)	[pi'kar]
mordere (vt)	**morder** (vt)	[mor'der]

fiutare (vt)	**cheirar** (vt)	[ʃej'rar]
abbaiare (vi)	**latir** (vi)	[la'tʃir]
sibilare (vi)	**silvar** (vi)	[siw'var]

spaventare (vt)	**assustar** (vt)	[asus'tar]
attaccare (vt)	**atacar** (vt)	[ata'kar]

rodere (osso, ecc.)	**roer** (vt)	[hwer]
graffiare (vt)	**arranhar** (vt)	[aha'ɲar]
nascondersi (vr)	**esconder-se** (vr)	[iskõ'dersi]

giocare (vi)	**brincar** (vi)	[brĩ'kar]
cacciare (vt)	**caçar** (vi)	[ka'sar]
ibernare (vi)	**hibernar** (vi)	[iber'nar]
estinguersi (vr)	**extinguir-se** (vr)	[istʃĩ'girsi]

223. Animali. Ambiente naturale

ambiente (m) naturale	hábitat (m)	['abitatʃi]
migrazione (f)	migração (f)	[migra'sãw]
monte (m), montagna (f)	montanha (f)	[mõ'taɲa]
scogliera (f)	recife (m)	[he'sifi]
falesia (f)	falésia (f)	[fa'lɛzja]
foresta (f)	floresta (f)	[flo'rɛsta]
giungla (f)	selva (f)	['sɛwva]
savana (f)	savana (f)	[sa'vana]
tundra (f)	tundra (f)	['tũdra]
steppa (f)	estepe (f)	[is'tɛpi]
deserto (m)	deserto (m)	[de'zɛrtu]
oasi (f)	oásis (m)	[o'asis]
mare (m)	mar (m)	[mah]
lago (m)	lago (m)	['lagu]
oceano (m)	oceano (m)	[o'sjanu]
palude (f)	pântano (m)	['pãtanu]
di acqua dolce	de água doce	[de 'agwa 'dosi]
stagno (m)	lagoa (f)	[la'goa]
fiume (m)	rio (m)	['hiu]
tana (f) (dell'orso)	toca (f) do urso	['tɔka du 'ursu]
nido (m)	ninho (m)	['niɲu]
cavità (f) (~ in un albero)	buraco (m) de árvore	[bu'raku de 'arvori]
tana (f) (del fox, ecc.)	toca (f)	['tɔka]
formicaio (m)	formigueiro (m)	[formi'gejru]

224. Cura degli animali

zoo (m)	jardim (m) zoológico	[ʒar'dʒĩ zo'lɔʒiku]
riserva (f) naturale	reserva (f) natural	[he'zɛrva natu'raw]
allevatore (m)	viveiro (m)	[vi'vejru]
gabbia (f) all'aperto	jaula (f) de ar livre	['ʒawla de ar 'livri]
gabbia (f)	jaula, gaiola (f)	['ʒawla], [ga'jɔla]
canile (m)	casinha (f) de cachorro	[ka'ziɲa de ka'ʃohu]
piccionaia (f)	pombal (m)	[põ'baw]
acquario (m)	aquário (m)	[a'kwarju]
delfinario (m)	delfinário (m)	[delfi'narju]
allevare (vt)	criar (vt)	[krjar]
cucciolata (f)	cria (f)	['kria]
addomesticare (vt)	domesticar (vt)	[domestʃi'kar]
ammaestrare (vt)	adestrar (vt)	[ades'trar]
mangime (m)	ração (f)	[ha'sãw]
dare da mangiare	alimentar (vt)	[alimẽ'tar]

negozio (m) di animali	loja (f) de animais	['lɔʒa de animajs]
museruola (f)	focinheira (m)	[fosi'ɲejra]
collare (m)	coleira (f)	[ko'lejra]
nome (m) (di un cane, ecc.)	nome (m)	['nɔmi]
pedigree (m)	pedigree (m)	[pedʒi'gri]

225. Animali. Varie

branco (m)	alcateia (f)	[awka'tɛja]
stormo (m)	bando (m)	['bãdu]
banco (m)	cardume (m)	[kar'dumi]
mandria (f)	manada (f)	[ma'nada]

maschio (m)	macho (m)	['maʃu]
femmina (f)	fêmea (f)	['femja]

affamato (agg)	faminto	[fa'mĩtu]
selvatico (agg)	selvagem	[sew'vaʒẽ]
pericoloso (agg)	perigoso	[peri'gozu]

226. Cavalli

cavallo (m)	cavalo (m)	[ka'valu]
razza (f)	raça (f)	['hasa]

puledro (m)	potro (m)	['potru]
giumenta (f)	égua (f)	['ɛgwa]

mustang (m)	mustangue (m)	[mus'tãgi]
pony (m)	pônei (m)	['ponej]
cavallo (m) da tiro pesante	cavalo (m) de tiro	[ka'valu de 'tʃiru]

criniera (f)	crina (f)	['krina]
coda (f)	rabo (m)	['habu]

zoccolo (m)	casco (m)	['kasku]
ferro (m) di cavallo	ferradura (f)	[feha'dura]
ferrare (vt)	ferrar (vt)	[fe'har]
fabbro (m)	ferreiro (m)	[fe'hejru]

sella (f)	sela (f)	['sɛla]
staffa (f)	estribo (m)	[is'tribu]
briglia (f)	brida (f)	['brida]
redini (m pl)	rédeas (f pl)	['hɛdʒjas]
frusta (f)	chicote (m)	[ʃi'kɔtʃi]

fantino (m)	cavaleiro (m)	[kava'lejru]
sellare (vt)	colocar sela	[kolo'kar 'sɛla]
montare in sella	montar no cavalo	[mõ'tar nu ka'valu]

galoppo (m)	galope (m)	[ga'lɔpi]
galoppare (vi)	galopar (vi)	[galo'par]

trotto (m)	trote (m)	['trɔtʃi]
al trotto	a trote	[a 'trɔtʃi]
andare al trotto	ir a trote	[ir a 'trɔtʃi]
cavallo (m) da corsa	cavalo (m) de corrida	[ka'valu de ko'hida]
corse (f pl)	corridas (f pl)	[ko'hidas]
scuderia (f)	estábulo (m)	[is'tabulu]
dare da mangiare	alimentar (vt)	[alimẽ'tar]
fieno (m)	feno (m)	['fenu]
abbeverare (vt)	dar água	[dar 'agwa]
lavare (~ il cavallo)	limpar (vt)	[lĩ'par]
carro (m)	carroça (f)	[ka'hɔsa]
pascolare (vi)	pastar (vi)	[pas'tar]
nitrire (vi)	relinchar (vi)	[helĩ'ʃar]
dare un calcio	dar um coice	[dar ũ 'kojsi]

Flora

227. Alberi

albero (m)	árvore (f)	['arvori]
deciduo (agg)	decídua	[de'sidwa]
conifero (agg)	conífera	[ko'nifera]
sempreverde (agg)	perene	[pe'rɛni]
melo (m)	macieira (f)	[ma'sjejra]
pero (m)	pereira (f)	[pe'rejra]
ciliegio (m)	cerejeira (f)	[sere'ʒejra]
amareno (m)	ginjeira (f)	[ʒĩ'ʒejra]
prugno (m)	ameixeira (f)	[amej'ʃejra]
betulla (f)	bétula (f)	['bɛtula]
quercia (f)	carvalho (m)	[kar'vaʎu]
tiglio (m)	tília (f)	['tʃilja]
pioppo (m) tremolo	choupo-tremedor (m)	['ʃopu-treme'dor]
acero (m)	bordo (m)	['bordu]
abete (m)	espruce (m)	[is'pruse]
pino (m)	pinheiro (m)	[pi'ɲejru]
larice (m)	alerce, lariço (m)	[a'lɛrse], [la'risu]
abete (m) bianco	abeto (m)	[a'bɛtu]
cedro (m)	cedro (m)	['sɛdru]
pioppo (m)	choupo, álamo (m)	['ʃopu], ['alamu]
sorbo (m)	tramazeira (f)	[trama'zejra]
salice (m)	salgueiro (m)	[saw'gejru]
alno (m)	amieiro (m)	[a'mjejru]
faggio (m)	faia (f)	['faja]
olmo (m)	ulmeiro, olmo (m)	[ul'mejru], ['ɔwmu]
frassino (m)	freixo (m)	['frejʃu]
castagno (m)	castanheiro (m)	[kasta'ɲejru]
magnolia (f)	magnólia (f)	[mag'nɔlja]
palma (f)	palmeira (f)	[paw'mejra]
cipresso (m)	cipreste (m)	[si'prɛstʃi]
mangrovia (f)	mangue (m)	['mãgi]
baobab (m)	embondeiro, baobá (m)	[ẽbõ'dejru], [bao'ba]
eucalipto (m)	eucalipto (m)	[ewka'liptu]
sequoia (f)	sequoia (f)	[se'kwɔja]

228. Arbusti

cespuglio (m)	arbusto (m)	[ar'bustu]
arbusto (m)	arbusto (m), moita (f)	[ar'bustu], ['mɔjta]

| vite (f) | videira (f) | [vi'dejra] |
| vigneto (m) | vinhedo (m) | [vi'ɲedu] |

lampone (m)	framboeseira (f)	[frãboe'zejra]
ribes (m) nero	groselheira-negra (f)	[groze'ʎejra 'negra]
ribes (m) rosso	groselheira-vermelha (f)	[grozɛ'ʎejra ver'meʎa]
uva (f) spina	groselheira (f) espinhosa	[groze'ʎejra ispi'ɲoza]

acacia (f)	acácia (f)	[a'kasja]
crespino (m)	bérberis (f)	['bɛrberis]
gelsomino (m)	jasmim (m)	[ʒaz'mĩ]

ginepro (m)	junípero (m)	[ʒu'niperu]
roseto (m)	roseira (f)	[ho'zejra]
rosa (f) canina	roseira (f) brava	[ho'zejra 'brava]

229. Funghi

fungo (m)	cogumelo (m)	[kogu'mɛlu]
fungo (m) commestibile	cogumelo (m) comestível	[kogu'mɛlu komes'tʃivew]
fungo (m) velenoso	cogumelo (m) venenoso	[kogu'mɛlu vene'nozu]
cappello (m)	chapéu (m)	[ʃa'pɛw]
gambo (m)	pé, caule (m)	[pɛ], ['kauli]

porcino (m)	boleto, porcino (m)	[bu'letu], [pɔrsinu]
boleto (m) rufo	boleto (m) alaranjado	[bu'letu alarã'ʒadu]
porcinello (m)	boleto (m) de bétula	[bu'letu de 'bɛtula]
gallinaccio (m)	cantarelo (m)	[kãta'rɛlu]
rossola (f)	rússula (f)	['rusula]

spugnola (f)	morchella (f)	[mor'ʃɛla]
ovolaccio (m)	agário-das-moscas (m)	[a'garju das 'moskas]
fungo (m) moscario	cicuta (f) verde	[si'kuta 'verdʒi]

230. Frutti. Bacche

frutto (m)	fruta (f)	['fruta]
frutti (m pl)	frutas (f pl)	['frutas]
mela (f)	maçã (f)	[ma'sã]
pera (f)	pera (f)	['pera]
prugna (f)	ameixa (f)	[a'mejʃa]

fragola (f)	morango (m)	[mo'rãgu]
amarena (f)	ginja (f)	['ʒĩʒa]
ciliegia (f)	cereja (f)	[se'reʒa]
uva (f)	uva (f)	['uva]

lampone (m)	framboesa (f)	[frãbo'eza]
ribes (m) nero	groselha (f) negra	[gro'zɛʎa 'negra]
ribes (m) rosso	groselha (f) vermelha	[[gro'zɛʎa ver'meʎa]
uva (f) spina	groselha (f) espinhosa	[gro'zɛʎa ispi'ɲoza]
mirtillo (m) di palude	oxicoco (m)	[oksi'koku]

arancia (f)	laranja (f)	[la'rãʒa]
mandarino (m)	tangerina (f)	[tãʒe'rina]
ananas (m)	abacaxi (m)	[abaka'ʃi]
banana (f)	banana (f)	[ba'nana]
dattero (m)	tâmara (f)	['tamara]

limone (m)	limão (m)	[li'mãw]
albicocca (f)	damasco (m)	[da'masku]
pesca (f)	pêssego (m)	['pesegu]
kiwi (m)	quiuí (m)	[ki'vi]
pompelmo (m)	toranja (f)	[to'rãʒa]

bacca (f)	baga (f)	['baga]
bacche (f pl)	bagas (f pl)	['bagas]
mirtillo (m) rosso	arando (m) vermelho	[a'rãdu ver'meʌu]
fragola (f) di bosco	morango-silvestre (m)	[mo'rãgu siw'vɛstri]
mirtillo (m)	mirtilo (m)	[mih'tʃilu]

231. Fiori. Piante

| fiore (m) | flor (f) | [flɔr] |
| mazzo (m) di fiori | buquê (m) de flores | [bu'ke de 'floris] |

rosa (f)	rosa (f)	['hɔza]
tulipano (m)	tulipa (f)	[tu'lipa]
garofano (m)	cravo (m)	['kravu]
gladiolo (m)	gladíolo (m)	[gla'dʒiolu]

fiordaliso (m)	escovinha (f)	[isko'viɲa]
campanella (f)	campainha (f)	[kampa'iɲa]
soffione (m)	dente-de-leão (m)	['dẽtʃi] de le'ãw]
camomilla (f)	camomila (f)	[kamo'mila]

aloe (m)	aloé (m)	[alo'ɛ]
cactus (m)	cacto (m)	['kaktu]
ficus (m)	fícus (m)	['fikus]

giglio (m)	lírio (m)	['lirju]
geranio (m)	gerânio (m)	[ʒe'ranju]
giacinto (m)	jacinto (m)	[ʒa'sĩtu]

mimosa (f)	mimosa (f)	[mi'mɔza]
narciso (m)	narciso (m)	[nar'sizu]
nasturzio (m)	capuchinha (f)	[kapu'ʃiɲa]

orchidea (f)	orquídea (f)	[or'kidʒja]
peonia (f)	peônia (f)	[pi'onia]
viola (f)	violeta (f)	[vjo'leta]

viola (f) del pensiero	amor-perfeito (m)	[a'mor per'fejtu]
nontiscordardimé (m)	não-me-esqueças (m)	['nãw mi is'kesas]
margherita (f)	margarida (f)	[marga'rida]
papavero (m)	papoula (f)	[pa'pola]
canapa (f)	cânhamo (m)	['kaɲamu]

menta (f)	**hortelã, menta** (f)	[orte'lã], ['mẽta]
mughetto (m)	**lírio-do-vale** (m)	['lirju du 'vali]
bucaneve (m)	**campânula-branca** (f)	[kã'panula-'brãka]

ortica (f)	**urtiga** (f)	[ur'tʃiga]
acetosa (f)	**azedinha** (f)	[aze'dʒinha]
ninfea (f)	**nenúfar** (m)	[ne'nufar]
felce (f)	**samambaia** (f)	[samã'baja]
lichene (m)	**líquen** (m)	['likẽ]

serra (f)	**estufa** (f)	[is'tufa]
prato (m) erboso	**gramado** (m)	[gra'madu]
aiuola (f)	**canteiro** (m) **de flores**	[kã'tejru de 'floris]

pianta (f)	**planta** (f)	['plãta]
erba (f)	**grama** (f)	['grama]
filo (m) d'erba	**folha** (f) **de grama**	['foʎa de 'grama]

foglia (f)	**folha** (f)	['foʎa]
petalo (m)	**pétala** (f)	['pɛtala]
stelo (m)	**talo** (m)	['talu]
tubero (m)	**tubérculo** (m)	[tu'berkulu]

germoglio (m)	**broto, rebento** (m)	['brotu], [he'bẽtu]
spina (f)	**espinho** (m)	[is'piɲu]

fiorire (vi)	**florescer** (vi)	[flore'ser]
appassire (vi)	**murchar** (vi)	[mur'ʃar]
odore (m), profumo (m)	**cheiro** (m)	['ʃejru]
tagliare (~ i fiori)	**cortar** (vt)	[kor'tar]
cogliere (vt)	**colher** (vt)	[ko'ʎer]

232. Cereali, granaglie

grano (m)	**grão** (m)	['grãw]
cereali (m pl)	**cereais** (m pl)	[se'rjajs]
spiga (f)	**espiga** (f)	[is'piga]

frumento (m)	**trigo** (m)	['trigu]
segale (f)	**centeio** (m)	[sẽ'teju]
avena (f)	**aveia** (f)	[a'veja]

miglio (m)	**painço** (m)	[pa'ĩsu]
orzo (m)	**cevada** (f)	[se'vada]

mais (m)	**milho** (m)	['miʎu]
riso (m)	**arroz** (m)	[a'hoz]
grano (m) saraceno	**trigo-sarraceno** (m)	['trigu-saha'sẽnu]

pisello (m)	**ervilha** (f)	[er'viʎa]
fagiolo (m)	**feijão** (m) **roxo**	[fej'ʒãw 'hoʃu]
soia (f)	**soja** (f)	['sɔʒa]
lenticchie (f pl)	**lentilha** (f)	[lẽ'tʃiʎa]
fave (f pl)	**feijão** (m)	[fej'ʒãw]

233. Ortaggi. Verdure

ortaggi (m pl)	vegetais (m pl)	[veʒe'tajs]
verdura (f)	verdura (f)	[ver'dura]
pomodoro (m)	tomate (m)	[to'matʃi]
cetriolo (m)	pepino (m)	[pe'pinu]
carota (f)	cenoura (f)	[se'nora]
patata (f)	batata (f)	[ba'tata]
cipolla (f)	cebola (f)	[se'bola]
aglio (m)	alho (m)	['aʎu]
cavolo (m)	couve (f)	['kovi]
cavolfiore (m)	couve-flor (f)	['kovi 'flɔr]
cavoletti (m pl) di Bruxelles	couve-de-bruxelas (f)	['kovi de bru'ʃelas]
broccolo (m)	brócolis (m pl)	['brɔkolis]
barbabietola (f)	beterraba (f)	[bete'haba]
melanzana (f)	berinjela (f)	[beri'ʒɛla]
zucchina (f)	abobrinha (f)	[abo'briɲa]
zucca (f)	abóbora (f)	[a'bɔbora]
rapa (f)	nabo (m)	['nabu]
prezzemolo (m)	salsa (f)	['sawsa]
aneto (m)	endro, aneto (m)	['ẽdru], [a'netu]
lattuga (f)	alface (f)	[aw'fasi]
sedano (m)	aipo (m)	['ajpu]
asparago (m)	aspargo (m)	[as'pargu]
spinaci (m pl)	espinafre (m)	[ispi'nafri]
pisello (m)	ervilha (f)	[er'viʎa]
fave (f pl)	feijão (m)	[fej'ʒãw]
mais (m)	milho (m)	['miʎu]
fagiolo (m)	feijão (m) roxo	[fej'ʒãw 'hoʃu]
peperone (m)	pimentão (m)	[pimẽ'tãw]
ravanello (m)	rabanete (m)	[haba'netʃi]
carciofo (m)	alcachofra (f)	[awka'ʃofra]

GEOGRAFIA REGIONALE

Paesi. Nazionalità

234. Europa occidentale

Europa (f)	Europa (f)	[ew'rɔpa]
Unione (f) Europea	União (f) Europeia	[u'njãw euro'pɛja]
europeo (m)	europeu (m)	[ewro'peu]
europeo (agg)	europeu	[ewro'peu]
Austria (f)	Áustria (f)	['awstrja]
austriaco (m)	austríaco (m)	[aws'triaku]
austriaca (f)	austríaca (f)	[aws'triaka]
austriaco (agg)	austríaco	[aws'triaku]
Gran Bretagna (f)	Grã-Bretanha (f)	[grã-bre'taɲa]
Inghilterra (f)	Inglaterra (f)	[ĩgla'tɛha]
britannico (m), inglese (m)	inglês (m)	[ĩ'gles]
britannica (f), inglese (f)	inglesa (f)	[ĩ'gleza]
inglese (agg)	inglês	[ĩ'gles]
Belgio (m)	Bélgica (f)	['bɛwʒika]
belga (m)	belga (m)	['bɛwga]
belga (f)	belga (f)	['bɛwga]
belga (agg)	belga	['bɛwga]
Germania (f)	Alemanha (f)	[ale'mãɲa]
tedesco (m)	alemão (m)	[ale'mãw]
tedesca (f)	alemã (f)	[ale'mã]
tedesco (agg)	alemão	[ale'mãw]
Paesi Bassi (m pl)	Países Baixos (m pl)	[pa'jisis 'baɪʃus]
Olanda (f)	Holanda (f)	[o'lãda]
olandese (m)	holandês (m)	[olã'des]
olandese (f)	holandesa (f)	[ɔlã'deza]
olandese (agg)	holandês	[olã'des]
Grecia (f)	Grécia (f)	['grɛsja]
greco (m)	grego (m)	['gregu]
greca (f)	grega (f)	['grega]
greco (agg)	grego	['gregu]
Danimarca (f)	Dinamarca (f)	[dʒina'marka]
danese (m)	dinamarquês (m)	[dʒinamar'kes]
danese (f)	dinamarquesa (f)	[dʒinamar'keza]
danese (agg)	dinamarquês	[dʒinamar'kes]
Irlanda (f)	Irlanda (f)	[ir'lãda]
irlandese (m)	irlandês (m)	[irlã'des]

irlandese (f)	**irlandesa** (f)	[irlã'deza]
irlandese (agg)	**irlandês**	[irlã'des]
Islanda (f)	**Islândia** (f)	[iz'lãdʒa]
islandese (m)	**islandês** (m)	[izlã'des]
islandese (f)	**islandesa** (f)	[izlã'deza]
islandese (agg)	**islandês**	[izlã'des]
Spagna (f)	**Espanha** (f)	[is'paɲa]
spagnolo (m)	**espanhol** (m)	[ispa'ɲɔw]
spagnola (f)	**espanhola** (f)	[ispa'ɲɔla]
spagnolo (agg)	**espanhol**	[ispa'ɲɔw]
Italia (f)	**Itália** (f)	[i'talja]
italiano (m)	**italiano** (m)	[ita'ljanu]
italiana (f)	**italiana** (f)	[ita'ljana]
italiano (agg)	**italiano**	[ita'ljanu]
Cipro (m)	**Chipre** (m)	['ʃipri]
cipriota (m)	**cipriota** (m)	[si'prjɔta]
cipriota (f)	**cipriota** (f)	[si'prjɔta]
cipriota (agg)	**cipriota**	[si'prjɔta]
Malta (f)	**Malta** (f)	['mawta]
maltese (m)	**maltês** (m)	[maw'tes]
maltese (f)	**maltesa** (f)	[maw'teza]
maltese (agg)	**maltês**	[maw'tes]
Norvegia (f)	**Noruega** (f)	[nor'wɛga]
norvegese (m)	**norueguês** (m)	[norwe'ges]
norvegese (f)	**norueguesa** (f)	[norwe'geza]
norvegese (agg)	**norueguês**	[norwe'ges]
Portogallo (f)	**Portugal** (m)	[portu'gaw]
portoghese (m)	**português** (m)	[portu'ges]
portoghese (f)	**portuguesa** (f)	[portu'geza]
portoghese (agg)	**português**	[portu'ges]
Finlandia (f)	**Finlândia** (f)	[fĩ'lãdʒja]
finlandese (m)	**finlandês** (m)	[fĩlã'des]
finlandese (f)	**finlandesa** (f)	[fĩlã'deza]
finlandese (agg)	**finlandês**	[fĩlã'des]
Francia (f)	**França** (f)	['frãsa]
francese (m)	**francês** (m)	[frã'ses]
francese (f)	**francesa** (f)	[frã'seza]
francese (agg)	**francês**	[frã'ses]
Svezia (f)	**Suécia** (f)	['swɛsja]
svedese (m)	**sueco** (m)	['swɛku]
svedese (f)	**sueca** (f)	['swɛka]
svedese (agg)	**sueco**	['swɛku]
Svizzera (f)	**Suíça** (f)	['swisa]
svizzero (m)	**suíço** (m)	['swisu]
svizzera (f)	**suíça** (f)	['swisa]

svizzero (agg)	suíço	['swisu]
Scozia (f)	Escócia (f)	[is'kɔsja]
scozzese (m)	escocês (m)	[isko'ses]
scozzese (f)	escocesa (f)	[isko'seza]
scozzese (agg)	escocês	[isko'ses]

Vaticano (m)	Vaticano (m)	[vatʃi'kanu]
Liechtenstein (m)	Liechtenstein (m)	[liʃtɛs'tajn]
Lussemburgo (m)	Luxemburgo (m)	[luʃẽ'burgu]
Monaco (m)	Mônaco (m)	['monaku]

235. Europa centrale e orientale

Albania (f)	Albânia (f)	[aw'banja]
albanese (m)	albanês (m)	[awba'nes]
albanese (f)	albanesa (f)	[awba'neza]
albanese (agg)	albanês	[awba'nes]

Bulgaria (f)	Bulgária (f)	[buw'garja]
bulgaro (m)	búlgaro (m)	['buwgaru]
bulgara (f)	búlgara (f)	['buwgara]
bulgaro (agg)	búlgaro	['buwgaru]

Ungheria (f)	Hungria (f)	[ũ'gria]
ungherese (m)	húngaro (m)	['ũgaru]
ungherese (f)	húngara (f)	['ũgara]
ungherese (agg)	húngaro	['ũgaru]

Lettonia (f)	Letônia (f)	[le'tonja]
lettone (m)	letão (m)	[le'tãw]
lettone (f)	letã (f)	[le'tã]
lettone (agg)	letão	[le'tãw]

Lituania (f)	Lituânia (f)	[li'twanja]
lituano (m)	lituano (m)	[litu'ãnu]
lituana (f)	lituana (f)	[litu'ãna]
lituano (agg)	lituano	[litu'ãnu]

Polonia (f)	Polônia (f)	[po'lonja]
polacco (m)	polonês (m)	[polo'nez]
polacca (f)	polonesa (f)	[polo'neza]
polacco (agg)	polonês	[polo'nez]

Romania (f)	Romênia (f)	[ho'menja]
rumeno (m)	romeno (m)	[ho'mɛnu]
rumena (f)	romena (f)	[ho'mɛnu]
rumeno (agg)	romeno	[ho'mɛnu]

Serbia (f)	Sérvia (f)	['sɛhvia]
serbo (m)	sérvio (m)	['sɛhviu]
serba (f)	sérvia (f)	['sɛhvia]
serbo (agg)	sérvio	['sɛhviu]
Slovacchia (f)	Eslováquia (f)	islɔ'vakja]
slovacco (m)	eslovaco (m)	islɔ'vaku]

| slovacca (f) | eslovaca (f) | [islɔ'vaka] |
| slovacco (agg) | eslovaco | [islɔ'vaku] |

Croazia (f)	Croácia (f)	[kro'asja]
croato (m)	croata (m)	['krwata]
croata (f)	croata (f)	['krwata]
croato (agg)	croata	['krwata]

Repubblica (f) Ceca	República (f) Checa	[he'publika 'ʃeka]
ceco (m)	checo (m)	['ʃɛku]
ceca (f)	checa (f)	['ʃɛka]
ceco (agg)	checo	['ʃɛku]

Estonia (f)	Estônia (f)	[is'tonja]
estone (m)	estônio (m)	[is'tonju]
estone (f)	estônia (f)	[is'tonja]
estone (agg)	estônio	[is'tonju]

Bosnia-Erzegovina (f)	Bósnia e Herzegovina (f)	['bɔsnia i ɛrtsegɔ'vina]
Macedonia (f)	Macedônia (f)	[mase'donja]
Slovenia (f)	Eslovênia (f)	islɔ'venja]
Montenegro (m)	Montenegro (m)	[mõtʃi'negru]

236. Paesi dell'ex Unione Sovietica

Azerbaigian (m)	Azerbaijão (m)	[azerbaj'ʒãw]
azerbaigiano (m)	azeri (m)	[aze'ri]
azerbaigiana (f)	azeri (f)	[aze'ri]
azerbaigiano (agg)	azeri, azerbaijano	[aze'ri], [azerbaj'ʒãnu]

Armenia (f)	Armênia (f)	[ar'menja]
armeno (m)	armênio (m)	[ar'menju]
armena (f)	armênia (f)	[ar'menja]
armeno (agg)	armênio	[ar'menju]

Bielorussia (f)	Belarus	[bela'rus]
bielorusso (m)	bielorrusso (m)	[biɛlo'husu]
bielorussa (f)	bielorrussa (f)	[bjɛlo'husa]
bielorusso (agg)	bielorrusso	[biɛlo'husu]

Georgia (f)	Geórgia (f)	['ʒɔrʒa]
georgiano (m)	georgiano (m)	[ʒɔr'ʒanu]
georgiana (f)	georgiana (f)	[ʒɔr'ʒana]
georgiano (agg)	georgiano	[ʒɔr'ʒanu]

Kazakistan (m)	Cazaquistão (m)	[kazakis'tãw]
kazaco (m)	cazaque (m)	[ka'zaki]
kazaca (f)	cazaque (f)	[ka'zaki]
kazaco (agg)	cazaque	[ka'zaki]

Kirghizistan (m)	Quirguistão (m)	[kirgis'tãw]
kirghiso (m)	quirguiz (m)	[kir'gis]
kirghisa (f)	quirguiz (f)	[kir'gis]
kirghiso (agg)	quirguiz	[kir'gis]

Moldavia (f)	Moldávia (f)	[mow'davja]
moldavo (m)	moldavo (m)	[mɔw'davu]
moldava (f)	moldava (f)	[mɔw'dava]
moldavo (agg)	moldavo	[mɔw'davu]
Russia (f)	Rússia (f)	['husja]
russo (m)	russo (m)	['husu]
russa (f)	russa (f)	['husa]
russo (agg)	russo	['husu]
Tagikistan (m)	Tajiquistão (m)	[taʒiki'stãw]
tagico (m)	tajique (m)	[ta'ʒiki]
tagica (f)	tajique (f)	[ta'ʒiki]
tagico (agg)	tajique	[ta'ʒiki]
Turkmenistan (m)	Turquemenistão (m)	[turkemenis'tãw]
turkmeno (m)	turcomeno (m)	[tuhko'menu]
turkmena (f)	turcomena (f)	[tuhko'mena]
turkmeno (agg)	turcomeno	[tuhko'menu]
Uzbekistan (m)	Uzbequistão (f)	[uzbekis'tãw]
usbeco (m)	uzbeque (m)	[uz'beki]
usbeca (f)	uzbeque (f)	[uz'beki]
usbeco (agg)	uzbeque	[uz'beki]
Ucraina (f)	Ucrânia (f)	[u'kranja]
ucraino (m)	ucraniano (m)	[ukra'njanu]
ucraina (f)	ucraniana (f)	[ukra'njana]
ucraino (agg)	ucraniano	[ukra'njanu]

237. Asia

Asia (f)	Ásia (f)	['azja]
asiatico (agg)	asiático	[a'zjatʃiku]
Vietnam (m)	Vietnã (m)	[vjet'nã]
vietnamita (m)	vietnamita (m)	[vjetna'mita]
vietnamita (f)	vietnamita (f)	[vjetna'mita]
vietnamita (agg)	vietnamita	[vjetna'mita]
India (f)	Índia (f)	['ĩdʒa]
indiano (m)	indiano (m)	[ĩ'dʒjanu]
indiana (f)	indiana (f)	[ĩ'dʒjana]
indiano (agg)	indiano	[ĩ'dʒjanu]
Israele (m)	Israel (m)	[izha'ɛw]
israeliano (m)	israelense (m)	[izhae'lẽsi]
israeliana (f)	israelita (f)	[izhae'lita]
israeliano (agg)	israelense	[izhae'lẽsi]
ebreo (m)	judeu (m)	[ʒu'dew]
ebrea (f)	judia (f)	[ʒu'dʒia]
ebraico (agg)	judeu	[ʒu'dew]
Cina (f)	China (f)	['ʃina]

cinese (m)	chinês (m)	[ʃi'nes]
cinese (f)	chinesa (f)	[ʃi'neza]
cinese (agg)	chinês	[ʃi'nes]

coreano (m)	coreano (m)	[ko'rjanu]
coreana (f)	coreana (f)	[ko'rjana]
coreano (agg)	coreano	[ko'rjanu]

Libano (m)	Líbano (m)	['libanu]
libanese (m)	libanês (m)	[liba'nes]
libanese (f)	libanesa (f)	[liba'neza]
libanese (agg)	libanês	[liba'nes]

Mongolia (f)	Mongólia (f)	[mõ'gɔlja]
mongolo (m)	mongol (m)	[mõ'gɔw]
mongola (f)	mongol (f)	[mõ'gɔw]
mongolo (agg)	mongol	[mõ'gɔw]

Malesia (f)	Malásia (f)	[ma'lazja]
malese (m)	malaio (m)	[ma'laju]
malese (f)	malaia (f)	[ma'laja]
malese (agg)	malaio	[ma'laju]

Pakistan (m)	Paquistão (m)	[pakis'tãw]
pakistano (m)	paquistanês (m)	[pakista'nes]
pakistana (f)	paquistanesa (f)	[pakista'neza]
pakistano (agg)	paquistanês	[pakista'nes]

Arabia Saudita (f)	Arábia (f) Saudita	[a'rabja saw'dʒita]
arabo (m), saudita (m)	árabe (m)	['arabi]
araba (f), saudita (f)	árabe (f)	['arabi]
arabo (agg)	árabe	['arabi]

Tailandia (f)	Tailândia (f)	[taj'lãdʒja]
tailandese (m)	tailandês (m)	[tajlã'des]
tailandese (f)	tailandesa (f)	[tajlã'deza]
tailandese (agg)	tailandês	[tajlã'des]

Taiwan (m)	Taiwan (m)	[taj'wan]
taiwanese (m)	taiwanês (m)	[tajwa'nes]
taiwanese (f)	taiwanesa (f)	[tajwa'neza]
taiwanese (agg)	taiwanês	[tajwa'nes]

Turchia (f)	Turquia (f)	[tur'kia]
turco (m)	turco (m)	['turku]
turca (f)	turca (f)	['turka]
turco (agg)	turco	['turku]

Giappone (m)	Japão (m)	[ʒa'pãw]
giapponese (m)	japonês (m)	[ʒapo'nes]
giapponese (f)	japonesa (f)	[ʒapo'neza]
giapponese (agg)	japonês	[ʒapo'nes]

Afghanistan (m)	Afeganistão (m)	[afeganis'tãw]
Bangladesh (m)	Bangladesh (m)	[bãgla'dɛs]
Indonesia (f)	Indonésia (f)	[ĩdo'nɛzja]

Giordania (f)	Jordânia (f)	[ʒor'danja]
Iraq (m)	Iraque (m)	[i'raki]
Iran (m)	Irã (m)	[i'rã]
Cambogia (f)	Camboja (f)	[kã'bɔja]
Kuwait (m)	Kuwait (m)	[ku'wejt]

Laos (m)	Laos (m)	['laws]
Birmania (f)	Birmânia (f)	[bir'manja]
Nepal (m)	Nepal (m)	[ne'paw]
Emirati (m pl) Arabi	Emirados Árabes Unidos	[emi'radus 'arabis u'nidus]

Siria (f)	Síria (f)	['sirja]
Palestina (f)	Palestina (f)	[pales'tʃina]
Corea (f) del Sud	Coreia (f) do Sul	[ko'rɛja du suw]
Corea (f) del Nord	Coreia (f) do Norte	[ko'rɛja du 'nɔrtʃi]

238. America del Nord

Stati (m pl) Uniti d'America	Estados Unidos da América (m pl)	[i'stadus u'nidus da a'mɛrika]
americano (m)	americano (m)	[ameri'kanu]
americana (f)	americana (f)	[ameri'kana]
americano (agg)	americano	[ameri'kanu]

Canada (m)	Canadá (m)	[kana'da]
canadese (m)	canadense (m)	[kana'dẽsi]
canadese (f)	canadense (f)	[kana'dẽsi]
canadese (agg)	canadense	[kana'dẽsi]

Messico (m)	México (m)	['mɛʃiku]
messicano (m)	mexicano (m)	[meʃi'kanu]
messicana (f)	mexicana (f)	[meʃi'kana]
messicano (agg)	mexicano	[meʃi'kanu]

239. America centrale e America del Sud

Argentina (f)	Argentina (f)	[arʒẽ'tʃina]
argentino (m)	argentino (m)	[arʒẽ'tʃinu]
argentina (f)	argentina (f)	[arʒẽ'tʃina]
argentino (agg)	argentino	[arʒẽ'tʃinu]

Brasile (m)	Brasil (m)	[bra'ziw]
brasiliano (m)	brasileiro (m)	[brazi'lejru]
brasiliana (f)	brasileira (f)	[brazi'lejra]
brasiliano (agg)	brasileiro	[brazi'lejru]

Colombia (f)	Colômbia (f)	[ko'lõbja]
colombiano (m)	colombiano (m)	[kolõ'bjanu]
colombiana (f)	colombiana (f)	[kolõ'bjana]
colombiano (agg)	colombiano	[kolõ'bjanu]
Cuba (f)	Cuba (f)	['kuba]
cubano (m)	cubano (m)	[ku'banu]

| cubana (f) | cubana (f) | [ku'bana] |
| cubano (agg) | cubano | [ku'banu] |

Cile (m)	Chile (m)	['ʃili]
cileno (m)	chileno (m)	[ʃi'lɛnu]
cilena (f)	chilena (f)	[ʃi'lɛna]
cileno (agg)	chileno	[ʃi'lɛnu]

Bolivia (f)	Bolívia (f)	[bo'livja]
Venezuela (f)	Venezuela (f)	[vene'zwɛla]
Paraguay (m)	Paraguai (m)	[para'gwaj]
Perù (m)	Peru (m)	[pe'ru]

Suriname (m)	Suriname (m)	[suri'nami]
Uruguay (m)	Uruguai (m)	[uru'gwaj]
Ecuador (m)	Equador (m)	[ekwa'dor]

Le Bahamas	Bahamas (f pl)	[ba'amas]
Haiti (m)	Haiti (m)	[aj'tʃi]
Repubblica (f) Dominicana	República (f) Dominicana	[he'publika domini'kana]
Panama (m)	Panamá (m)	[pana'ma]
Giamaica (f)	Jamaica (f)	[ʒa'majka]

240. Africa

Egitto (m)	Egito (m)	[e'ʒitu]
egiziano (m)	egípcio (m)	[e'ʒipsju]
egiziana (f)	egípcia (f)	[e'ʒipsja]
egiziano (agg)	egípcio	[e'ʒipsju]

Marocco (m)	Marrocos	[ma'hɔkus]
marocchino (m)	marroquino (m)	[maho'kinu]
marocchina (f)	marroquina (f)	[maho'kina]
marocchino (agg)	marroquino	[maho'kinu]

Tunisia (f)	Tunísia (f)	[tu'nizja]
tunisino (m)	tunisiano (m)	[tunizi'anu]
tunisina (f)	tunisiana (f)	[tunizi'ana]
tunisino (agg)	tunisiano	[tunizi'anu]

Ghana (m)	Gana (f)	['gana]
Zanzibar	Zanzibar (m)	[zãzi'bar]
Kenya (m)	Quênia (f)	['kenja]
Libia (f)	Líbia (f)	['libja]
Madagascar (m)	Madagascar (m)	[mada'gaskar]

Namibia (f)	Namíbia (f)	[na'mibja]
Senegal (m)	Senegal (m)	[sene'gaw]
Tanzania (f)	Tanzânia (f)	[tã'zanja]
Repubblica (f) Sudafricana	África (f) do Sul	['afrika du suw]

africano (m)	africano (m)	[afri'kanu]
africana (f)	africana (f)	[afri'kana]
africano (agg)	africano	[afri'kanu]

241. Australia. Oceania

Australia (f)	Austrália (f)	[aws'tralja]
australiano (m)	australiano (m)	[awstra'ljanu]
australiana (f)	australiana (f)	[awstra'ljana]
australiano (agg)	australiano	[awstra'ljanu]
Nuova Zelanda (f)	Nova Zelândia (f)	['nɔva zi'lãdʒa]
neozelandese (m)	neozelandês (m)	[neozelã'des]
neozelandese (f)	neozelandesa (f)	[neozelã'deza]
neozelandese (agg)	neozelandês	[neozelã'des]
Tasmania (f)	Tasmânia (f)	[taz'manja]
Polinesia (f) Francese	Polinésia (f) Francesa	[poli'nɛzja frã'seza]

242. Città

L'Aia	Haia	['aja]
Amburgo	Hamburgo	[ã'burgu]
Amsterdam	Amsterdã	[amister'dã]
Ankara	Ancara	[ã'kara]
Atene	Atenas	[a'tenas]
L'Avana	Havana	[a'vana]
Baghdad	Bagdá	[bagi'da]
Bangkok	Bancoque	[bã'kɔk]
Barcellona	Barcelona	[barse'lona]
Beirut	Beirute	[bej'rutʃi]
Berlino	Berlim	[ber'lĩ]
Bombay, Mumbai	Mumbai	[mũ'baj]
Bonn	Bonn	[bɔn]
Bordeaux	Bordéus	[bor'dɛus]
Bratislava	Bratislava	[brati'slava]
Bruxelles	Bruxelas	[bru'ʃɛlas]
Bucarest	Bucareste	[buka'rɛstʃi]
Budapest	Budapeste	[buda'pɛstʃi]
Il Cairo	Cairo	['kajru]
Calcutta	Calcutá	[kawku'ta]
Chicago	Chicago	[ʃi'kagu]
Città del Messico	Cidade do México	[si'dadʒi du 'mɛʃiku]
Copenaghen	Copenhague	[kope'ɲagi]
Dar es Salaam	Dar es Salaam	[dar es sa'lãm]
Delhi	Deli	['dɛli]
Dubai	Dubai	[du'baj]
Dublino	Dublim	[dub'lĩ]
Düsseldorf	Düsseldorf	[duseldɔrf]
Firenze	Florença	[flo'rẽsa]
Francoforte	Frankfurt	['frãkfurt]
Gerusalemme	Jerusalém	[ʒeruza'lẽ]

216

Ginevra	Genebra	[ʒe'nɛbra]
Hanoi	Hanói	[ha'nɔj]
Helsinki	Helsinque	[ew'sīki]
Hiroshima	Hiroshima	[irɔ'ʃima]
Hong Kong	Hong Kong	[oŋ'koŋ]
Istanbul	Istambul	[istã'buw]
Kiev	Kiev, Quieve	[ki'ɛv], [ki'eve]
Kuala Lumpur	Kuala Lumpur	['kwala lū'pur]

Lione	Lion	[li'ɔŋ]
Lisbona	Lisboa	[liz'boa]
Londra	Londres	['lõdris]
Los Angeles	Los Angeles	[loz 'ãʒeles]

Madrid	Madrid	[ma'drid]
Marsiglia	Marselha	[mar'sɛʎa]
Miami	Miami	[ma'jami]
Monaco di Baviera	Munique	[mu'niki]
Montreal	Montreal	[mõtri'al]
Mosca	Moscou	[mos'kow]

Nairobi	Nairóbi	[naj'rɔbi]
Napoli	Nápoles	['napolis]
New York	Nova York	['nɔva 'jɔrk]
Nizza	Nice	['nisi]

Oslo	Oslo	['ɔzlow]
Ottawa	Ottawa	[ɔ'tawa]
Parigi	Paris	[pa'ris]
Pechino	Pequim	[pe'kī]
Praga	Praga	['praga]
Rio de Janeiro	Rio de Janeiro	['hiu de ʒa'nejru]
Roma	Roma	['homa]

San Pietroburgo	São Petersburgo	['sãw peters'burgu]
Seoul	Seul	[se'uw]
Shanghai	Xangai	[ʃã'gaj]
Sidney	Sydney	['sidnej]
Singapore	Cingapura (f)	[sĩga'pura]
Stoccolma	Estocolmo	[isto'kɔwmu]

Taipei	Taipé	[taj'pɛ]
Tokio	Tóquio	['tɔkju]
Toronto	Toronto	[to'rõtu]

Varsavia	Varsóvia	[var'sɔvja]
Venezia	Veneza	[ve'neza]
Vienna	Viena	['vjɛna]
Washington	Washington	['waʃĩgtɔn]

243. Politica. Governo. Parte 1

politica (f)	política (f)	[po'litʃika]
politico (agg)	político	[po'litʃiku]

politico (m)	político (m)	[po'litʃiku]
stato (m) (nazione, paese)	estado (m)	[i'stadu]
cittadino (m)	cidadão (m)	[sida'dãw]
cittadinanza (f)	cidadania (f)	[sidada'nia]

| emblema (m) nazionale | brasão (m) de armas | [bra'zãw de 'armas] |
| inno (m) nazionale | hino (m) nacional | ['inu nasjo'naw] |

governo (m)	governo (m)	[go'vernu]
capo (m) di Stato	Chefe (m) de Estado	['ʃɛfi de i'stadu]
parlamento (m)	parlamento (m)	[parla'mẽtu]
partito (m)	partido (m)	[par'tʃidu]

| capitalismo (m) | capitalismo (m) | [kapita'lizmu] |
| capitalistico (agg) | capitalista | [kapita'lista] |

| socialismo (m) | socialismo (m) | [sosja'lizmu] |
| socialista (agg) | socialista | [sosja'lista] |

comunismo (m)	comunismo (m)	[komu'nizmu]
comunista (agg)	comunista	[komu'nista]
comunista (m)	comunista (m)	[komu'nista]

democrazia (f)	democracia (f)	[demokra'sia]
democratico (m)	democrata (m)	[demo'krata]
democratico (agg)	democrático	[demo'kratʃiku]
partito (m) democratico	Partido (m) Democrático	[par'tʃidu demo'kratʃiku]

| liberale (m) | liberal (m) | [libe'raw] |
| liberale (agg) | liberal | [libe'raw] |

| conservatore (m) | conservador (m) | [kõserva'dor] |
| conservatore (agg) | conservador | [kõserva'dor] |

repubblica (f)	república (f)	[he'publika]
repubblicano (m)	republicano (m)	hepubli'kanu]
partito (m) repubblicano	Partido (m) Republicano	[par'tʃidu hepubli'kanu]

elezioni (f pl)	eleições (f pl)	[elej'sõjs]
eleggere (vt)	eleger (vt)	[ele'ʒer]
elettore (m)	eleitor (m)	[elej'tor]
campagna (f) elettorale	campanha (f) eleitoral	[kã'paɲa elejto'raw]

votazione (f)	votação (f)	[vota'sãw]
votare (vi)	votar (vi)	[vo'tar]
diritto (m) di voto	sufrágio (m)	[su'fraʒu]

candidato (m)	candidato (m)	[kãdʒi'datu]
candidarsi (vr)	candidatar-se (vi)	[kãdʒida'tarsi]
campagna (f)	campanha (f)	[kã'paɲa]

| d'opposizione (agg) | da oposição | [da opozi'sãw] |
| opposizione (f) | oposição (f) | [opozi'sãw] |

| visita (f) | visita (f) | [vi'zita] |
| visita (f) ufficiale | visita (f) oficial | [vi'zita ofi'sjaw] |

internazionale (agg)	internacional	[ĩternasjo'naw]
trattative (f pl)	negociações (f pl)	[negosja'sõjs]
negoziare (vi)	negociar (vi)	[nego'sjar]

244. Politica. Governo. Parte 2

società (f)	sociedade (f)	[sosje'dadʒi]
costituzione (f)	constituição (f)	[kõstʃitwi'sãw]
potere (m) (~ politico)	poder (m)	[po'der]
corruzione (f)	corrupção (f)	[kohup'sãw]

legge (f)	lei (f)	[lej]
legittimo (agg)	legal	[le'gaw]

giustizia (f)	justeza (f)	[ʒus'teza]
giusto (imparziale)	justo	['ʒustu]

comitato (m)	comitê (m)	[komi'te]
disegno (m) di legge	projeto-lei (m)	[pro'ʒɛtu-'lej]
bilancio (m)	orçamento (m)	[orsa'mẽtu]
politica (f)	política (f)	[po'litʃika]
riforma (f)	reforma (f)	[he'fɔrma]
radicale (agg)	radical	[hadʒi'kaw]

forza (f) (potenza)	força (f)	['fɔrsa]
potente (agg)	poderoso	[pode'rozu]
sostenitore (m)	partidário (m)	[partʃi'darju]
influenza (f)	influência (f)	[ĩ'flwẽsja]

regime (m) (~ militare)	regime (m)	[he'ʒimi]
conflitto (m)	conflito (m)	[kõ'flitu]
complotto (m)	conspiração (f)	[kõspira'sãw]
provocazione (f)	provocação (f)	[provoka'sãw]

rovesciare (~ un regime)	derrubar (vt)	[dehu'bar]
rovesciamento (m)	derrube (m), queda (f)	[de'rube], ['kɛda]
rivoluzione (f)	revolução (f)	[hevolu'sãw]

colpo (m) di Stato	golpe (m) de Estado	['gɔwpi de i'stadu]
golpe (m) militare	golpe (m) militar	['gɔwpi mili'tar]

crisi (f)	crise (f)	['krizi]
recessione (f) economica	recessão (f) econômica	[hesep'sãw eko'nomika]
manifestante (m)	manifestante (m)	[manifes'tãtʃi]
manifestazione (f)	manifestação (f)	[manifesta'sãw]
legge (f) marziale	lei (f) marcial	[lej mar'sjaw]
base (f) militare	base (f) militar	['bazi mili'tar]

stabilità (f)	estabilidade (f)	[istabili'dadʒi]
stabile (agg)	estável	[is'tavew]

sfruttamento (m)	exploração (f)	[isplora'sãw]
sfruttare (~ i lavoratori)	explorar (vt)	[isplo'rar]
razzismo (m)	racismo (m)	[ha'sizmu]

razzista (m)	racista (m)	[ha'sista]
fascismo (m)	fascismo (m)	[fa'sizmu]
fascista (m)	fascista (m)	[fa'sista]

245. Paesi. Varie

straniero (m)	estrangeiro (m)	[istrã'ʒejru]
straniero (agg)	estrangeiro	[istrã'ʒejru]
all'estero	no estrangeiro	[no istrã'ʒejru]

emigrato (m)	emigrante (m)	[emi'grãtʃi]
emigrazione (f)	emigração (f)	[emigra'sãw]
emigrare (vi)	emigrar (vi)	[emi'grar]

Ovest (m)	Ocidente (m)	[osi'dẽtʃi]
Est (m)	Oriente (m)	[o'rjẽtʃi]
Estremo Oriente (m)	Extremo Oriente (m)	[is'trɛmu o'rjẽtʃi]
civiltà (f)	civilização (f)	[siviliza'sãw]
umanità (f)	humanidade (f)	[umani'dadʒi]
mondo (m)	mundo (m)	['mũdu]
pace (f)	paz (f)	[pajz]
mondiale (agg)	mundial	[mũ'dʒjaw]

patria (f)	pátria (f)	['patrja]
popolo (m)	povo (m)	['povu]
popolazione (f)	população (f)	[popula'sãw]
gente (f)	gente (f)	['ʒẽtʃi]
nazione (f)	nação (f)	[na'sãw]
generazione (f)	geração (f)	[ʒera'sãw]
territorio (m)	território (m)	[tehi'tɔrju]
regione (f)	região (f)	[he'ʒjãw]
stato (m)	estado (m)	[i'stadu]

tradizione (f)	tradição (f)	[tradʒi'sãw]
costume (m)	costume (m)	[kos'tumi]
ecologia (f)	ecologia (f)	[ekolo'ʒia]

indiano (m)	índio (m)	['ĩdʒju]
zingaro (m)	cigano (m)	[si'ganu]
zingara (f)	cigana (f)	[si'gana]
di zingaro	cigano	[si'ganu]

impero (m)	império (m)	[ĩ'pɛrju]
colonia (f)	colônia (f)	[ko'lonja]
schiavitù (f)	escravidão (f)	[iskravi'dãw]
invasione (f)	invasão (f)	[ĩva'zãw]
carestia (f)	fome (f)	['fɔmi]

246. Principali gruppi religiosi. Credi religiosi

| religione (f) | religião (f) | [heli'ʒãw] |
| religioso (agg) | religioso | [heli'ʒozu] |

fede (f)	crença (f)	['krẽsa]
credere (vi)	crer (vt)	[krer]
credente (m)	crente (m)	['krẽtʃi]

| ateismo (m) | ateísmo (m) | [ate'izmu] |
| ateo (m) | ateu (m) | [a'tew] |

cristianesimo (m)	cristianismo (m)	[kristʃja'nizmu]
cristiano (m)	cristão (m)	[kris'tãw]
cristiano (agg)	cristão	[kris'tãw]

cattolicesimo (m)	catolicismo (m)	[katoli'sizmu]
cattolico (m)	católico (m)	[ka'tɔliku]
cattolico (agg)	católico	[ka'tɔliku]

Protestantesimo (m)	protestantismo (m)	[protestã'tʃizmu]
Chiesa (f) protestante	Igreja (f) Protestante	[i'greʒa protes'tãtʃi]
protestante (m)	protestante (m)	[protes'tãtʃi]

Ortodossia (f)	ortodoxia (f)	[ortodok'sia]
Chiesa (f) ortodossa	Igreja (f) Ortodoxa	[i'greʒa orto'dɔksa]
ortodosso (m)	ortodoxo (m)	[orto'dɔksu]

Presbiterianesimo (m)	presbiterianismo (m)	[prezbiterja'nizmu]
Chiesa (f) presbiteriana	Igreja (f) Presbiteriana	[i'greʒa prezbite'rjana]
presbiteriano (m)	presbiteriano (m)	[prezbite'rjanu]

| Luteranesimo (m) | luteranismo (m) | [lutera'nizmu] |
| luterano (m) | luterano (m) | [lute'ranu] |

| confessione (f) battista | Igreja (f) Batista | [i'greʒa ba'tʃista] |
| battista (m) | batista (m) | [ba'tʃista] |

| Chiesa (f) anglicana | Igreja (f) Anglicana | [i'greʒa ãgli'kana] |
| anglicano (m) | anglicano (m) | [ãgli'kanu] |

| mormonismo (m) | mormonismo (m) | [mormo'nizmu] |
| mormone (m) | mórmon (m) | ['mɔrmõ] |

| giudaismo (m) | Judaísmo (m) | [ʒuda'izmu] |
| ebreo (m) | judeu (m) | [ʒu'dew] |

| buddismo (m) | budismo (m) | [bu'dʒizmu] |
| buddista (m) | budista (m) | [bu'dʒista] |

| Induismo (m) | hinduísmo (m) | [ĩ'dwizmu] |
| induista (m) | hindu (m) | [ĩ'du] |

Islam (m)	Islã (m)	[iz'lã]
musulmano (m)	muçulmano (m)	[musuw'manu]
musulmano (agg)	muçulmano	[musuw'manu]

sciismo (m)	xiismo (m)	[ʃi'iʒmu]
sciita (m)	xiita (m)	[ʃi'ita]
sunnismo (m)	sunismo (m)	[su'nismu]
sunnita (m)	sunita (m)	[su'nita]

247. Religioni. Sacerdoti

prete (m)	padre (m)	['padri]
Papa (m)	Papa (m)	['papa]
monaco (m)	monge (m)	['mõʒi]
monaca (f)	freira (f)	['frejra]
pastore (m)	pastor (m)	[pas'tor]
abate (m)	abade (m)	[a'badʒi]
vicario (m)	vigário (m)	[vi'garju]
vescovo (m)	bispo (m)	['bispu]
cardinale (m)	cardeal (m)	[kar'dʒjaw]
predicatore (m)	pregador (m)	[prega'dor]
predica (f)	sermão (m)	[ser'mãw]
parrocchiani (m)	paroquianos (pl)	[paro'kjanus]
credente (m)	crente (m)	['krẽtʃi]
ateo (m)	ateu (m)	[a'tew]

248. Fede. Cristianesimo. Islam

Adamo	Adão	[a'dãw]
Eva	Eva	['ɛva]
Dio (m)	Deus (m)	['dews]
Signore (m)	Senhor (m)	[se'ɲor]
Onnipotente (m)	Todo Poderoso (m)	['todu pode'rozu]
peccato (m)	pecado (m)	[pe'kadu]
peccare (vi)	pecar (vi)	[pe'kar]
peccatore (m)	pecador (m)	[peka'dor]
peccatrice (f)	pecadora (f)	[peka'dora]
inferno (m)	inferno (m)	[ĩ'fɛrnu]
paradiso (m)	paraíso (m)	[para'izu]
Gesù	Jesus	[ʒe'zus]
Gesù Cristo	Jesus Cristo	[ʒe'zus 'kristu]
Spirito (m) Santo	Espírito (m) Santo	[is'piritu 'sãtu]
Salvatore (m)	Salvador (m)	[sawva'dor]
Madonna	Virgem Maria (f)	['virʒẽ ma'ria]
Diavolo (m)	Diabo (m)	['dʒjabu]
del diavolo	diabólico	[dʒja'bɔliku]
Satana (m)	Satanás (m)	[sata'nas]
satanico (agg)	satânico	[sa'taniku]
angelo (m)	anjo (m)	['ãʒu]
angelo (m) custode	anjo (m) da guarda	['ãʒu da 'gwarda]
angelico (agg)	angelical	[ãʒeli'kaw]

apostolo (m)	apóstolo (m)	[a'pɔstolu]
arcangelo (m)	arcanjo (m)	[ar'kãʒu]
Anticristo (m)	anticristo (m)	[ãtʃi'kristu]

Chiesa (f)	Igreja (f)	[i'greʒa]
Bibbia (f)	Bíblia (f)	['biblja]
biblico (agg)	bíblico	['bibliku]

Vecchio Testamento (m)	Velho Testamento (m)	['vɛʎu testa'mẽtu]
Nuovo Testamento (m)	Novo Testamento (m)	['novu testa'mẽtu]
Vangelo (m)	Evangelho (m)	[evã'ʒɛʎu]
Sacra Scrittura (f)	Sagradas Escrituras (f pl)	[sa'gradas iskri'turas]
Il Regno dei Cieli	Céu (m)	[sɛw]

comandamento (m)	mandamento (m)	[mãda'mẽtu]
profeta (m)	profeta (m)	[pro'fɛta]
profezia (f)	profecia (f)	[profe'sia]

Allah	Alá (m)	[a'la]
Maometto	Maomé (m)	[mao'mɛ]
Corano (m)	Alcorão (m)	[awko'rãw]

moschea (f)	mesquita (f)	[mes'kita]
mullah (m)	mulá (m)	[mu'la]
preghiera (f)	oração (f)	[ora'sãw]
pregare (vi, vt)	rezar, orar (vi)	[he'zar], [o'rar]

pellegrinaggio (m)	peregrinação (f)	[peregrina'sãw]
pellegrino (m)	peregrino (m)	[pere'grinu]
La Mecca (f)	Meca (f)	['mɛka]

chiesa (f)	igreja (f)	[i'greʒa]
tempio (m)	templo (m)	['tẽplu]
cattedrale (f)	catedral (f)	[kate'draw]
gotico (agg)	gótico	['gɔtʃiku]
sinagoga (f)	sinagoga (f)	[sina'gɔga]
moschea (f)	mesquita (f)	[mes'kita]

cappella (f)	capela (f)	[ka'pɛla]
abbazia (f)	abadia (f)	[aba'dʒia]
convento (m) di suore	convento (m)	[kõ'vẽtu]
monastero (m)	mosteiro, monastério (m)	[mos'tejru], [monas'tɛrju]

campana (f)	sino (m)	['sinu]
campanile (m)	campanário (m)	[kãpa'narju]
suonare (campane)	repicar (vi)	[hepi'kar]

croce (f)	cruz (f)	[kruz]
cupola (f)	cúpula (f)	['kupula]
icona (f)	ícone (m)	['ikoni]

anima (f)	alma (f)	['awma]
destino (m), sorte (f)	destino (m)	[des'tʃinu]
male (m)	mal (m)	[maw]
bene (m)	bem (m)	[bẽj]
vampiro (m)	vampiro (m)	[vã'piru]

strega (f)	bruxa (f)	['bruʃa]
demone (m)	demônio (m)	[de'monju]
spirito (m)	espírito (m)	[is'piritu]

| redenzione (f) | redenção (f) | [hedẽ'sãw] |
| redimere (vt) | redimir (vt) | [hedʒi'mir] |

messa (f)	missa (f)	['misa]
dire la messa	celebrar a missa	[sele'brar a 'misa]
confessione (f)	confissão (f)	[kõfi'sãw]
confessarsi (vr)	confessar-se (vr)	[kõfe'sarsi]

santo (m)	santo (m)	['sãtu]
sacro (agg)	sagrado	[sa'gradu]
acqua (f) santa	água (f) benta	['agwa 'bẽta]

rito (m)	ritual (m)	[hi'twaw]
rituale (agg)	ritual	[hi'twaw]
sacrificio (m) (offerta)	sacrifício (m)	[sakri'fisju]

superstizione (f)	superstição (f)	[superstʃi'sãw]
superstizioso (agg)	supersticioso	[superstʃi'sjozu]
vita (f) dell'oltretomba	vida (f) após a morte	['vida a'pojs a 'mortʃi]
vita (f) eterna	vida (f) eterna	['vida e'terna]

VARIE

249. Varie parole utili

aiuto (m)	ajuda (f)	[a'ʒuda]
barriera (f) (ostacolo)	barreira (f)	[ba'hejra]
base (f)	base (f)	['bazi]
bilancio (m) (equilibrio)	equilíbrio (m)	[eki'librju]
categoria (f)	categoria (f)	[katego'ria]
causa (f) (ragione)	causa (f)	['kawza]
coincidenza (f)	coincidência (f)	[koïsi'dẽsja]
comodo (agg)	cômodo	['komodu]
compenso (m)	compensação (f)	[kõpẽsa'sãw]
confronto (m)	comparação (f)	[kõpara'sãw]
cosa (f) (oggetto, articolo)	coisa (f)	['kojza]
crescita (f)	crescimento (m)	[kresi'mẽtu]
differenza (f)	diferença (f)	[dʒife'rẽsa]
effetto (m)	efeito (m)	[e'fejtu]
elemento (m)	elemento (m)	[ele'mẽtu]
errore (m)	erro (m)	['ehu]
esempio (m)	exemplo (m)	[e'zẽplu]
fatto (m)	fato (m)	['fatu]
forma (f) (aspetto)	forma (f)	['forma]
frequente (agg)	frequente	[fre'kwẽtʃi]
genere (m) (tipo, sorta)	tipo (m)	['tʃipu]
grado (m) (livello)	grau (m)	[graw]
ideale (agg) (livello)	ideal (m)	[ide'jaw]
inizio (m)	começo, início (m)	[ko'mesu], [i'nisju]
labirinto (m)	labirinto (m)	[labi'rĩtu]
modo (m) (maniera)	modo (m)	['mɔdu]
momento (m)	momento (m)	[mo'mẽtu]
oggetto (m) (cosa)	objeto (m)	[ɔb'ʒɛtu]
originale (m) (non è una copia)	original (m)	[oriʒi'naw]
ostacolo (m)	obstáculo (m)	[ob'stakulu]
parte (f) (~ di qc)	parte (f)	['partʃi]
particella (f)	partícula (f)	[par'tʃikula]
pausa (f)	paragem (f)	[pa'raʒẽ]
pausa (f) (sosta)	pausa (f)	['pawza]
posizione (f)	posição (f)	[pozi'sãw]
principio (m)	princípio (m)	[prĩ'sipju]
problema (m)	problema (m)	[prob'lɛma]
processo (m)	processo (m)	[pru'sɛsu]
progresso (m)	progresso (m)	[pro'grɛsu]

| proprietà (f) (qualità) | propriedade (f) | [proprje'daʤi] |
| reazione (f) | reação (f) | [hea'sãw] |

rischio (m)	risco (m)	['hisku]
ritmo (m)	ritmo (m)	['hitʃmu]
scelta (f)	variedade (f)	[varje'daʤi]
segreto (m)	segredo (m)	[se'gredu]
serie (f)	série (f)	['sɛri]

sfondo (m)	fundo (m)	['fũdu]
sforzo (m) (fatica)	esforço (m)	[is'forsu]
sistema (m)	sistema (m)	[sis'tɛma]
situazione (f)	situação (f)	[sitwa'sãw]
soluzione (f)	solução (f)	[solu'sãw]

standard (agg)	padrão	[pa'drãw]
standard (m)	padrão (m)	[pa'drãw]
stile (m)	estilo (m)	[is'tʃilu]
sviluppo (m)	desenvolvimento (m)	[ʤizẽvowvi'mẽtu]
tabella (f) (delle calorie, ecc.)	tabela (f)	[ta'bɛla]

termine (m)	fim (m)	[fĩ]
termine (m) (parola)	termo (m)	['termu]
tipo (m)	tipo (m)	['tʃipu]
turno (m) (aspettare il proprio ~)	vez (f)	[vez]
urgente (agg)	urgente	[ur'ʒẽtʃi]

urgentemente	urgentemente	[urʒẽte'mẽtʃi]
utilità (f)	utilidade (f)	[utʃili'daʤi]
variante (f)	variante (f)	[va'rjãtʃi]
verità (f)	verdade (f)	[ver'daʤi]
zona (f)	zona (f)	['zɔna]

250. Modificatori. Aggettivi. Parte 1

a buon mercato	barato	[ba'ratu]
abbronzato (agg)	bronzeado	[brõ'zjadu]
acido, agro (sapore)	azedo	[a'zedu]
affamato (agg)	faminto	[fa'mĩtu]
affilato (coltello ~)	afiado	[a'fjadu]

allegro (agg)	alegre	[a'lɛgri]
alto (voce ~a)	alto	['awtu]
amaro (sapore)	amargo	[a'margu]
antico (civiltà, ecc.)	antigo	[ã'tʃigu]
aperto (agg)	aberto	[a'bɛrtu]

artificiale (agg)	artificial	[artʃifi'sjaw]
bagnato (vestiti ~i)	molhado	[mo'ʎadu]
basso (~a voce)	baixo	['baɪʃu]
bello (agg)	bonito	[bo'nitu]
breve (di breve durata)	de curta duração	[de 'kurta dura'sãw]
bruno (agg)	moreno	[mo'renu]

buio, scuro (stanza ~a)	escuro	[is'kuru]
buono (un libro, ecc.)	bom	[bõ]
buono, gentile	bondoso	[bõ'dozu]
buono, gustoso	gostoso	[gos'tozu]

caldo (agg)	quente	['kẽtʃi]
calmo (agg)	tranquilo	[trã'kwilu]
caro (agg)	caro	['karu]
cattivo (agg)	mau	[maw]
centrale (agg)	central	[sẽ'traw]

chiaro (un significato ~)	claro	['klaru]
chiaro, tenue (un colore ~)	claro	['klaru]
chiuso (agg)	fechado	[fe'ʃadu]
cieco (agg)	cego	['sɛgu]
civile (società ~)	civil	[si'viw]

clandestino (agg)	clandestino	[klãdes'tʃinu]
collegiale (decisione ~)	conjunto	[kõ'ʒũtu]
compatibile (agg)	compatível	[kõpa'tʃivew]
complicato (progetto, ecc.)	difícil, complexo	[dʒi'fisiw], [kõ'plɛksu]

contento (agg)	contente	[kõ'tẽtʃi]
continuo (agg)	contínuo	[kõ'tʃinwu]
continuo (ininterrotto)	ininterrupto	[inĩte'huptu]
cortese (gentile)	encantador	[ẽkãta'dor]
corto (non lungo)	curto	['kurtu]

crudo (non cotto)	cru	[kru]
denso (fumo ~)	denso	['dẽsu]
destro (lato ~)	direito	[dʒi'rejtu]
di seconda mano	usado	[u'zadu]
di sole (una giornata ~)	de sol, ensolarado	[de sɔw], [ẽsola'radu]

differente (agg)	diverso	[dʒi'vɛrsu]
difficile (decisione)	difícil	[dʒi'fisiw]
distante (agg)	remoto, longínquo	he'mɔtu], [lõ'ʒĩkwu]
diverso (agg)	diferente	[dʒife'rẽtʃi]
dolce (acqua ~)	doce	['dosi]

dolce (gusto)	doce	['dosi]
dolce, tenero	afetuoso	[afe'twozu]
dritto (linea, strada ~a)	reto	['hɛtu]
duro (non morbido)	duro	['duru]
eccellente (agg)	excelente	[ese'lẽtʃi]

eccessivo (esagerato)	excessivo	[ese'sivu]
enorme (agg)	enorme	[e'nɔrmi]
esterno (agg)	externo	[is'tɛrnu]
facile (agg)	fácil	['fasiw]

faticoso (agg)	cansativo	[kãsa'tʃivu]
felice (agg)	feliz	[fe'liz]
fertile (terreno)	fértil	['fɛrtʃiw]
fioco, soffuso (luce ~a)	fraco	['fraku]
fitto (nebbia ~a)	cerrado	[se'hadu]

forte (una persona ~)	forte	['fɔrtʃi]
fosco (oscuro)	sombrio	[sõ'briu]
fragile (porcellana, vetro)	frágil	['fraʒiw]
freddo (bevanda, tempo)	frio	['friu]

fresco (freddo moderato)	fresco	['fresku]
fresco (pane ~)	fresco	['fresku]
gentile (agg)	educado	[edu'kadu]
giovane (agg)	jovem	['ʒɔvẽ]
giusto (corretto)	correto	[ko'hɛtu]

gradevole (voce ~)	agradável	[agra'davew]
grande (agg)	grande	['grãdʒi]
grasso (cibo ~)	gordo	['gordu]
grato (agg)	agradecido	[agrade'sidu]

gratuito (agg)	gratuito, grátis	[gra'twitu], ['gratʃis]
idoneo (adatto)	apropriado	[apro'prjadu]
il più alto	superior	[supe'rjor]
il più importante	o mais importante	[u majs ĩpor'tãtʃi]
il più vicino	mais próximo	[majs 'prɔsimu]

immobile (agg)	imóvel	[i'mɔvew]
importante (agg)	importante	[ĩpor'tãtʃi]
impossibile (agg)	impossível	[ĩpo'sivew]
incomprensibile (agg)	incompreensível	[ĩkõprjẽ'sivew]
indispensabile	indispensável	[ĩdʒispẽ'savew]

inesperto (agg)	inexperiente	[inespe'rjẽtʃi]
insignificante (agg)	insignificante	[ĩsignifi'kãtʃi]
intelligente (agg)	inteligente	[ĩteli'ʒẽtʃi]
interno (agg)	interno	[ĩ'tɛrnu]

intero (agg)	inteiro	[ĩ'tejru]
largo (strada ~a)	largo	['largu]
legale (agg)	legal	[le'gaw]
leggero (che pesa poco)	leve	['lɛvi]
libero (agg)	livre	['livri]

limitato (agg)	limitado	[limi'tadu]
liquido (agg)	líquido	['likidu]
liscio (superficie ~a)	liso	['lizu]
lontano (agg)	distante	[dʒis'tãtʃi]
lungo (~a strada, ecc.)	longo	['lõgu]

251. Modificatori. Aggettivi. Parte 2

magnifico (agg)	belo	['bɛlu]
magro (uomo ~)	magro	['magru]
malato (agg)	doente	[do'ẽtʃi]
maturo (un frutto ~)	maduro	[ma'duro]
meticoloso, accurato	meticuloso	[metʃiku'lozu]
miope (agg)	míope	['miopi]
misterioso (agg)	enigmático	[enigi'matʃiku]

molto magro (agg)	muito magro	['mwĩtu 'magru]
molto povero (agg)	indigente	[ĩdʒi'ʒẽtʃi]
morbido (~ al tatto)	mole	['mɔli]

morto (agg)	morto	['mortu]
nativo (paese ~)	natal	[na'taw]
necessario (agg)	necessário	[nese'sarju]
negativo (agg)	negativo	[nega'tʃivu]
nervoso (agg)	nervoso	[ner'vozu]

non difficile	não difícil	['nãw dʒi'fisiw]
non molto grande	não muito grande	['nãw 'mwĩtu 'grãdʒi]
noncurante (negligente)	descuidado	[dʒiskwi'dadu]
normale (agg)	normal	[nor'maw]
notevole (agg)	considerável	[kõside'ravew]

nuovo (agg)	novo	['novu]
obbligatorio (agg)	obrigatório	[obriga'tɔrju]
opaco (colore)	mate	['matʃi]
opposto (agg)	contrário	[kõ'trarju]

ordinario (comune)	comum, normal	[ko'mũ], [nor'maw]
originale (agg)	original	[oriʒi'naw]
ostile (agg)	hostil	[os'tʃiw]
passato (agg)	mais recente	[majs he'sẽtʃi]
per bambini	infantil	[ĩfã'tʃiw]

perfetto (agg)	soberbo, perfeito	[so'berbu], [per'fejtu]
pericoloso (agg)	perigoso	[peri'gozu]
permanente (agg)	permanente	[perma'nẽtʃi]
personale (agg)	pessoal	[pe'swaw]
pesante (agg)	pesado	[pe'zadu]

piatto (schermo ~)	plano	['planu]
piatto, piano (superficie ~a)	liso	['lizu]
piccolo (agg)	pequeno	[pe'kenu]
pieno (bicchiere, ecc.)	cheio	['ʃeju]

poco chiaro (agg)	não é clara	['nãw ɛ 'klara]
poco profondo (agg)	pouco fundo	['poku 'fũdu]
possibile (agg)	possível	[po'sivew]
posteriore (agg)	de trás	[de trajs]
povero (agg)	pobre	['pɔbri]

precedente (agg)	prévio	['prɛvju]
preciso, esatto	exato	[e'zatu]
premuroso (agg)	carinhoso	[kari'ɲozu]
presente (agg)	presente	[pre'zẽtʃi]

principale (più importante)	principal	[prĩsi'paw]
principale (primario)	principal	[prĩsi'paw]
privato (agg)	privado	[pri'vadu]
probabile (agg)	provável	[pro'vavew]
prossimo (spazio)	próximo	['prɔsimu]
pubblico (agg)	público	['publiku]
pulito (agg)	limpo	['lĩpu]

puntuale (una persona ~)	pontual	[põ'twaw]
raro (non comune)	raro	['haru]
rischioso (agg)	arriscado	[ahis'kadu]

salato (cibo)	salgado	[saw'gadu]
scorso (il mese ~)	passado	[pa'sadu]
secco (asciutto)	seco	['seku]
semplice (agg)	simples	['sĩplis]

sereno (agg)	desanuviado	[dʒizanu'vjadu]
sicuro (non pericoloso)	seguro	[se'guru]
simile (agg)	similar	[simi'lar]
sinistro (agg)	esquerdo	[is'kerdu]

soddisfatto (agg)	satisfeito	[satʃis'fejtu]
solido (parete ~a)	sólido	['sɔlidu]
spazioso (stanza ~a)	amplo	['ãplu]
speciale (agg)	especial	[ispe'sjaw]
spesso (un muro ~)	grosso	['grosu]

sporco (agg)	sujo	['suʒu]
stanco (esausto)	cansado	[kã'sadu]
straniero (studente ~)	estrangeiro	[istrã'ʒejru]
stretto (scarpe ~e)	apertado	[aper'tadu]
stretto (un vicolo ~)	estreito	[is'trejtu]

stupido (agg)	burro, estúpido	['buhu], [is'tupidu]
successivo, prossimo	seguinte	[se'gĩtʃi]
supplementare (agg)	suplementar	[suplemẽ'tar]
surgelato (cibo ~)	congelado	[kõʒe'ladu]

tiepido (agg)	quente	['kẽtʃi]
tranquillo (agg)	calmo	['kawmu]
trasparente (agg)	transparente	[trãspa'rẽtʃi]
triste (infelice)	triste	['tristʃi]

triste, mesto	triste	['tristʃi]
uguale (identico)	igual	[i'gwaw]
ultimo (agg)	último	['uwtʃimu]
umido (agg)	úmido	['umidu]
unico (situazione ~a)	único	['uniku]

vecchio (una casa ~a)	velho	['vɛʎu]
veloce, rapido	rápido	['hapidu]
vicino, accanto (avv)	perto	['pɛrtu]
vicino, prossimo	vizinho	[vi'ziɲu]
vuoto (un bicchiere ~)	vazio	[va'ziu]

I 500 VERBI PRINCIPALI

252. Verbi A-C

abbagliare (vt)	cegar, ofuscar (vt)	[se'gar], [ofus'kar]
abbassare (vt)	baixar (vt)	[baɪ'ʃar]
abbracciare (vt)	abraçar (vt)	[abra'sar]
abitare (vi)	morar (vt)	[mo'rar]
accarezzare (vt)	acariciar (vt)	[akari'sjar]
accendere (~ la tv, ecc.)	ligar (vt)	[li'gar]
accendere (con una fiamma)	acender (vt)	[asē'der]
accompagnare (vt)	acompanhar (vt)	[akõpa'ɲar]
accorgersi (vr)	perceber (vt)	[perse'ber]
accusare (vt)	acusar (vt)	[aku'zar]
aderire a ...	juntar-se a ...	[ʒū'tarsi a]
adulare (vt)	lisonjear (vt)	[lizõ'ʒjar]
affermare (vt)	afirmar (vt)	[afir'mar]
afferrare (la palla, ecc.)	pegar (vt)	[pe'gar]
affittare (dare in affitto)	alugar (vt)	[alu'gar]
aggiungere (vt)	acrescentar (vt)	[akresē'tar]
agire (Come intendi ~?)	agir (vi)	[a'ʒir]
agitare (scuotere)	agitar, sacudir (vt)	[aʒi'tar], [saku'dʒir]
agitare la mano	acenar (vt)	[ase'nar]
aiutare (vt)	ajudar (vt)	[aʒu'dar]
alleggerire (~ la vita)	facilitar (vt)	[fasili'tar]
allenare (vt)	treinar (vt)	[trej'nar]
allenarsi (vr)	treinar-se (vr)	[trej'narsi]
alludere (vi)	insinuar (vt)	[ĩsi'nwar]
alzarsi (dal letto)	levantar-se (vr)	[levã'tarsi]
amare (qn)	amar (vt)	[a'mar]
ammaestrare (vt)	adestrar (vt)	[ades'trar]
ammettere (~ qc)	reconhecer (vt)	[hekoɲe'ser]
ammirare (vi)	admirar (vt)	[adʒimi'rar]
amputare (vt)	amputar (vt)	[ãpu'tar]
andare (in macchina)	ir (vi)	[ir]
andare a letto	ir para a cama	[ir 'para a 'kama]
annegare (vi)	afogar-se (vr)	[afo'garse]
annoiarsi (vr)	entediar-se (vr)	[ēte'dʒjarsi]
annotare (vt)	anotar (vt)	[ano'tar]
annullare (vt)	anular, cancelar (vt)	[anu'lar], [kãse'lar]
apparire (vi)	aparecer (vi)	[apare'ser]
appartenere (vi)	pertencer (vt)	[pertē'ser]

appendere (~ le tende)	pendurar (vt)	[pẽdu'rar]
applaudire (vi, vt)	aplaudir (vi)	[aplaw'dʒir]
aprire (vt)	abrir (vt)	[a'brir]

arrendersi (vr)	ceder (vi)	[se'der]
arrivare (di un treno)	chegar (vi)	[ʃe'gar]
arrossire (vi)	corar (vi)	[ko'rar]
asciugare (~ i capelli)	secar (vt)	[se'kar]

ascoltare (vi)	escutar (vt)	[isku'tar]
aspettare (vt)	esperar (vt)	[ispe'rar]
aspettarsi (vr)	esperar (vt)	[ispe'rar]
aspirare (vi)	aspirar a ...	[aspi'rar a]

assistere (vt)	assistir (vt)	[asis'tʃir]
assomigliare a ...	parecer-se (vr)	[pare'sersi]
assumere (~ personale)	contratar (vt)	[kõtra'tar]
attaccare (vt)	atacar (vt)	[ata'kar]
aumentare (vi)	aumentar (vi)	[awmẽ'tar]

aumentare (vt)	aumentar (vt)	[awmẽ'tar]
autorizzare (vt)	permitir (vt)	[permi'tʃir]
avanzare (vi)	avançar (vi)	[avã'sar]
avere (vt)	ter (vt)	[ter]
avere fretta	apressar-se (vr)	[apre'sarsi]

avere paura	ter medo	[ter 'medu]
avvertire (vt)	advertir (vt)	[adʒiver'tʃir]
avviare (un progetto)	lançar (vt)	[lã'sar]
avvicinarsi (vr)	aproximar-se (vr)	[aprosi'marsi]

basarsi su ...	basear-se (vr)	[ba'zjarsi]
bastare (vi)	bastar (vi)	[bas'tar]
battersi (~ contro il nemico)	lutar (vt)	[lu'tar]
bere (vi, vt)	beber, tomar (vt)	[be'ber], [to'mar]
bruciare (vt)	queimar (vt)	[kej'mar]

bussare (alla porta)	bater (vi)	[ba'ter]
cacciare (vt)	caçar (vi)	[ka'sar]
cacciare via	afugentar (vt)	[afuʒẽ'tar]
calmare (vt)	acalmar (vt)	[akaw'mar]

cambiare (~ opinione)	mudar (vt)	[mu'dar]
camminare (vi)	ir (vi)	[ir]
cancellare (gomma per ~)	apagar (vt)	[apa'gar]
canzonare (vt)	zombar (vt)	[zõ'bar]

capeggiare (vt)	encabeçar (vt)	[ẽkabe'sar]
capire (vt)	entender (vt)	[ẽtẽ'der]
capovolgere (~ qc)	virar (vt)	[vi'rar]
caricare (~ un camion)	carregar (vt)	[kahe'gar]
caricare (~ una pistola)	carregar (vt)	[kahe'gar]

cenare (vi)	jantar (vi)	[ʒã'tar]
cercare (vt)	buscar (vt)	[bus'kar]
cessare (vt)	cessar (vt)	[se'sar]

chiamare (nominare)	denominar (vt)	[denomi'nar]
chiamare (rivolgersi a)	chamar (vt)	[ʃa'mar]
chiedere (~ aiuto)	chamar (vt)	[ʃa'mar]
chiedere (domandare)	pedir (vt)	[pe'dʒir]
chiudere (~ la finestra)	fechar (vt)	[fe'ʃar]

citare (vt)	citar (vt)	[si'tar]
cogliere (fiori, ecc.)	colher (vt)	[ko'ʎer]
collaborare (vi)	cooperar (vi)	[koope'rar]
collocare (vt)	pôr, colocar (vt)	[por], [kolo'kar]

coltivare (vt)	cultivar (vt)	[kuwtʃi'var]
combattere (vi)	combater (vi, vt)	[kõba'ter]
cominciare (vt)	começar (vt)	[kome'sar]
compensare (vt)	compensar (vt)	[kõpẽ'sar]

competere (vi)	competir (vi)	[kõpe'tʃir]
compilare (vt)	fazer, elaborar (vt)	[fa'zer], [elabo'rar]
complicare (vt)	complicar (vt)	[kõpli'kar]
comporre (~ un brano musicale)	compor (vt)	[kõ'por]
comportarsi (vr)	comportar-se (vr)	[kõpor'tarsi]

comprare (vt)	comprar (vt)	[kõ'prar]
compromettere (vt)	comprometer (vt)	[kõprome'ter]
concentrarsi (vr)	concentrar-se (vr)	[kõsẽ'trarsi]
condannare (vt)	sentenciar (vt)	[sẽtẽ'sjar]
confessarsi (vr)	confessar-se (vr)	[kõfe'sarsi]

confondere (vt)	confundir (vt)	[kõfũ'dʒir]
confrontare (vt)	comparar (vt)	[kõpa'rar]
congratularsi (con qn per qc)	felicitar (vt)	[felisi'tar]
conoscere (qn)	conhecer (vt)	[koɲe'ser]
consigliare (vt)	aconselhar (vt)	[akõse'ʎar]

consultare (medico, ecc.)	consultar ...	[kõsuw'tar]
contagiare (vt)	infetar, contagiar (vt)	[ĩfe'tar], [kõta'ʒjar]
contagiarsi (vr)	contagiar-se com ...	[kõta'ʒjarsi kõ]
contare (calcolare)	calcular (vt)	[kawku'lar]

contare su ...	contar com ...	[kõ'tar kõ]
continuare (vt)	continuar (vt)	[kõtʃi'nwar]
controllare (vt)	controlar (vt)	[kõtro'lar]
convincere (vt)	convencer (vt)	[kõvẽ'ser]

convincersi (vr)	estar convencido	[is'tar kõvẽ'sidu]
coordinare (vt)	coordenar (vt)	[koorde'nar]
correggere (vt)	corrigir (vt)	[kohi'ʒir]

correre (vi)	correr (vi)	[ko'her]
costare (vt)	custar (vt)	[kus'tar]

costringere (vt)	forçar (vt)	[for'sar]
creare (vt)	criar (vt)	[krjar]
credere (vt)	crer (vt)	[krer]
curare (vt)	tratar (vt)	[tra'tar]

253. Verbi D-G

dare (vt)	dar (vt)	[dar]
dare da mangiare	alimentar (vt)	[alimĕ'tar]
dare istruzioni	instruir (vt)	[is'trwir]
decidere (~ di fare qc)	decidir (vt)	[desi'dʒir]
decollare (vi)	descolar (vi)	[dʒisko'lar]
decorare (adornare)	decorar (vt)	[deko'rar]
decorare (qn)	condecorar (vt)	[kõdeko'rar]
dedicare (~ un libro)	dedicar (vt)	[dedʒi'kar]
denunciare (vt)	denunciar (vt)	[denũ'sjar]
desiderare (vt)	desejar (vt)	[deze'ʒar]
difendere (~ un paese)	defender (vt)	[defĕ'der]
difendersi (vr)	defender-se (vr)	[defĕ'dersi]
dimenticare (vt)	esquecer (vt)	[iske'ser]
dipendere da ...	depender de ...	[depĕ'der de]
dire (~ la verità)	dizer (vt)	[dʒi'zer]
dirigere (~ un'azienda)	dirigir (vt)	[dʒiri'ʒir]
discutere (vt)	discutir (vt)	[dʒisku'tʃir]
disprezzare (vt)	desprezar (vt)	[dʒispre'zar]
distribuire (~ volantini, ecc.)	distribuir (vt)	[dʒistri'bwir]
distribuire (vt)	distribuir (vt)	[dʒistri'bwir]
distruggere (~ documenti)	destruir (vt)	[dʒis'trwir]
disturbare (vt)	perturbar (vt)	[pertur'bar]
diventare pensieroso	ficar pensativo	[fi'kar pĕsa'tʃivu]
diventare, divenire	tornar-se (vr)	[tor'narsi]
divertire (vt)	divertir (vt)	[dʒiver'tʃir]
divertirsi (vr)	divertir-se (vr)	[dʒiver'tʃirsi]
dividere (vt)	dividir (vt)	[dʒivi'dʒir]
dovere (v aus)	dever (vi)	[de'ver]
dubitare (vi)	duvidar (vt)	[duvi'dar]
eliminare (un ostacolo)	remover, eliminar (vt)	[hemo'ver], [elimi'nar]
emanare (~ odori)	emitir (vt)	[emi'tʃir]
emanare odore	cheirar (vi)	[ʃej'rar]
emergere (sommergibile)	emergir (vi)	[imer'ʒir]
entrare (vi)	entrar (vi)	[ĕ'trar]
equipaggiare (vt)	equipar (vt)	[eki'par]
ereditare (vt)	herdar (vt)	[er'dar]
esaminare (~ una proposta)	examinar (vt)	[ezami'nar]
escludere (vt)	expulsar (vt)	[ispuw'sar]
esigere (vt)	exigir (vt)	[ezi'ʒir]
esistere (vi)	existir (vi)	[ezis'tʃir]
esprimere (vt)	expressar (vt)	[ispre'sar]
essere (vi)	ser (vi)	[ser]
essere arrabbiato con ...	zangar-se com ...	[zã'garsi kõ]
essere causa di ...	causar (vt)	[kaw'zar]

essere conservato	ser preservado	[ser prezer'vadu]
essere d'accordo	concordar (vi)	[kõkor'dar]
essere diverso da ...	ser diferente	[ser ʤife'rētʃi]
essere in guerra	guerrear (vt)	[ge'hjar]
essere necessario	ser necessário	[ser nese'sarju]
essere perplesso	estar perplexo	[is'tar per'plɛksu]

essere preoccupato	estar preocupado	[is'tar preoku'padu]
essere sdraiato	estar deitado	[is'tar dej'tadu]
estinguere (~ un incendio)	apagar (vt)	[apa'gar]
evitare (vt)	evitar (vt)	[evi'tar]
far arrabbiare	zangar (vt)	[zã'gar]

far conoscere	apresentar (vt)	[aprezẽ'tar]
far fare il bagno	dar banho, lavar (vt)	[dar 'baɲu], [la'var]
fare (vt)	fazer (vt)	[fa'zer]
fare colazione	tomar café da manhã	[to'mar ka'fɛ da ma'ɲã]
fare copie	tirar cópias	[tʃi'rar 'kɔpjas]

fare foto	tirar fotos	[tʃi'rar 'fɔtus]
fare il bagno	ir nadar	[ir na'dar]
fare il bucato	lavar a roupa	[la'var a 'hopa]
fare la conoscenza di ...	conhecer-se (vr)	[koɲe'sersi]

fare le pulizie	arrumar, limpar (vt)	[ahu'mar], [lĩ'par]
fare un bagno	lavar-se (vr)	[la'varsi]
fare un rapporto	reportar (vt)	[hepor'tar]
fare un tentativo	tentar (vt)	[tẽ'tar]

fare, preparare	cozinhar (vt)	[kozi'ɲar]
fermarsi (vr)	parar (vi)	[pa'rar]
fidarsi (vt)	confiar (vt)	[kõ'fjar]
finire, terminare (vt)	terminar (vt)	[termi'nar]

firmare (~ un documento)	assinar (vt)	[asi'nar]
formare (vt)	formar (vt)	[for'mar]
garantire (vt)	garantir (vt)	[garã'tʃir]
gettare (~ il sasso, ecc.)	jogar, atirar (vt)	[ʒo'gar], [atʃi'rar]
giocare (vi)	brincar, jogar (vi, vt)	[brĩ'kar], [ʒo'gar]

girare (~ a destra)	virar (vi)	[vi'rar]
girare lo sguardo	virar as costas	[vi'rar as 'kɔstas]
gradire (vt)	adorar (vt)	[ado'rar]
graffiare (vt)	arranhar (vt)	[aha'ɲar]

gridare (vi)	gritar (vi)	[gri'tar]
guardare (~ fisso, ecc.)	olhar (vt)	[ɔ'ʎar]
guarire (vi)	recuperar-se (vr)	[hekupe'rarsi]
guidare (~ un veicolo)	dirigir (vt)	[dʒiri'ʒir]

254. Verbi I-O

illuminare (vt)	iluminar (vt)	[ilumi'nar]
imballare (vt)	embrulhar (vt)	[ẽbru'ʎar]

| imitare (vt) | imitar (vt) | [imi'tar] |
| immaginare (vt) | imaginar (vt) | [imaʒi'nar] |

importare (vt)	importar (vt)	[ĩpor'tar]
incantare (vt)	fascinar (vt)	[fasi'nar]
indicare (~ la strada)	indicar (vt)	[ĩdʒi'kar]
indignarsi (vr)	indignar-se (vr)	[ĩdʒig'narsi]

indirizzare (vt)	direcionar (vt)	[dʒiresjo'nar]
indovinare (vt)	adivinhar (vt)	[adʒivi'ɲar]
influire (vt)	influenciar (vt)	[ĩflwẽ'sjar]
informare (vt)	informar (vt)	[ĩfor'mar]

informare di ...	informar (vt)	[ĩfor'mar]
ingannare (vt)	enganar (vt)	[ẽga'nar]
innaffiare (vt)	regar (vt)	[he'gar]
innamorarsi di ...	apaixonar-se ...	[apajʃo'narsi]

insegnare (qn)	ensinar (vt)	[ẽsi'nar]
inserire (vt)	inserir (vt)	[ĩse'rir]
insistere (vi)	insistir (vi)	[ĩsis'tʃir]
insultare (vt)	insultar (vt)	[ĩsuw'tar]
interessare (vt)	interessar (vt)	[ĩtere'sar]

interessarsi di ...	interessar-se (vr)	[ĩtere'sarsi]
intervenire (vi)	intervir (vi)	[ĩter'vir]
intraprendere (vt)	empreender (vt)	[ẽprjẽ'der]
intravedere (vt)	avistar (vt)	[avis'tar]
inventare (vt)	inventar (vt)	[ĩvẽ'tar]

inviare (~ una lettera)	enviar (vt)	[ẽ'vjar]
invidiare (vt)	invejar (vt)	[ĩve'ʒar]
invitare (vt)	convidar (vt)	[kõvi'dar]
irritare (vt)	irritar (vt)	[ihi'tar]

irritarsi (vr)	irritar-se (vr)	[ihi'tarsi]
iscrivere (su una lista)	inscrever (vt)	[ĩskre'ver]
isolare (vt)	isolar (vt)	[izo'lar]
ispirare (vt)	inspirar (vt)	[ĩspi'rar]
lamentarsi (vr)	queixar-se (vr)	[kej'ʃarsi]

lasciar cadere	deixar cair (vt)	[dej'ʃar ka'ir]
lasciare (abbandonare)	deixar (vt)	[dej'ʃar]
lasciare (ombrello, ecc.)	deixar (vt)	[dej'ʃar]
lavare (vt)	lavar (vt)	[la'var]

lavorare (vi)	trabalhar (vi)	[traba'ʎar]
legare (~ qn a un albero)	atar (vt)	[a'tar]
legare (~ un prigioniero)	amarrar (vt)	[ama'har]
leggere (vi, vt)	ler (vt)	[ler]

liberare (vt)	libertar, liberar (vt)	[liber'tar], [libe'rar]
liberarsi (~ di qn, qc)	livrar-se de ...	[li'vrarsi de]
limitare (vt)	limitar (vt)	[limi'tar]
lottare (sport)	lutar (vi)	[lu'tar]
mancare le lezioni	faltar a ...	[faw'tar a]

mangiare (vi, vt)	comer (vt)	[ko'mer]
memorizzare (vt)	memorizar (vt)	[memori'zar]
mentire (vi)	mentir (vi)	[mẽ'tʃir]

menzionare (vt)	mencionar (vt)	[mẽsjo'nar]
meritare (vt)	merecer (vt)	[mere'ser]
mescolare (vt)	misturar (vt)	[mistu'rar]
mettere fretta a ...	apressar (vt)	[apre'sar]
mettere in ordine	consertar (vt)	[kõser'tar]

mettere via	guardar (vt)	[gwar'dar]
mettere, collocare	colocar (vt)	[kolo'kar]
minacciare (vt)	ameaçar (vt)	[amea'sar]
mirare, puntare su ...	apontar para ...	[apõ'tar 'para]
moltiplicare (vt)	multiplicar (vt)	[muwtʃipli'kar]

mostrare (vt)	mostrar (vt)	[mos'trar]
nascondere (vt)	esconder (vt)	[iskõ'der]
negare (vt)	negar (vt)	[ne'gar]
negoziare (vi)	negociar (vi)	[nego'sjar]

noleggiare (~ una barca)	alugar (vt)	[alu'gar]
nominare (incaricare)	nomear (vt)	[no'mjar]
nuotare (vi)	nadar (vi)	[na'dar]
obbedire (vi)	obedecer (vt)	[obede'ser]

obiettare (vt)	objetar (vt)	[obʒe'tar]
occorrere (vi)	ser indispensável	[ser ĩdʒispẽ'savew]
odorare (sentire odore)	cheirar (vi)	[ʃej'rar]
offendere (qn)	ofender (vt)	[ofẽ'der]

omettere (vt)	omitir (vt)	[omi'tʃir]
ordinare (~ il pranzo)	pedir (vt)	[pe'dʒir]
ordinare (mil.)	ordenar (vt)	[orde'nar]
organizzare (vt)	organizar (vt)	[organi'zar]

origliare (vi)	escutar atrás da porta	[isku'tar a'trajs da 'porta]
ormeggiarsi (vr)	atracar (vi)	[atra'kar]
osare (vt)	ousar (vt)	[o'zar]
osservare (vt)	observar (vt)	[obser'var]

255. Verbi P-R

pagare (vi, vt)	pagar (vt)	[pa'gar]
parlare con ...	falar com ...	[fa'lar kõ]
partecipare (vi)	participar (vi)	[partʃisi'par]
partire (vi)	partir (vt)	[par'tʃir]

peccare (vi)	pecar (vi)	[pe'kar]
penetrare (vi)	penetrar (vt)	[pene'trar]
pensare (credere)	achar (vt)	[a'ʃar]
pensare (vi, vt)	pensar (vi, vt)	[pẽ'sar]
perdere (ombrello, ecc.)	perder (vt)	[per'der]
perdonare (vt)	perdoar (vt)	[per'dwar]

| permettere (vt) | permitir (vt) | [permi'tʃir] |
| pesare (~ molto) | pesar (vt) | [pe'zar] |

pescare (vi)	pescar (vt)	[pes'kar]
pettinarsi (vr)	pentear-se (vr)	[pẽ'tʃjarsi]
piacere (vi)	gostar (vt)	[gos'tar]
piangere (vi)	chorar (vi)	[ʃo'rar]

pianificare (~ di fare qc)	planejar (vt)	[plane'ʒar]
picchiare (vt)	bater (vt)	[ba'ter]
picchiarsi (vr)	bater-se (vr)	[ba'tersi]
portare (qc a qn)	trazer (vt)	[tra'zer]

portare via	levar (vt)	[le'var]
possedere (vt)	possuir (vt)	[po'swir]
potere (vi)	poder (vi)	[po'der]
pranzare (vi)	almoçar (vi)	[awmo'sar]

preferire (vt)	preferir (vt)	[prefe'rir]
pregare (vi, vt)	rezar, orar (vi)	[he'zar], [o'rar]
prendere (vt)	pegar (vt)	[pe'gar]
prendere in prestito	tomar emprestado (vt)	[to'mar ẽpres'tadu]

prendere nota	anotar (vt)	[ano'tar]
prenotare (~ un tavolo)	reservar (vt)	[hezer'var]
preoccupare (vt)	preocupar (vt)	[preoku'par]
preoccuparsi (vr)	preocupar-se (vr)	[preoku'parsi]

preparare (~ un piano)	preparar (vt)	[prepa'rar]
presentare (~ qn)	apresentar (vt)	[aprezẽ'tar]
preservare (~ la pace)	preservar (vt)	[prezer'var]
prevalere (vi)	predominar (vi, vt)	[predomi'nar]

prevedere (vt)	prever (vt)	[pre'ver]
privare (vt)	privar (vt)	[pri'var]
progettare (edificio, ecc.)	projetar, criar (vt)	[proʒɛ'tar], [krjar]
promettere (vt)	prometer (vt)	[prome'ter]

pronunciare (vt)	pronunciar (vt)	[pronũ'sjar]
proporre (vt)	propor (vt)	[pro'por]
proteggere (vt)	proteger (vt)	[prote'ʒer]
protestare (vi)	protestar (vi)	[protes'tar]

provare (vt)	provar (vt)	[pro'var]
provocare (vt)	provocar (vt)	[provo'kar]
pubblicizzare (vt)	fazer propaganda	[fa'zer propa'gãda]
pulire (vt)	limpar (vt)	[lĩ'par]

pulirsi (vr)	limpar (vt)	[lĩ'par]
punire (vt)	punir, castigar (vt)	[pu'nir], [kastʃi'gar]
raccomandare (vt)	recomendar (vt)	[hekomẽ'dar]
raccontare (~ una storia)	contar (vt)	[kõ'tar]
raddoppiare (vt)	dobrar (vt)	[do'brar]

| rafforzare (vt) | reforçar (vt) | [hefor'sar] |
| raggiungere (arrivare a) | chegar a ... | [ʃe'gar a] |

raggiungere (obiettivo)	alcançar (vt)	[awkã'sar]
rammaricarsi (vr)	arrepender-se (vr)	[ahepẽ'dersi]

rasarsi (vr)	barbear-se (vr)	[bar'bjarsi]
realizzare (vt)	realizar (vt)	[heali'zar]
recitare (~ un ruolo)	desempenhar (vt)	[dʒizẽpe'nar]
regolare (~ un conflitto)	resolver (vt)	[hezow'ver]

respirare (vi)	respirar (vi)	[hespi'rar]
riconoscere (~ qn)	reconhecer (vt)	[hekoɲe'ser]
ricordare (a qn di fare qc)	fazer lembrar	[fa'zer lẽ'brar]
ricordare (vt)	lembrar (vt)	[lẽ'brar]
ricordarsi di (~ qn)	recordar, lembrar (vt)	[hekor'dar], [lẽ'brar]

ridere (vi)	rir (vi)	[hir]
ridurre (vt)	reduzir (vt)	[hedu'zir]
riempire (vt)	encher (vt)	[ẽ'ʃer]
rifare (vt)	refazer (vt)	[hefa'zer]

rifiutare (vt)	recusar (vt)	[heku'zar]
rimandare (vt)	devolver (vt)	[devow'ver]
rimproverare (vt)	censurar (vt)	[sẽsu'rar]
rimuovere (~ una macchia)	remover (vt)	[hemo'ver]

ringraziare (vt)	agradecer (vt)	[agrade'ser]
riparare (vt)	reparar (vt)	[hepa'rar]
ripetere (ridire)	repetir (vt)	[hepe'tʃir]
riposarsi (vr)	descansar (vi)	[dʒiskã'sar]
risalire a (data, periodo)	datar (vi)	[da'tar]

rischiare (vi, vt)	arriscar (vt)	[ahis'kar]
risolvere (~ un problema)	resolver (vt)	[hezow'ver]
rispondere (vi, vt)	responder (vt)	[hespõ'der]
ritornare (vi)	voltar (vi)	[vow'tar]

rivolgersi a ...	dirigir-se (vr)	[dʒiri'ʒirsi]
rompere (~ un oggetto)	quebrar (vt)	[ke'brar]
rovesciare (~ il vino, ecc.)	derramar (vt)	[deha'mar]
rubare (~ qc)	roubar (vt)	[ho'bar]

256. Verbi S-V

salpare (vi)	desatracar (vi)	[dʒizatra'kar]
salutare (vt)	saudar (vt)	[saw'dar]
salvare (~ la vita a qn)	salvar (vt)	[saw'var]
sapere (qc)	saber (vt)	[sa'ber]

sbagliare (vi)	errar (vi)	[e'har]
scaldare (vt)	aquecer (vt)	[ake'ser]
scambiare (vt)	trocar, mudar (vt)	[tro'kar], [mu'dar]
scambiarsi (vr)	trocar (vt)	[tro'kar]

scavare (~ un tunnel)	cavar (vt)	[ka'var]
scegliere (vt)	escolher (vt)	[isko'ʎer]

scendere (~ per le scale)	descer (vi)	[de'ser]
scherzare (vi)	fazer piadas	[fa'zer 'pjadas]
schiacciare (~ un insetto)	esmagar (vt)	[izma'gar]
scoppiare (vi)	romper-se (vr)	[hõ'persi]
scoprire (vt)	informar-se (vt)	[ĩfor'marsi]
scoprire (vt)	descobrir (vt)	[dʒisko'brir]
screpolarsi (vr)	rachar-se (vr)	[ha'ʃarsi]
scrivere (vi, vt)	escrever (vt)	[iskre'ver]
scusare (vt)	desculpar (vt)	[dʒiskuw'par]
scusarsi (vr)	desculpar-se (vr)	[dʒiskuw'parsi]
sedere (vi)	estar sentado	[is'tar sẽ'tadu]
sedersi (vr)	sentar-se (vr)	[sẽ'tarsi]
segnare (~ con una croce)	marcar (vt)	[mar'kar]
seguire (vt)	seguir ...	[se'gir]
selezionare (vt)	selecionar (vt)	[selesjo'nar]
seminare (vt)	semear (vt)	[se'mjar]
semplificare (vt)	simplificar (vt)	[sĩplifi'kar]
sentire (percepire)	sentir (vt)	[sẽ'tʃir]
servire (~ al tavolo)	servir (vt)	[ser'vir]
sgridare (vt)	repreender (vt)	[heprjẽ'der]
significare (vt)	significar (vt)	[signifi'kar]
slegare (vt)	desatar (vt)	[dʒiza'tar]
smettere di parlare	calar-se (vr)	[ka'larsi]
soddisfare (vt)	satisfazer (vt)	[satʃisfa'zer]
soffiare (vento, ecc.)	soprar (vi)	[so'prar]
soffrire (provare dolore)	sofrer (vt)	[so'frer]
sognare (fantasticare)	sonhar (vt)	[so'ɲar]
sognare (fare sogni)	sonhar (vi)	[so'ɲar]
sopportare (~ il freddo)	suportar (vt)	[supor'tar]
sopravvalutare (vt)	superestimar (vt)	[superestʃi'mar]
sorpassare (vt)	passar (vt)	[pa'sar]
sorprendere (stupire)	surpreender (vt)	[surprjẽ'der]
sorridere (vi)	sorrir (vi)	[so'hir]
sospettare (vt)	suspeitar (vt)	[suspej'tar]
sospirare (vi)	suspirar (vi)	[suspi'rar]
sostenere (~ una causa)	apoiar (vt)	[apo'jar]
sottolineare (vt)	sublinhar (vt)	[subli'ɲar]
sottovalutare (vt)	subestimar (vt)	[subestʃi'mar]
sovrastare (vi)	elevar-se acima de ...	[ele'varsi a'sima de]
sparare (vi)	disparar, atirar (vi)	[dʒispa'rar], [atʃi'rar]
spargersi (zucchero, ecc.)	derramar-se (vr)	[deha'marsi]
sparire (vi)	desaparecer (vi)	[dʒizapare'ser]
spegnere (~ la luce)	desligar (vt)	[dʒizli'gar]
sperare (vi, vi, vt)	esperar (vi, vt)	[ispe'rar]
spiare (vt)	espreitar (vi)	[isprej'tar]
spiegare (vt)	explicar (vt)	[ispli'kar]

spingere (~ la porta)	empurrar (vt)	[ẽpu'har]
splendere (vi)	brilhar (vi)	[bri'ʎar]
sporcarsi (vr)	sujar-se (vr)	[su'ʒarsi]

sposarsi (vr)	casar-se (vr)	[ka'zarsi]
spostare (~ i mobili)	mover (vt)	[mo'ver]
sputare (vi)	cuspir (vi)	[kus'pir]
staccare (vt)	cortar (vt)	[kor'tar]
stancare (vt)	fatigar (vt)	[fatʃi'gar]

stancarsi (vr)	ficar cansado	[fi'kar kã'sadu]
stare (sul tavolo)	estar	[is'tar]
stare (vi)	estar (vi)	[is'tar]
stare bene (vestito)	servir (vi)	[ser'vir]

stirare (con ferro da stiro)	passar a ferro	[pa'sar a 'fɛhu]
strappare (vt)	arrancar (vt)	[ahã'kar]
studiare (vt)	estudar (vt)	[istu'dar]
stupirsi (vr)	surpreender-se (vr)	[surprjẽ'dersi]

supplicare (vt)	implorar (vt)	[ĩplo'rar]
supporre (vt)	supor (vt)	[su'por]
sussultare (vi)	estremecer (vi)	[istreme'ser]
svegliare (vt)	acordar, despertar (vt)	[akor'dar], [dʒisper'tar]

tacere (vi)	ficar em silêncio	[fi'kar ẽ si'lẽsju]
tagliare (vt)	cortar (vt)	[kor'tar]
tenere (conservare)	guardar (vt)	[gwar'dar]
tentare (vt)	tentar (vt)	[tẽ'tar]

tirare (~ la corda)	puxar (vt)	[pu'ʃar]
toccare (~ il braccio)	tocar (vt)	[to'kar]
togliere (rimuovere)	tirar (vt)	[tʃi'rar]
tradurre (vt)	traduzir (vt)	[tradu'zir]

trarre una conclusione	tirar uma conclusão	[tʃi'rar 'uma kõklu'zãw]
trasformare (vt)	transformar (vt)	[trãsfor'mar]
trattenere (vt)	refrear (vt)	[hefre'ar]
tremare (~ dal freddo)	tremer (vi)	[tre'mer]

trovare (vt)	encontrar (vt)	[ẽkõ'trar]
tuffarsi (vr)	mergulhar (vi)	[mergu'ʎar]
uccidere (vt)	matar (vt)	[ma'tar]
udire (percepire suoni)	ouvir (vt)	[o'vir]

unire (vt)	juntar, unir (vt)	[ʒũ'tar], [u'nir]
usare (vt)	utilizar (vt)	[utʃili'zar]
uscire (andare fuori)	sair (vi)	[sa'ir]
uscire (libro)	sair (vi)	[sa'ir]

utilizzare (vt)	usar (vt)	[u'zar]
vaccinare (vt)	vacinar (vt)	[vasi'nar]
vantarsi (vr)	gabar-se (vr)	[ga'barsi]
vendere (vt)	vender (vt)	[vẽ'der]
vendicare (vt)	vingar (vt)	[vĩ'gar]
versare (~ l'acqua, ecc.)	encher (vt)	[ẽ'ʃer]

| vietare (vt) | proibir (vt) | [proi'bir] |
| vivere (vi) | viver (vi) | [vi'ver] |

volare (vi)	voar (vi)	[vo'ar]
voler dire (significare)	significar (vt)	[signifi'kar]
volere (desiderare)	querer (vt)	[ke'rer]
votare (vi)	votar (vi)	[vo'tar]